序

创刊于2007年9月的《文澜》，是由杭州图书馆主办的传扬本土历史文化、推广全民阅读的人文类内刊，主要内容分成两部分，即与杭州相关的各类文章，以及不限地区的有关读书的文章。该刊设有多个栏目，包括人生、世事思考类的“孤山听雨”，当地典故、史料考证类的“吴山天风”，本地人物访谈、对话类的“湖畔小酌”，诗词歌赋、艺术类的“蕉石鸣琴”，杭州景色随笔、散文类的“天放一角”，杭州风物、美食、老字号类的“笕十八味”，对杭州生活的描述、回忆往事及人物等文章的“仲夏夜梦”，以及书评、读后感等的“文澜书话”。其装帧采用大

十六开，线装竖排本，封面使用双层柿青纸，内页为古籍印刷用纸，显得雅致、古朴。

《文澜》的编辑出版，凝聚着杭图人的智慧和心血，也离不开社会各界的关心支持。从新西兰汉学会到中国外交部，从霍金唯一的华人弟子吴忠超到侨居麻省厉鹗后代厉声树，从百岁老人周有光亲书赞许到书法家沈鹏惠书惠函……稿源越来越丰富，刊物的知晓度逐渐从国内延伸到国外，抵达美国、新西兰、新加坡、日本等。2014年，获评首届“中国图书馆阅读推广类十佳内刊内报”。时至今日，该刊为发挥杭州图书馆的文献优势，反映杭州风土人情和文化掌故，传承独特的地方文脉，推动全民阅读起到了积极的促进作用。

2023年是杭州图书馆建馆65周年，而《文澜》正是在励精图治、开拓进取中诞生并成长起来的。为此，我们特别精选部分优秀作品，分编为“杭垣往事”“武林故影”“钱塘书话”“天城风华”四册，汇辑成《文澜选粹》套书正式出版。其中“杭垣往事”介绍杭州的历史古迹，“武林故影”记载本地的文化

名人，“钱塘书话”收录藏书故事及书评，“天城风华”讲述杭州的风俗民情以及文艺创作等，这也是杭图致力于地方文化传播的实践成果。

六十五载年华流转，岁月如歌；六十五载栉风沐雨，铸就辉煌。希望《文澜选粹》能为杭州图书馆的65周年华诞，增添一片绚丽多彩的人文艺术花苑，也祝愿它在新时代、新征程上赓续奋进，再谱华章！

杭州图书馆馆长

2023年 9 月

目　录

杭州古地名考源

文·林正秋

杭州是国务院首批公布的历史文化名城和六大古都之一，是著名的风景城市。至今2000多年，先后出现了43000多个地名，涉及地理、历史、政治、经济、语言、民俗与宗教等多个方面，内容十分丰富。今仅简要地探述历史上杭州的政区地名、别名与美名，供大家参考。

一、杭州古代的政区地名

2000多年来，先后出现的有钱唐县、泉亭县、余杭县、临江郡、钱唐郡、杭州、余杭郡、西府、临安府、杭州路、杭州府、杭州市等十余个之多，现择要叙述：

（1）钱唐，县名。秦置，初属会稽郡，系杭州地域上建县之始。近人解释，这是春秋时期的越语地名，其义不详。汉代以后学者解释“钱唐”名称的含义，多以汉文译音释之。钱唐县之名，始见于西汉司马迁《史记》。司马迁曾亲自渡过浙江到会稽山考察大禹与秦始皇东巡的史事，在记述中常涉及浙江、钱唐等事。据《史记·秦始皇本纪》记载，公元前210年，秦始皇从秦都咸阳（今陕西咸阳）出发，带着丞相李斯、小儿子胡亥、宠宦赵高等开始了第五次东巡，巡视会稽山（今属浙江绍兴市），祭祀大禹陵。这也是他最后一次巡游。途经钱唐县时，《史记》作了如下记录："过丹阳，至钱唐。临浙江，水波恶，乃西百二十里从狭中渡。"《史记》的写作时间是公元前96年前后，距离秦设钱唐县，仅一百余年，这应是十分可靠的。汉代承继了秦制，钱唐县名未有变更。大约在汉武帝元狩二年（前121），会稽郡设立西部都尉治，从山阴（今绍兴市）迁治至钱唐县。据《史记》所载，只知道钱唐县位于浙江（即今钱塘江）之畔，至于县城的地址、范围，均未提及。

彭城（今属江苏徐州）人刘道真，于南朝宋元嘉十三年（436）任钱唐县令。他是"治民之良宰"，撰《钱唐记》一书，已散佚，无法知其详细记载。该书对"钱唐"县名作了如下解释："防海大塘在县东一里许，郡议曹华信家议立此塘，以防海水。始开募，有能致一斛土者，即与钱一千。旬月之间，来者云集，塘未成而不复取，于是载土石者，皆弃而去。塘以之成，故改名钱塘焉。”（《水经注》卷四十“渐江水”）。

明代《[万历]杭州府志》对钱唐县的建置年代与名称都作了考辨，很有价值，今摘要如下：“秦始皇二十六年，置钱唐县。或曰始皇出游至钱唐，临浙江，置钱唐县。按：出游盖三十七年事，而是年置会稽郡，所领二十六县，钱唐居一焉，则非因出游始置可知矣。”关于钱唐之名，该志又说“其说不一”，例举了四种说法：或谓郡议曹华信作塘捍海，募人致土石一斛，与钱一千，来者云集，因不复取，皆弃去而塘成，故名；或谓近湖有钱塘门，盖前古以来居人筑唐以避钱湖（即今西湖）之水，故名钱唐，而门亦因之；或又曰：《释文》：唐，途也，钱，古籛姓……最后，该志作了结论：“惟有《[淳祐]临安志》辨钱唐之名始《秦纪》最为得之。”

（2）泉亭，县名。西汉初始元年（8），王莽改制，建立新朝，进行县名大改动，钱唐改为泉亭，时间不长，建武元年（25）东汉建立，便复名钱唐，所存不到二十年。关于泉亭之名，也有点文化内涵。

泉，在古代是钱币的名称之一。《周礼》中有“泉府”，是专管国家税收与收购市上滞销货物等的机构。《汉书·食货志》注解中说是因钱币“流行如泉水”之意而取名，故在古代有“泉币”之名。亭，也是多义的，其中在汉代时流行一种意思，是指“水静止的状态”，与“渟”通用。综上所述：泉亭与钱唐的意义还是相近的。

（3）余杭，县名。东汉建武六年（30），钱唐并入余杭县。汉灵帝光和二年（179），复名钱唐。据《后汉书》卷七十一“朱儁传”载，光和二年，汉灵帝封朱儁为钱唐侯，钱唐县名应已恢复。余杭之名，其由来有多种说法。

一说：明代《[万历]余杭县志》载夏代“少康封无余于越，以主禹祀，因名余杭”。东汉《越绝书》所载大意相同，但其地点却是会稽，不是余杭。

二说：清代《[嘉庆]余杭县志》载：“禹航者，夏禹东去，舍舟登陆，因以为名。”又说：“余杭，是禹航之讹。”

三说：明代田汝成《西湖游览志余》说：航是

大禹治水航行或登陆的工具，并引东汉《说文解字》云："杭者，方舟也，并舟也。"把航解释为渡船或用数舟并成的"浮桥"。

四说：1990年出版的《余杭县志》末附《余杭地名考》，又据近人的研究，得出新的结论说："据现代学者研究，'余'，是越语一个语音，是盐的意思。浙江以'余'为地名的如余杭、余姚、余暨等，均为越语地名。其义无解。与禹有关只是一种传说，以此名县，不足为信。"（《余杭县志》第895页）

（4）临江，郡名。梁太清三年（549），侯景"以钱唐为临江郡"，因濒临钱唐江而名。钱唐江之名，最早见于三国学者韦昭注《国语·越语》中"三江环之"句时说三江，是指吴江、钱唐江、浦阳江（《中国地名源流》第71页）。不久，郡废。

（5）钱唐，郡名。南朝陈祯明元年（587），改临江郡为钱唐郡，辖钱唐、富阳、新城、於潜4县，郡治在钱唐（《钱塘辨证》刊《杭州研究》，1998年第2期）。

（6）杭州，州名。在隋文帝杨坚统治期间，先后改换州县行政区名一百四十多处（华林甫《中国地名学史考论》第138页）。开皇九年（589），杨坚灭南朝陈，废钱唐郡，正式置杭州。杭州之名始于此。

关于“杭州”的含义，古代学者的解释，多有分歧，引用的史书也多有不同，归纳起来，约有几种：

一说：杭，古代多作“方舟”解释。《方言》说：荆州人呼“舟”为“杭”。《史记·司马相如列传》有“杭绝浮渚”之句。集解云：杭，船也。《集韵》云：杭同航，方舟也。古代的方舟，即类似由几只船只并合而成的浮桥。因此，禹杭之意，不是禹“舍舟登陆”，而是“造杭以渡”。

二说：杭者，渡口也。春秋战国时期，杭，多作渡口解释。如《诗经·卫风·河广》有“谁谓河广，一苇杭之”句，大意说：作者住在卫国，与宋国是一河之隔。河，指黄河。卫国在黄河北，宋在黄河南，想到宋国难以如愿。一苇，即一片苇叶，比喻小船，犹言一叶扁舟。杭，通航，渡河。

（7）西府，府名。五代吴越国钱镠时，以杭州为国治，名首府，或名西府；又以越州（今绍兴市）为东府。

（8）临安府，行在名。南宋建炎三年（1129）七月，升杭州为临安府，为南宋行在。据宋人洪迈《容斋四笔》卷十二“州升府而不为镇”载：“州郡之名，莫重于府。”南宋从州升府，或是行都重地，或皇帝诞生，或太子封藩，或军事要地等。绍兴八年（1138）正式定都临安府，到景炎元年（1276），南宋投降，元军进入临安府为止，达一百三十八年之久。

（9）杭州路，路名。元代初期的行政级别分为行省、路、府、州、县等五级。不久，改行省、路、州、县四级。元至元十五年（1278）改为杭州路，为江淮行省治所。杭州路，辖钱塘、仁和、余杭、富阳、临安、新城、於潜、昌化八县与海宁州（原海盐县）。

（10）杭州府，府名。朱元璋于元至正二十六年（1366）攻占杭州路后，改名杭州府，为浙江等处承宣布政使司治所。洪武二年（1369）海宁州降为县，仍属杭州府，清代沿袭。康熙元年（1662），改浙江承宣布政使司为浙江行省，简称浙江省。杭州府所属海宁县又升为州。

（11）杭县，县名。民国元年（1912），废杭州府，以原钱塘、仁和两县并为杭县，直属浙江省，为省会治所。

（12）杭州市，市名。民国十六年（1927），以杭县所属城区等设立杭州市，仍为省辖市。杭州市名始于此，沿用至今未变。

二、杭州历史上的别名

数千年来，古代文人给杭州增添了不少的别名。最早出现于西晋司马彪《后汉书·郡国志》中的注释。至唐宋时，较为流行。唐代诗人或担任过杭州刺史，或游览过杭州，在他们的诗文中也留下不少杭州的别名，今举例如下：

①钱塘。唐代诗人徐凝《观浙江潮》诗："钱塘郭里看潮人，直至白头看不足。"又，白居易诗："雪川殊冷僻，茂苑太繁雄。惟有钱塘郡，闲忙正适中。"（引自《吴郡志》卷五十"杂志"）。

②江上郡。如唐代诗人顾熊非《送杭州姚员外》

诗："浙江江上郡，杨柳到时春。"

③钱城。如钱镠《筑塘》诗："为报龙神并水府，钱塘且借作钱城"（阙维民《杭州城池暨西湖历史图说》第19—20页）。

④武林。《汉书·地理志》载，"钱唐县有武林山，武林水所出"。武林之名作为杭州的别名，约始于唐代。唐代著名诗人施肩吾（780—861），字希圣，号东斋，睦州分水（今桐庐县分水镇）人，曾在洪州西山（南昌市）学道十余年。晚年率族渡海到澎湖列岛定居达二十年之久，成为澎湖岛开发的先驱者。他在澎湖生活时，曾赋诗一首《赠友人归武林》："去去程何远，悠悠思不穷，钱塘江上水，直与海潮通"（《杭州史话》第52页引）。南宋吴自牧在《梦粱录》卷七"杭州"明确说："杭城号武林。"

三、杭州历史上的美名

杭州古史上有许多美名，今举四例，供参考：

①"东南第一州"。这是北宋皇帝仁宗《赐梅挚

知杭州》诗中的一句话。梅挚，宋代大臣，龙图阁直学士、尚书吏部郎中，他于嘉祐二年（1057）知杭州，宋仁宗赐诗送行，首有“地有湖山美，东南第一州”句。梅挚到杭州后，在吴山上建堂，取名“有美堂”，由大臣欧阳修撰记，刻石碑于堂上（《［乾道］临安志》卷三“牧守”）。

②“地上天宫”。北宋文人袁褧（jiǒng）《枫窗小牍》中称赞杭州是“万物富庶，地上天宫”。

③“地上天堂”。据南宋诗人范成大《吴郡志》卷五十“杂志”载：“谚曰：‘天上天堂，地下苏杭。’”既是谚语，可见此话在南宋时已普遍流传在苏杭一带。后人把此话变成“上有天堂，下有苏杭”。

④“天堂之城”。意大利著名旅行家马可波罗在游记中高度赞誉杭州为“天堂之城”。游记中称杭州的英文为“Heaven City”，从目前看，有多种翻译语句，或译成“天堂”或“天城”或“天国”，都是有极乐地方的寓意。鲍志成《马可波罗与天城杭州》一书译为“天堂之城”，《马可波罗游记》（冯承钧译本第344页）称杭州是世界上“最富丽华贵的城市”。

马可波罗对杭州的评价不是凭空产生，而是他在中国十七年中多次经过杭州，对杭州的情况比较详细了解之后所发的感慨与称赞（鲍志成《马可波罗多次游历杭州》）。

浅谈良渚古城

文·朱祥林

从1936年施昕更在良渚发现的那些破碎的黑陶残片，当时尚被认为是龙山文化向南延伸的一支开始，80年来，经数代考古工作者与有关学者的不懈劳作与探求，终于发现了正在申遗的与中华五千年文明起源有着深厚渊源并为此提供了实证的良渚古城。短短80年来，对这块实际上深藏在地下的古文明逐步深入地认识过程，值得在人类认识史上大书一笔，在中外历史上似乎还没有见过这样的先例。

但人的认识过程永无止境，即以良渚文明的核心——良渚古城及外围的防洪水利工程而言，窃以为尚有进一步探求的余地。

据学者研究，上述两项工程，用工当需数千万，耗时可达数十年之久。其工程之浩大，不亚于后世之建都如秦之咸阳，汉之长安，元、明之建大都、北京。而以当时生产力水平而言，恐有过之而无不及。故良渚建都必有深远的考量与规划，如秦、汉之于关中，六朝之于金陵，皆是从全局中投下的关键一子，不可以城论城而不及其余。

良渚古城位于浙西山地丘陵地带边缘，其北、西、南三侧均是东天目山余脉的低丘，地形由西向东，由高到低，扇状展开。其下杭嘉湖平原犹如一柄半摊开的折扇扇面，而良渚则处于扇柄位置，是矮个中的长个，低地中的高地，为苕溪之东第一个间有丘陵、小山的平原地区，可无虑浙江的暴雨。故建都于此，实不意外。值得一提的是在洪涝过后，苕溪平静无波，如同一条源远流长的运河，即使最原始的独木舟，也能稳稳地驶向远方。在良渚文化时期，轮式交通工具与畜力运输或尚未出现，或目前无确凿证据，故在杭嘉湖水网地带水上交通无疑是最佳的选择。良渚古城位于这条水路的顶点，犹如秦都咸阳之有直道，故苕溪所经之处，皆为良渚文明所及之地，此乃势所必至之事，毫不足怪。

从目前考古发现来说，良渚的残留遗址中，曾采集到大量猪、鹿、牛等动物骨骼。其中猪、牛应已驯养成家畜，狩猎而得的恐只有鹿和其他小动物。至于大型野生动物如豺、狼、虎、豹那样的猛兽，目前尚无这样的发现。即使有，想来也多不易得，难于以此为生。有幸的是良渚先人濒苕溪而居，靠山吃山，靠水吃水，这里有丰富的渔业资源，这恐怕是他们最基本的生活保障之一，也是世界上各大文明的产生，之所以与大江大河联系在一起的一个重要原因。

在这里笔者很想说一件似乎很少有人注意到的事，那就是良渚古城所处的位置，是苕溪由山地进入平原的起始点，对杭嘉湖平原水域及太湖那样的水域来说，它是上游。人尽皆知，鱼有溯流而上的习性，故太湖的鱼类皆溯流而上，待至良渚古城地区，因无法再溯山丘而上，只能群聚于此。直至20世纪60年代，苕溪有人以跨河大网捕鱼而屡获丰收，可见当时这里曾是得天独厚的渔场，这应该是良渚先民在此建都的又一个重要缘由。

上文已提到，良渚古城及其外围的防洪水利工程，用工当以千万计，耗时可达数十年。故当年对此必有周密的考量，良渚先民对如此大型工程的设计与营建水平恐尚未被人所尽识。在这过程中，有关专家曾提示古城外围水利工程的兴建，“很可能在古城建造之前”（王宁远《从村居到王城》）。这一根据有关考古资料经现代科研测试后所得出的判断，使人茅塞顿开。试想若不是先建外围水利工程，何能阻山洪北下，而在旁安然建起如此规模的古城？顺着这样的思路再想下去，窃以为良渚古城本身的营建顺序，也必然是由外及内，由外城、内城而宫城，而非相反。2007年底良渚古城墙的信息发布之初，一些专家曾对此质疑。如林华东先生在《良渚发现的并非古城》一文中提出：良渚古城宽度不一，西北城基宽达60米，而东南不过40米，坡度过缓，此皆不合常理；更不可理解的是东北角城墙围雉山于城内，而西北城角更高更大的凤山却紧贴城角而被拦出城外，明显不利于防守，后世城墙无此实例。笔者读后当即根据此文所提出的问题，写了一篇《良渚古城我见》，几乎逐字逐句地对此作出了回应，认定此古城并非后世在战争中适用于防守的城墙，而是一个像都江堰之于成都平原那样的水利工程。山洪频发的良渚一带能成为美丽之洲，东部余杭临平镇能有良渚遗址密集分布而成为“临平遗址群”的原因就在这里。其影响之深远，当远及杭嘉湖地区。此文当时发表于《浙博天地》等报刊，笔者还为此去过良渚的考古工作站，承古城的发现者刘斌先生所不弃，在他办公室的地图前还亲自为我解疑释难。承告后世苕溪虽有改道，古苕溪不同于今苕溪，但苕溪自万山丛中西来这一段是无法改变的。当年凤山正对苕溪之冲，之所以被拦出城外，实际上如同都江堰之分岷江水一样，在一定程度上可阻西水南下以利北去。如今时间一晃已是10年过去，良渚外城实际上是水利工程已成共识。故当年良渚古城之建，必然是由外而内，即外城、内城、宫城，而非相反。先筑外城以阻西来山洪使之绕城北去，非如此难以在毫无保障的条件下安全营建内城与宫城。而在营建外城的同时所形成的城内外水道与大量土方，又为其后营建内城、宫城创建了有利的取土与水上运输条件，而已建成的外城顶部，又可为其后筑城劳力提供了安全的居住之所，可谓一举三得。若反其顺序，由宫城、内城而外城，则难以有此水到渠成的效果。

值得进一步思考的是外城四面各开2个水门，但未见有山洪暴涨之时的应对措施。总不至于任凭山洪由水门汹涌入城而无所作为，果如此，要这个外城究有何用？故遥想当年必有水闸，后世城之有闸必自此始。当然，良渚时期尚处新石器时代，当年尚不具备铸造铁闸的可能。但以良渚先民的智慧而言，能在玉器上雕刻出如此令人惊叹的纹饰，又能在莫角山王城中留下最大直径达90厘米接近北京太和殿内那样的柱坑，岂能面对山洪而毫无办法！窃以为至少可以制作出如古粮仓仓门经常应用的那种仓板，用木板随着水势一块又一块加高的木制水闸。当然由于年代久远，木质的闸板已难保存，如今尚无实物可证，但不妨作出如此推测，以待将来或许能有验证的一天。行文至此笔者突然明白，为什么在南城墙正中要留下一座陆门，想必在山洪围城之时，它是唯一可以对外的通道，古人设想不可谓不周全。

在这里笔者极想提议，请国内有关水利专家详细考察如今已入选世界灌溉工程遗产的都江堰与良渚古城的外城，它们的设计原理与效果是否有相通之处，并存在着前后的继承关系？而外围的防洪水利工程，是否又是后世以“堵”防洪的又一范例？果如此，则我国古代如鲧、禹治水的堵疏两途的源头似乎都在这里，此事发生在我国古代得天独厚的杭嘉湖水乡地区，应该说毫不意外。

值得一提的是无论后山王陵还是瑶山、汇观山祭坛上的墓葬，其中为数众多的制作精美且其上刻有“神徽”的礼制载体，如琮、钺、璧等玉器，皆非平民所能拥有，足以说明其时人群已有不同等级，分化已经明显，特权阶层已经形成，有了可以与天对话的王者与巫师，由此衍生了王权神圣的合法性，这恐怕就是后世“君权神授”的源头。这一延续数千年，实是祸乱之源的欺人之谈，并不是哪一个“聪明人”所想出来的，而是早期人类对宇宙万物的一个认识过程，如同对太阳的崇拜一样。尽管如此，在良渚时期的王陵中从无如后世在殷墟所发现的人牲，更无如秦始皇陵中被残杀的众多建陵工匠的遗骨。再说良渚古城营建如此巨大规模的工程，王城、宫城与近在咫尺的外城顶部普通百姓群居之地相处晏然，并无其后尧舜之都陶寺曾遭严重破坏的遗迹。立国千年而无动乱，其文明所及之处，已发掘的墓葬无数，似乎未见有死于征战与刑戮的骸骨，非后世赭衣半道、二世而亡的秦帝国可同日而语，其得人心如此也实堪赞叹。

良渚文化的下限，距尧、舜、禹禅让时代已不远，与“家天下”夏王朝的兴起也不过百余年而已，故良渚文明所反映的可能是即将进入后世文明时代的曙光而非原始社会日渐隐没的余晖，后世孔子的“大同世界”与孟子的“民贵君轻”之说，恐与此皆有渊源，实堪进一步探求。

在这里我还要再说几句。由于时代的局限，1936年，施昕更在良渚地区发现几片破碎的黑陶片之初，良渚文化曾被认为是山东龙山文化向南延伸的一支。故其后对良渚文化消失以后的去向，直到20世纪八九十年代，还是一个未解之谜。随着本世纪前后良渚文化遗址如反山、瑶山、莫角山，特别是良渚古城等突破性的发现以后，如今可确定无疑地说，良渚文化早于龙山文化，是源不是流，故其去向已可迎刃而解。在这里我还想补充一句，远古时期，东海之滨的钱塘江与苕溪流域，东濒大海，北有长江，其安全度远胜黄河流域，故华夏文明发源于此，实非偶然。但“祸福相依”古之明训，这里最大的问题是“海侵”。上古神话中，麻姑曾三见东海变成桑田，即是远古人类对这一段历史的模糊回忆。遥想当年近海为生的良渚先民的主体部分，由于“海侵”那样人力无法改变的自然变化，当由苕溪流域的杭嘉湖水网地带被迫渡江北上，沿着“稻米之路”到达地势较高的胶东半岛，与当地文化融合发展成龙山文化。2018年8月间重新整合最新考古成果后向观众展出的良渚博物院，在展窗中明确展示，良渚文化的下限即为龙山文化的上限，而后者东部的下限，又为其西部的上限。故其由南向北，与由东向西的文明流向，皆历历可考。由此还可以找到良渚文明与丹土古城遗址乃至夏、商文化的渊源，为事起东南、成于西北之说，提供了最早的例证。因此，人们也就不难理解舜的故乡在余姚以及有关他的种种传说，而禹之能继父鲧治水，功成后何以要远离当时的政治中心，由中原地区不远千里地经余杭，横渡两千余年后尚被始皇帝视为畏途的钱塘江，会诸侯于尚为偏僻之地的会稽山，死后葬于斯，其后封于斯，无他，常人寻根之心而已。与刘邦功成衣锦归故乡，唱《大风歌》并无二致。而此后又一千余年，越王勾践灭吴后，何以曾北上建都琅琊，起

"观台，徙民三万于台下"；而西晋八王之乱，琅琊王谢又为何举族南迁会稽，流寓江南？两地渊源之深，可谓源远流长，非同寻常。笔者在五莲曾工作生活了20年，本世纪初重游旧地，有感于斯，写下了《五莲山与越文化》一文，曾先后发表于《映山红》《联谊报》《浙博天地》与《日照史话》等报刊，并被"第二届杭州历史文化遗产发掘、保护与利用研讨会"列入大会的专题报告之一。今逢良渚古城申遗之际，故不避愚陋，再度将此意补充后提出，如蒙采择，则幸甚。

杭城的地下艺术宫

文·宋宪章

在杭州城西南的玉皇山麓施家山南坡，有一座鲜为人知的地下浮雕艺术宫。长7.6米，宽2.37米，高2.4米，分前后两室，面积达21.81平方米。除前后两室之门用整块大青石雕琢而成外，其余均用巨大的、整块的红砂石板，用卯榫技术衔接砌成。四壁色呈淡紫，奇异的是，壁上遍布精美绝伦的各种石刻浮雕群体，其艺术风格足以与杭州吴越巨刹梵天寺经幢及闸口吴越白塔相媲美，是杭州最古老的道教风格的石刻代表作。经考古学家们考证，原来这是五代吴越国最后一个国王钱弘俶的生母——吴太后（汉月）的陵墓。

吴汉月是五代吴越国第二代国王钱元瓘的妃子，被封为顺德夫人。她自幼崇尚黄老之学，在家中常着道家服饰，对艺术颇有修养，特别擅长演奏西域乐器——胡琴。但命运多舛，她不幸于四十二岁时早逝，追随先夫而去。吴汉月的爱子钱弘俶与母亲不同，崇信的是佛教。但他尊重母亲的信仰，以隆重的道教仪式，在离吴越国子城（皇宫）不远处的父王王陵附近，兴建了地下浮雕艺术石宫，安葬了他的母亲。

不久前，我去参观沉睡在地下达一千余年的、杭州唯一的地下浮雕艺术宫。那精湛华美的石刻浮雕群体，深深地迷住了我。首先可以看到前室的一对石门，上面雕镂着门环和门钉，形如王宫大门之状。最引人注目的是，石门上雕着侍女的立像，高约0.8米，身材窈窕，面容丰润，樱唇欲动，眼波将流。她的头上挽有双髻，饰有精美的簪花，身穿斜领广袖长衣，手执带幡长竿，似为逝者招魂。从装饰及秀美的面容、苗条的身材来看，具有吴越少女的容貌特色。

穿过前室，便可进入光线稍暗的后室。后室由四壁组成，系坐北朝南。按照方位，东壁刻着东方吉祥之神青龙，西壁刻着西方凶恶之神白虎，南壁刻着南方赐福之神朱雀，北壁刻着北方降魔之神玄武。这四个图腾，原是中华民族信奉的神灵，后被道教奉为圣神。其中东壁的青龙，鳞甲栩栩如生，长二米余，昂首吐舌，张牙舞爪，作腾飞九霄之状。西壁之白虎，大小如青龙，为与东壁浮雕相称，造型甚为奇特，竟作虎头蛇身之形，为世上所罕见。北壁为地宫正面，颇有装饰图案的特色，上部镂雕有椭圆形的花环石龛一个，龛内镂雕北方玄武之神：一龟伏地扬足，昂首向上；一蛇紧缠龟身两圈后，以其吐信之头，俯向龟首，两相紧紧盘结，混为一体。神态惟妙惟肖，雕刻极为细腻、逼真、传神，是整个地宫中最为精美的浮雕精品。四壁神像的下部，每面还各有三组道童的镌雕石刻，皆为头戴道冠，身着长衣，双手在胸前合捧象征十二生肖的动物。现在能见到的，共有八尊。地宫后室墓顶，原为一方巨大的长方形的红砂石板，其阴面镌刻着黄道二十八宿星象图，方位和天星极为合拍，并且星象的方位又和地宫四壁的神像相合，充分说明五代吴越时江南地区天文学研究已有很高的成就。同时也可以看出，地宫设计人是一位高明的杰出建筑师，内部布局足以体现用心之良苦：死者虽然长眠在地下，但安息的石宫中，仍然是天星高照，神灵相护，侍女对立，道童环绕，宛若生活在一个安详的宫廷中。这块珍贵的石刻星象图，同早年发掘出来的、她丈夫钱元瓘墓室上的石刻星象图相似。吴汉月墓顶石刻星象图，要比世界公认的最早的石刻星象图——南宋淳祐七年的苏州石刻星象图还要早约三百年，具有珍贵的史料价值。

吴汉月墓，现为国家重点文物保护单位。

杭州寺庙园林在历史演递中独成胜景

文·冷晓

中国园林有悠久的历史，是东方园林的杰出代表。不论是皇家园林、文人园林（即私家园林），还是宗教园林，都具有独特的园林建筑艺术风格，这是世界园林史学家所公认的。寺庙园林，是宗教园林的重要组成部分。杭州在长期历史文化的演化递进中，寺庙园林处于主体地位。

古代僧人出家修行，一般只能“垒石而居”“结茅为庵”，或插竹为“精蓝”，或舍宅而改建，十分简陋。创建于东晋咸和三年（328）的灵隐寺，也长期处于“佛法未盛，仪制不具”状态（根据寺志记载，过去称灵隐寺建于咸和元年为讹传）。同时创建的灵鹫寺等规模甚小，下天竺翻经院也只是配套建筑。直至南北朝时，梁武帝赐田扩建，灵隐寺才渐有大刹气象。发展到“唐大历六载，复大壮焉。榭亭岿然，袁松多寿”（宋·罗处约《灵隐寺碑记》）。白居易也赞称：“东南山水，余杭郡为最；就郡言，灵隐寺为尤。”（《冷泉亭记》）可见当时的灵隐寺已具宏丽之势。不过，灵隐所处的环境仍属山林荒野之地，位于江边，而且可看海门。“曾过灵隐江边寺，独宿东楼看海门”（唐·杨巨源诗），“月色荒城外，江声野寺中”（唐·张祜诗），正因为是荒城山野环境，所以才出现“时有猨猱扰钟磬，老僧无复得安禅”（唐·李绅诗）的情景。下天竺翻经院与灵鹫寺仅一涧之隔，“一山门作两山门，两寺原从一寺分。东涧水流西涧水，南山云起北山云”（唐·白居易诗）。

唐时，杭州寺院较为集中的当属孤山，其中具有规模的寺院为广化寺（原永福寺），人称孤山寺。该寺依山而建，殿宇高低错落，飞檐翘角，琉璃生辉，在夕阳照耀下十分壮观，致使大诗人白居易于唐长庆三年（823）游孤山晚归时发出了千古绝唱：

柳湖松岛莲花寺，晚归动桡出道场。
卢橘子低山雨重，棕榈叶战水风凉。
烟波澹荡摇空碧，楼殿参差倚夕阳。
到岸请君回首望，蓬莱宫在海中央。

白居易还在孤山永福寺筑一阁，多植竹，名“竹阁”，“晚坐松檐下，宵眠竹阁间”，优哉游哉。建于吴山清平山的开元寺，白云闲悠，幽静清新，白居易还常携酒来此观赏牡丹，后人称为“开元十景”之一。在李白、宋之问等诗人心目中，杭城寺庙“鹫岭郁岧峣，龙宫锁寂寥”“叠嶂隔遥海”“挂席凌蓬丘”，已成为“龙宫”“蓬莱”仙境。

唐末，武宗“会昌法难”（842—845），沙汰全国寺庙，对北方影响极大，但对吴越等南方割据势力则鞭长莫及，佛寺依然十分兴盛，这与五代吴越钱王奉行“信佛顺天”国策有关。在历代钱王大力提倡佛教的条件下，作为吴越国都的杭城寺院遍布，佛塔林立，梵音相闻，僧众云集。据志书称，吴越国时，“九厢四壁，诸县境中，一王所建，已盈八十八所，合一十四州悉数之，且不能举其目矣”。仅杭城扩建创建的寺院，可查的就有二百余所，吴越寺庙“倍于九国”。灵隐寺进一步扩建，出现了后人笔下的：“绣桷画栱，霞翚（huī）于九霄；藻石丹楹，华垂于四照。修廊重复，潜奔溅玉之泉；飞阁岧峣，下瞰垂珠之树。风铎触钧天之乐，花鬘搜陆海之珍。有若碧树芳枝，春荣冬茂；翠岚清籁，朝融夕凝。”（宋·罗处约《灵隐寺碑记》）同时又改建下天竺、中天竺等寺院，还先后兴建了梵天寺、昭庆寺、慧日永明院（净慈寺）、九溪的理安寺、赤山埠的六通寺、南高峰的荣国寺、月轮山的开化寺（六和塔院）等许多著名寺庙。这些寺庙不仅重视环境选址，满足宗教生活需要，而且相当注重寺庙园林的观赏价值。如在吴山环翠楼海会寺原址建石佛智果院时，使之面对大江，俯瞰城郭，引人入胜。后唐清泰元年（934），吴越王钱元瓘兴建吴山瑞隆院时有意栽竹成景，吸引游人。天福年间，吴越王妃仰氏在宝莲山建释迦院（即宝成寺）时，就广植牡丹，才有后来苏轼的“赏释迦院牡丹诗”。宋开宝七年（974），吴越王钱弘俶在孤山六一泉建报先寺，面对西泠渡口，山明水秀，以湖、山、泉、石汇成胜景。后世苏轼访报先寺僧人时描绘渡口景色：“天欲雪，云满湖。楼台明灭山有无，水清石出鱼可数。林深无人鸟相呼……”钱弘俶在葛岭建寿星院，就专门筑有高台，“外江内湖，一览在目”，后人名之为“江湖汇观”，成为一景。宋乾德二年（964），又在葛岭东北宝云山建千光王寺（即宝云寺），寺内建有清轩、月窟、澄心阁、南隐堂、妙思堂、云巢、灵泉井、茶坞、初阳台等，使文人园林图景融入了寺庙园林，故有“宝云楼阁闹千门”之称。

吴越之时，北山灵隐，南山净寺，两寺相埒，互为呼应。吴越高僧永明延寿在扩建“灵隐新寺”九楼、十八阁、七十二殿后，应诏主持慧日永明院（即净慈寺）重建，背靠翠峦，面对碧波，梵宇层叠，宏伟庄严，且寺钟初动，山谷皆应。于是逐步形成以净慈寺为中心的南山寺庙群，与北山寺庙群形成“两峰胜概山僧得”的寺庙园林构图。

吴越在建寺的同时，还建造了不少佛塔、经幢，成为寺庙园林建筑的重要组成部分。如建造南塔，才有塔院梵天寺；建造六和塔，才有塔院开化寺；建造保俶塔时，又“附以佛庐”建崇寿寺，寺后有石如屏风，故又名屏风院，该寺台殿高耸，隐约于丹枫麟石之间，从白堤仰望，犹如“天上神宫”。后人赞云：“宝石岧峣耸梵宫，古城西畔乱山东。荧荧高叶丹林露，袅袅游丝翠壁风。下界行人映松竹，半空飞鸟拂帘栊。故乡迢递独登塔，烟水长洲一望中。”（明·沈周《保叔寺》）

吴越又建白塔和雷峰塔，南、北高峰塔以及梵天寺经幢、灵隐寺经幢等，点缀于西湖湖山之间。登南、北高峰塔，“观钱江如带，瞰西湖如杯”。至今，保俶塔、六和塔均成为西湖的标志，成为点缀城市园林不可或缺的景物。佛教的兴盛，推动佛教艺术的发展，始于唐代的西湖摩崖石刻造像，在五代吴越达到了新的高峰，现存摩崖造像中有确切纪年可考的也自吴越始。在吴越国都所在地的周围和佛教胜地如慈云岭、烟霞洞、石屋洞、飞来峰等处均以摩崖造像著称于世。

北宋时，上天竺也在高僧辩才主持下，“凿山增室，广聚学徒，教苑之盛，冠于二浙”（《天竺山志》）。在三竺之间，“云影天光，岑寂岛空，香凝钟静，耳目心神之会，觉其迷极其乐者，岂不超三界外乎”（《湖山胜概》），“晨钟暮鼓，彼此间作，相聚梵修，真佛国也”（《武林旧事》）。熙宁、元祐时，大诗人苏轼两度守杭，“昔年苏夫子，杖履无不之。三百六十寺，处处题清诗”（苏辙《栾城集》）。当时灵隐尚有僧徒三千，故苏轼吟咏“高堂会食罗千夫，撞钟击鼓喧朝晡”。

南宋建都临安（杭州）后，仍沿袭宋徽宗崇道排佛之风，大批佛寺为王公权贵、后妃内侍等占用为家庙（香火院、功德院、攒宫等）；同时，将寺庙改作他用，大造御园，如孤山要建“四圣延祥观”，“凡旧刹之在孤山者，诏皆他徙”。孤山原有著名的广化寺、玛瑙寺、智果寺等全都迁移北山。广化寺移北山时仍建竹阁，栽竹万竿，为纪念白乐天，阁下建有“白乐天祠”，高山有堂，题名“江湖汇观”。又如为造御园聚景园，在湖滨自涌金门至清波门共拆佛寺九座。直至庆元三年（1197）皇太后提出不应将寺庙占为家庙，才还寺于僧。由于家庙的扩建修饰和民间新建寺庙增多，南宋佛刹寺宇增至四百八十所，有的寺庙则改建为纪念性祀庙，如将褒忠衍福寺改建为岳庙。

元代奉行蒙、藏密宗，对南方佛教管制甚严，随后又任其自理，不加扶持，故如玘法师题咏哀叹：“宇县俄多难，湖山亦被兵。名蓝俱泯灭，别构独峥嵘”。仅于至元二十一年（1284）才由“江南释教总统”杨琏真伽奏准在宋宫原址建造了五所寺庙：报国、仙林、般若、兴元、尊胜。五寺中以报国寺规模最大，其他四寺虽隘，而景致宏丽，不久又逐个毁废。

明代基本上采取限佛政策，除仿效宋制设各级僧官外，规定各州、府、县只许保留大寺观一所，限定僧侣人数，集中居住，全国寺院规定只念三经（《心经》《金刚经》《楞伽经》），而且冤狱迭起，佛门不振。明末时“四大高僧”（莲池、真可、德清、智旭）遭到朝廷迫害，但莲池在杭城市民的支持下兴建云栖寺，成为闻名一方的净土道场。

清初崇佛，特别是前四代帝王信佛，与汉地佛教融合，使杭州佛教有了新的发展。康、乾两帝频频南巡，都到寺庙礼佛赐金，修缮寺庙。康熙帝曾下诏“增广斋田，赐帑修寺”；雍正帝曾开禁命灵隐寺斋僧二千；乾隆帝到处礼佛题诗，赏赐经卷，并赞颂天竺观音“灵感无不应，香市倾城走”。在他倡导下，“天竺香市”十分兴旺，并成为西湖名胜之一。一些名刹整修一新，小寺小庵遍及城乡。只是咸丰年间，太平军两次入杭，所到之处，毁庙砸佛，致使杭州“名山巨刹，毁废殆尽”（《天竺山志》）。此后虽有恢复，但已元气大伤。从此，杭州寺庙处于衰颓状态，以致雷峰塔倒、灵隐大殿倾圮均无力修复。

民国前期，由于军阀混战，加上连年灾害，四乡群众生活无着，求告无门，只能祈求“神祐”，天竺香市、吴山香市香火又盛，除四大丛林（灵隐、净慈、昭庆、圣因）外，信佛群众还风行烧“八寺香”，按地点远近排出“八寺”。抗日战争时期，僧众星散，留杭甚少，寺院趋于衰落。

1949年之后，杭州佛教受到党和国家的关怀，周恩来总理多次指示整修灵隐寺，专门成立“修复委员会”，宝殿巍巍，重塑大佛，为国内罕见。“文化大革命”初，灵隐寺虽也受到冲击，但在周总理关怀下受到保护。“文革”后在落实宗教信仰自由的政策下，政府发还寺产，重新整修，使南宋评定名列“禅院五山十刹”前茅的名刹灵隐、净慈、天竺等重光。

长期以来，灵隐古刹始终存在着中轴单调、殿堂残缺的缺陷，在恢复修建时，经各方酝酿，于1987年开始实施《灵隐寺总体规划》，按“伽蓝规制”纵深布局，完善环境，复建重要殿堂，力求恢复历史旧貌。中轴线形成五重格局：天王殿、大雄宝殿、药师殿、藏经楼（法堂）、华严殿，并向两翼布局：先后建成线刻五百罗汉堂、道济禅师殿、客堂（六和堂）、祖堂、大悲阁、龙宫海藏，并于原罗汉堂旧址重建五百罗汉堂，陈列平均身高1.7米的五百青铜罗汉，堂中央另建12.6米高的四大名山铜殿（已列为上海吉尼斯纪录）。此外每进殿堂建有宽敞露台，美化古刹环境，先后建成大型《心经》壁、百狮群雕等，并于罗汉堂西北辟建洌泉，借假山叠石形成自流瀑布流入阿耨达池，池边建有具德亭，以纪念清初具德禅师中兴灵隐之功。至此，灵隐古禅寺，再展新姿，梵宇辉煌，气象万千。

佛教传入于东汉，在历史长河中，古印度佛教建筑文化艺术逐渐汉化，并受皇家园林的影响，使庄严肃穆与金碧辉煌融合，成为寺庙名胜园林，蔚为大观。国外有的建筑师称之为“东方的巴黎圣母院”。现代园林专家陈从周认为：“中国园林和中国文化盘根错节，和中国佛教休戚相关，‘曲径通幽处，禅院花木深’‘庵前潭影落疏钟，南屏净慈送暮鼓’‘只缘身在此山中，云深不知处’的深山藏古寺都指庙宇风景。”杭州寺庙园林的宏博胜迹，也常常使杭州人引以为豪。

玛瑙寺事迹点滴

—文·王荣初—

《[淳祐]临安志》载:“孤山有玛瑙坡。”又说:“旧有报恩院、观音智果院、广化寺、玛瑙宝胜院。”

北宋中叶诗人杨蟠《钱塘西湖百题》中有《玛瑙坡》一首:“石径生光怪,传流玛瑙坡。天人曾布地,此物至今多。”《玛瑙宝胜寺》一首:“昔日岩栖处,松花落草根。瓦中非是我,棺椁任乾坤。”同时代诗人郭祥正《和杨公济钱塘西湖百题》诗《玛瑙坡》:“坡顶夜光发,人来雨后寻。山祇原吝宝,君莫起贪心!”《陶器坟》:“陶器为棺椁,中庸孰可名?一丘春草色,两树野松声。”这是先后唱和的对应作品。他们的第二首,和祥正的另一首《夜讲亭》“往矣中庸子,亭标夜讲名。我来何所得,襟袖水风清”,都是写玛瑙寺僧人智圆的。

智圆(976—1022)是中国佛教天台宗山外派中著述最宏富的学者,先后有《般若心经疏》等十种佛经注疏及佛学其他论著,世称十本疏主。中国佛教协会于1955年接受国务院所交任务,组织专家为斯里兰卡编纂英文佛教百科全书而写的“中国佛教”条目中“中国佛教人物”一栏,就有《智圆》一篇,介绍他的贡献（详见知识出版社出版《中国佛教》第二辑），从而可以概见他在学术上的造诣。宋释元敬、元复同撰《武林西湖高僧事略·宋孤山圆禅师》载：“智圆，字无外。钱塘徐氏，八岁出家……留意撰述，作十疏通经……早勤儒学，兼涉老庄，自号中庸子。居孤山玛瑙院……与处士林逋为邻友相好，以诗文自娱……乾兴元年二月十七日自作祭文挽辞，越二日示寂。门人奉遗训，斫院之后山，敛以陶器，合而瘗（yì）之……治平二年改名宝胜院。绍兴二十一年创延祥观，有司新师所居以广之，移额山北，并塔迁焉。”明田汝成《西湖游览志》云：“玛瑙坡，在孤山之东，碎石文莹若玛瑙然，人多采以镌图篆。”又云玛瑙宝胜院“旧有闲泉、仆夫泉，僧智圆所凿也”。另外也有人说：大中祥符年间（1008—1016）智圆曾重修玛瑙寺。这些记载和说法，都可供参考，或作佐证。今西泠印社中有闲泉，从而可以推知玛瑙坡和旧时玛瑙寺都该在这一带。寺院迁北山葛岭时，并迁智圆坟塔。这次修整遗址，不知有没有发现这坟塔以及智圆自作的铭文、悼诗等刻石遗迹。

宋靖康年间（1126—1127），金王朝统治者女真贵族攻灭宋王朝，俘掠徽宗、钦宗两帝及后妃等北去。南宋高宗屈己求和，经金王朝允准高宗生母韦氏及徽宗梓宫等南归行都临安（今杭州）时已是绍兴十二年（1142），韦氏被尊为太后。她一贯以为有神道帮她们母子，因而在绍兴十四年（1144）选孤山南麓地带建四圣堂，奉祀道经所载紫微北极大帝下属四将，号称天蓬、天猷、翊圣、真武大元帅真君。绍兴二十年（1150），宋廷诏四圣堂改用东都四圣延祥观旧名。稍后，下令原在孤山的古佛刹如宝胜、报恩、智果、广化等寺院拆迁，让地供四圣延祥观扩大范围。这就是玛瑙宝胜院于绍兴二十三年（1153）移到北山葛岭的缘由。

据《[咸淳]临安志》记载：玛瑙寺迁址北山葛岭后，于淳祐八年（1248），经司农卿兼知临安府、主管浙西安抚司公事赵德渊重建。

宋末元初，玛瑙寺出了一位书画名僧温日观。他本是华亭（上海松江）温家子弟，字仲言，号日观。南宋亡后出家为僧。元代郑元祐《遂昌杂录》说他

“居葛岭玛瑙寺，人但知其画葡萄，不知其善书也。今世传葡萄多假，其真者枝叶须梗皆草书法也”，可见他的水墨葡萄开创了独树一帜的艺术特色。《遂昌杂录》又记载他“酷嗜酒，杨总统以名酒啖之，终不一濡唇；见辄忿詈曰：‘掘坟贼！掘坟贼！’”这个杨总统便是杨琏真加，凭仗着元世祖皇帝撑腰，无恶不作，做着江南释教总统大僧官，该说是温日观的顶头上司了，温日观却面斥他为了掠取殉葬财宝，挖掘宋代帝后大臣坟墓一百多所，成了掘坟贼的丑行。温日观的气质、胆识，也就不难推知。

《[成化]杭州府志》记载葛岭玛瑙寺，元末毁，永乐年间重建。元明之间，寺中僧人事迹，约略尚可考见的是方洲，也有写作“芳洲”的。元末明初戏曲家高明有七言古体《西湖葛岭玛瑙寺僧方洲有古琴二,一名石上枯桐，一名蕤（ruí）宾铁，为赋诗二首》，诗章赞扬了方洲高超的琴艺，和所蓄二琴的奇妙。《[万历]杭州府志》著录芳洲有《闲居续唱》。看来他是具有特定文学艺术修养的。

明末张岱的《西湖梦寻》还记载“有僧芳洲，仆夫艺竹得泉，遂名仆夫泉”。从2005年2月14日《杭州日报》报道的《玛瑙寺新春首现光彩》一文看来，这泉水至今尚留迹象，实属难能可贵。不过，它应该称作“后仆夫泉”，其他不少历史文献中也这样称呼，因为玛瑙寺早在孤山智圆住持时，就有仆夫种竹得泉眼，加以疏导而称仆夫泉的故事。

《列朝诗集》载有刘泰《次韵夏大卿寄玛瑙寺献上人》:“高僧占断西湖胜，细草斜连石子坡。度岭剪来藤作杖，翻畦种得菜成窠。一龛晓日红蒸衲，四壁

修葺一新的玛瑙寺大门

秋烟翠染萝。借问何时开夜讲，洗清尘耳定须过!”从这里可以形象地看到当时玛瑙寺处在细草烟萝中，献上人或是披衲讲经，或是翻畦种菜等情景。刘泰字士亨，钱塘人，正统、景德年间诗词著名一时，而隐居不仕。夏大卿指夏时正，刚正清廉，曾任南京大理寺卿，因而被称为夏大卿。他寄给玛瑙寺献上人的那首原唱，尚俟探索。献上人事迹，也待详考。

清代圣祖、高宗两朝，先后各南巡六次，大都到了杭州。乾隆四十四年己亥（1779），浙江地方大员得知皇帝将第五次南巡，便托名商民献悃，特意将葛岭玛瑙寺也大加增饰。次年庚子（1780）和四十九年甲辰（1784），高宗两次都到玛瑙寺，先后作五律《玛瑙寺有咏》《玛瑙寺叠庚子韵》等诗文，力斥疆吏的奉承为谬妄，而自我剖白“率多弗顾”，实际那全是他在故作姿态!

后来，清道光二十年（1840）玛瑙寺经过重修，咸丰年间毁于兵火，同治年间重建。后来不知何时毁去。现经修整出来的是山门、东西厢房等建筑和广大园林。

被遗忘的吴山汪王庙

文·胡永吉

2003年6月初，我收到上海师范大学唐力行教授来信及他写的一篇关于吴山汪王庙的论文初稿。文稿从汪王庙的历史变迁、汪氏从徽州向杭州迁徙和民国年间的基本状况以及汪王庙的结构功能与控制机制，论述了从抗战前夕杭州的徽商来看商人组织向血缘化的回归。文章史料翔实，论理有据。拜读了唐教授的大作，才知道杭州吴山曾有一座汪王庙，我顿感愧疚不已。一位在上海工作的苏州人，从研究吴山汪王庙资料入手，论及徽人的迁徙、旅杭汪氏的世次与血缘认同，写出了2万多字的徽学论文。而我长期旅居杭州又是从事徽学研究的徽州人，只知徽州历史上有汪华，而不知杭州历史上有为汪华而建立的汪王庙。

唐教授很谦虚，信中说：“寄上拙作，请多指教。关于吴山汪王庙的论文初稿请您指点：1.文中提到的人，您或杭州其他徽州籍朋友知晓吗？2.抗战前夕，杭州徽商的活动情况如何？他们是否还有汪王庙外的其他组织？3.有关汪王庙的档案资料是否存在？以及论文所涉及的其他问题。不胜感谢！”于是，我抽出时间，向有关方面询问，向一些老人打听，但回答都说不知道吴山与汪华的故事。查阅新编《西湖志·寺观卷》，吴山山麓历史上建有许多寺、庙、观，却没有汪王庙的记载；在人物卷中，也没有汪华其人。在我问及的人中，只有一位旅居杭州的徽州老乡张诚老先生说：解放前他孩提时到吴山汪王庙去玩耍过，那时庙已破旧不堪，里面尚有住家。他记得解放初期这座庙就完全倒塌，现在找不到了。至于汪王庙的历史，他也不知情。看来，吴山汪王庙已经被人们遗忘了。

带着汪王庙的问题，我去请教时任杭州图书馆褚树青馆长，他是杭州徽州学研究会的理事。褚馆长也未听说过汪王庙，但他建议不妨在他们那里查阅资料。于是，我去古籍部找到了《吴山汪王庙志略》（光绪三十一年汪文炳编）和《吴山汪王庙志略续编》（民国二十五年戴振声、汪濂编），这两本志书为研究汪王庙及汪氏在杭州的宗族组织提供了珍贵资料。

吴山汪王庙，始建于唐朝，在吴山大观台侧。据《吴山汪王庙志略·公牍》所言："自唐时歙杭立庙，春秋致祭，载在祀典。"由此可见吴山汪王庙与歙州汪墓祠的历史同样悠久。

汪王庙

吴山汪王庙供奉的汪华（586—649），字国辅，又字英发，歙县登源汪村人（今属绩溪县）。隋末天下大乱，群雄割据，汪华发动兵变，一举占据新安郡，并相继攻下宣州、杭州、睦州、婺州和饶州，拥军10万，号称吴王。此后十多年间，汪华保境安民，六州不见兵革，政清人和，百姓安居乐业。唐武德四年（621），汪华上表归顺唐朝。唐高祖嘉其顺潮流和保六州功绩，授予方牧，持节总管六州军事，兼任歙州刺史，封上柱国越国公。武德七年，奉召晋京。贞观二年（628）被授左卫白渠府，统军事，掌禁兵；后改忠武将军，为右积福府折冲都尉。唐太宗征辽，委为九宫留守。贞观二十三年（649）卒于长安，归葬歙北云岚山，后人建汪墓祠祭祀。

吴山汪王庙初建时仅为一座名宦祠。唐朝以后，随着历代统治者给汪华封号升级，名宦祠逐渐演化为神庙。汪王庙内汪华神座上的额匾为"六州屏翰"，两侧联为"自昔州闾资圣护，迬今稼穑沐神功"。在后人看来，汪华既是徽州乃至江南六州的地域神，又是徽州汪氏的祖宗神。汪王庙是徽州乃至江南六州民众祈福免灾的庙堂，也是汪氏子孙追念祖先祭祀的祠堂，是杭州汪氏族人的宗庙。

吴山汪王庙在清咸丰十一年（1861）毁于战火，光绪三十一年（1905）修复。民国二十四年（1935）乙亥三月十日同族会议决定"庙宇荒颓，势将就此，负责有人，共谋修理"，并决定成立杭州吴山汪王庙管理委员会，汪氏族人"皆属会员"，且"额至无定"。由族人所召开的同族会议为最高权力机构。管理委员会由会员中公推执行委员担任会务，执行委员中互推常务委员管理会务，常务委员中推一人为主席。会址暂设运河下缎局司巷十号。管理委员会财政问题，包括修葺屋费、本会基本金、年例春秋祭费及诞祭费，由管委会制印捐启，会员分担向同族劝募。民国二十五年（1936）汪王庙重修后，管理委员会增添了委员和常委，改选了主席，并经当时的政府批准登记，汪王庙管理委员会成为合法的民间社团组织。会址改在清波门学士桥9号，这里也是新任管理委员会主席、第一届众议院议员汪秉忠的家。

吴山汪王庙管理委员会设有《宗人录》，即会员名册，当时会员数达到205名。他们的职业众多，有政界、军界、教育界、法律界（含律师）人士，有中西医生、工程技术人员、报人、学生；从商者遍及许多传统行业，值得注意的是，当时汪氏族人进入地产业、银行业和洋行等新兴行业的，也占了相当比例。

吴山汪王庙奉祀者共21人，其中正殿3人，汪华塑像和神位居中，两旁是汪华的两个从弟铁佛与天瑶的神位。后殿供有18人的神位，他们是汪华的祖父母、父母、妻妾5人、儿子9人。每年有三次祭祀活动。农历正月十八日，汪华的生辰，二月择日曜日为春祭，八月择日曜日为秋祭。由管委会按期敬谨备办，先数日函知各同宗，不限籍贯，不限人数，同宗汪姓者，不管身份地位，都可自愿参加，届期诣庙与祭。祭祀活动，为汪氏在杭族人提供了一个聚会的机会，加强了他们之间的沟通和联系，营造了一个浓浓的亲情、族情、乡情氛围，从而增强了汪王庙管委会对族人的凝聚力。

《吴山汪王庙志略》还收录了汪王庙内60多位汪氏后裔、钱塘以及全国各地名士所撰写的匾额、题词、诗词、楹联，歌颂了汪华的丰功伟绩，记述了汪王庙修复经历。这些，也都是研究徽州文化的好资料。有一副长联写道：

溯唐、宋、元、明，以迄昭代，千百年叠锡崇封，又况子姓支分，行省几遍。想当时建威炀季，受爵李宗，统歙、宣、杭、睦、婺、饶，同邀保障。望云岚之冈陇，王气长留。余荫到吴山，欣看祠宇重新，广罗谱牒。

考永、叔、巩、选，递及温公，新旧书未征定论，可见英雄心迹，史氏难窥。即今兹合众联盟，通商议约，凡德、法、日、俄、美、比，孰擅招怀？历瀛海而伦敦，使才自愧。诒谋承越国，窃愿神灵启牖，默示机宜。

长联的落款是："外务部右侍郎，出使英国大臣五十世孙汪大燮谨撰。"①

在诗词中，还有歙县清末翰林许承尧的诗作四首②，现转录如下：

汪君亦泉属题吴山汪王庙诗四首

歙县许承尧际唐

浩气塞天地，邹孟语绝精。
越国出新安，吾感同峥嵘。
井水处处祠，箫管年年声。
遗民讴且恩，深厚千载情。

---

①《宗人录》在205名在册族人中世次最高的是83世、最低的是97世。这是从汪氏始祖排列的，汪华为44世裔孙，汪大燮称自己为50世孙，则是以汪华为始，如按《宗人录》排汪大燮则为94世。

②楹联和诗四首，原文无标点。

不忍盗贼横，壮哉匹夫志。
贪残既屏迹，发粟仍抚字。
保聚及六州，持此仁勇致。
悠谬里巷谭，诡记微时事。

一念不嗜杀，食报乃尔歧。
东征典宿卫，付托袒不疑。
纳土仍被侵，史笔闵阙遗。
英雄绝忠厚，世论安能知。

乌聊山畔水，呼吸下通江。
云岚虎气寒，坐约潜潮降。
西泠喧士女，钟鼓日击撞。
苗裔稿国中，祖德何恢庞。

唐力行教授的文章，为我提供了一个学习的机会，促使我了解了杭州吴山汪王庙这段历史。有感而发，我写了这篇小文，以此向唐教授表达谢意，并寄语杭州徽学同仁，不要忘记在杭州吴山曾经有过辉煌的汪王庙。

重建苏小小墓的始末

文·丁云川

2000年春，杭州市政府提出“建经济强市、创文化名城”发展目标。3月下旬，我与原杭州市副市长华丽珍谈及恢复西湖历史古迹时，首先便想到重建西泠桥畔的苏小小墓。华说，60年代初她在杭州上大学时，常到苏小小墓亭去游玩，滑溜溜的墓顶令她印象犹深。嗣后，我又与《杭州日报》编辑姜青青谈苏小小墓一事，想在报上的一角呼吁重建，得到了他的认同。不久，在《杭州日报》“下午版”的二版上，刊登了黄炎培先生1914年拍摄的苏小小墓照片和我的呼吁重建苏小小墓的文章。

时隔四年，2004年3月初，我又与华丽珍谈及重建苏小小墓的事。她说，今年北山街正在整治，苏小小墓应该在整治中得到重建，周总理曾在1956年对苏小小墓的重修有过指示：“苏小小墓是西湖上的一角，有些人对它有一定的感情，不要拆迁掉。”于是，我提笔写了一封关于重建苏小小墓的信，请华丽珍转送给当时的市委书记王国平。

5月28日下午，我接到市政协倪素浓同志的电话，告诉我市政协在6月2日要召开一次关于重建苏小小墓的座谈会，并邀请我参加。因我当天晚间赴广州，为此，在书面发言中，我阐明了自己的观点：一，苏小小墓是六朝时期留存在西湖上的唯一遗迹；二，苏小小的人格是高洁的；三，《钱塘苏小小歌》在乐府上是有记载的，在中国文学史上有一定的影响；四，苏小小墓必须在原地按原样重建，否则将会失去重建意义。5月30日，我在广州接到《钱江晚报》记者温浩杰的电话，他要我在电话中谈谈重建苏小小墓的意义和建法，我一一表明自己的态度，后《钱江晚报》将我“在原地按原样重建”的观点刊于报端。

回杭州后，我看到了《杭州日报》《钱江晚报》等报纸关于重建苏小小墓的消息。6月15日，北山街整治办公室将重建苏小小墓、武松墓、张宪墓的几种方案进行展示。是日中午，我来到展示大厅，在征求意见表上，我再次提出苏小小墓必须在原地按原样建的意见。杭州明珠电视台记者看到我提的意见后，便专门对我做了采访，我也毫无保留地阐明自己的观点，当夜在杭州明珠电视台“阿六头说新闻”节目中播出。7月，我参加了省作协召开的“关于修复苏小小墓、武松墓”的座谈会，参加的人员有省、市委宣传部，省、市社科院，省、市作协，省文物局和市园文局等各级领导，以及包括我在内的发起重修“两墓”呼吁的赵大川等十多位同志。会上对重建“两墓”仍有些不同的意见和看法，但省作协副主席王旭烽、市作协名誉主席薛家柱等人和我的态度是非常明确的，坚持在原地重建苏小小墓。特别是省作协主席黄亚洲，他说，“两墓”是西湖上的“宝贝疙瘩”，不按原样重建，必将失去重建的意义。

8月4日，我接到北山街历史文化街区保护工程建设指挥部办公室（以下简称“北保办”）江志清先生的电话，希望我在隔天能提供历史上有关苏小小墓的照片和楹联，他们等着急用。当夜，我整理了平时保存的七幅苏小小墓的照片与八十七岁高龄的老父亲回忆起的十副楹联，于8月5日早上提供给了“北保办”。“北保办”王恩主任看了这些旧照和楹联、联柱的位置排列，高兴极了。为此，他们还专门发了一份《简报》。与此同时，“北保办”接到梅苑宾馆包起良先生的电话，说他在1964年10月20日曾抄录过苏小小墓的楹联。江志清随即赶往，将他抄录的九副楹联文字带回，还特地传真一份给我。我查核后，找到了之前没有记载的两副楹联，这样，苏小小墓上的十二副楹联得以全部补齐。

为苏小小墓的重建，我又写了一篇《百年苏小小墓》的文章，送交《杭州日报》副刊编辑李玲芝先生，她阅后认为此文配以旧照很好，在8月6日的《杭州日报》西湖副刊上几乎以半个版面的篇幅发表了这篇文章，并配以六幅百年间苏小小墓的照片。许多认识我的朋友看了后，都打电话给我，语及他们的关心。

“北保办”对我提供的苏小小墓楹联很重视。8月10日，他们专门邀请省楹联学会王翼奇会长、吴亚卿副会长以及原市政协副主席张学理等专家学者进行校核审查。事后，王翼奇先生在电话中对我说，我为苏小小墓收齐楹联立了一大功。他还告诉我，把十二副楹联全部刻上去是市园文局张建庭局长决定的，说是慕才亭上的楹联一定要按原貌恢复。

9月初，我接“北保办”江志清电话，约我与市园文局的沈立新、许建明同志一起为苏小小墓楹联排列位置。由于没有直观的视觉效果，第一次未能排好。9月13日，天下着霏霏细雨，市园文局张局长和文物处卓处长及“北保办”的同志特邀我参加了苏小小墓及武松墓封顶仪式。按照杭州的民俗惯例，苏小小墓里埋放了一些“压胜物”：一枚记录重修历史的印记；一张光盘，里面用图文资料记录苏小小墓的历史、相关文献和重修过程；一卷书法作品；还有一卷《普庵咒》经卷。埋入墓中的还有“苏小小印章”等物品，一并装在贴有“2004年9月13日”封条的、饰以红漆的铁盒内，铁函密封后又放入青石石函内。在苏小小墓的封顶仪式上，我还铲了土。“两墓”封顶仪式后，江志清告诉我，这个仪式除了邀请园文局、“北保办”和新闻界人士外，只邀请了我一个人参加。我听后深感荣幸。

9月14日下午，我在吴山收藏品市场偶然觅得一张从东北角拍摄的苏小小墓的照片，如获至宝，不惜重价将它买下。其中“湖山此地曾埋玉，花月其人可铸金”和“几辈英雄拜倒石榴裙下，六朝金粉尚留抔土垄中”两副楹联的字体非常清晰。几位专家曾为这两副楹联的位置和上下排列有所争论，凭记忆难以确定原来的位置，有了这照片后，问题很快得以解决。《钱江晚报》和《每日商报》报道了此事，王国平书记看到后，还专门作了向我表示感谢的批示。

9月23日，“北保办”约请我与王翼奇、吴亚卿、沈立新还有文物处的许建明等再次来到苏小小墓的慕才亭，对十二副楹联的位置作了排列，园文局刘颖副局长和卓军处长也到现场指导。我事先做了个模型，王翼奇和吴亚卿看了模型上的楹联排列，认为基本上是可以的，但为了便于游人欣赏，将“桃花流水杳然去，油壁香车不再逢”的向背排法，改为面对面排列，并对十二副楹联的文字进行了认真的校正。

我手拿着楹联模型，在慕才亭柱上一副一副地对照时，正巧被《联谊报》的吴海森记者看到，他眼明手快按下快门拍了一幅照片，成了我在实地的留影。

9月25日下午，“北保办”来电，希望我能立即到苏小小墓现场，确定一下墓顶封土的颜色。我从四个模块中选定了淡奶黄色。六时左右，又接到“北保办”电话，希望能提供一幅苏小小墓墓碑朝东的照片。我从旧照中找出了一幅，粗看似碑朝东，后经辨认，碑还是立在南面的。为尊重历史原貌，重建墓碑依然朝南而立。关于慕才亭的匾额，旧时“慕才亭”三字是刻在亭北面内侧石梁上的，因姜东舒先生题写的匾额已有二十多年历史，这次重建仍袭用姜先生的字，按照原样刻在北面内侧石梁上，并在“湖山此地曾理玉，花月其人可铸金”楹联上方，立“慕才亭”匾额，以方便游人拍照。

苏小小墓重建后，我多次前往。有位七十多岁的老人见了苏小小墓和慕才亭后，感慨地说：四十年前毁于斯，四十年后复于斯。他认为这次重建后的苏小小墓基本上是保持了原貌。我特意问他：墓顶封土的颜色怎样？他深沉地回忆后说：基本上是相符的。我听后心里一阵激动，毕竟得到了杭州老市民的认可！

2004年10月，苏小小墓作为西湖上的十五个新景点之一，正式对外开放。西湖上终于恢复了六朝遗迹，历史上的杭州名人——苏小小及其事迹将延续于世。

李清照与杭州

文·应守岩

据说李清照流落杭州时曾住现在的清波门一带，故其西湖滨的水杉林中，建有“清照亭”，亭柱上的“清高才女，照灼文坛；流离词客，点染湖风”的楹联和亭中所刻的《声声慢》词似乎在告诉人们这位古代杰出才女与杭州的某种渊源关系。但近年来，民间却总有一种错误的认识：“李清照写西湖的作品几乎没有，她与西湖的渊源不深。”最早的端倪出现于《青年时报》2003年10月1日报道的《西湖十大佳人候选名单引起争论》。

李清照，这位具有传奇色彩和卓越才能的女词人，她与杭州究竟有什么关系？我们应如何看待这个问题？本人不揣浅陋，试谈谈自己的看法。

李清照（1084—约1155），号易安居士，山东济南章丘人，宋代著名词人、一代才女。她出身名门，其父李格非精通经史，擅写文章，与廖正一等并称为“后四学士”。李清照的母亲王氏，也是一位能诗善画的大家闺秀。建中靖国元年（1101），十八岁的李清照嫁给了太学生赵明诚。赵明诚（1081—1129），字德夫，山东诸城人，是当朝宰相赵挺之的季子，自幼喜爱收藏考订金石书画，也是苏轼、黄庭坚的崇拜者。赵、李两人志趣相投，除经常的诗词唱和、相互切磋外，还一起收集整理古玩、书画、金石，把玩赏析。毫无疑问，这是李清照一生中最幸福的时期，这对她的诗词创作和艺术成就无疑有着深刻的影响。

但真正给李清照的艺术人生带来巨大变化，并使其诗词作品跃上一个新台阶，被沈谦称为“男中李后主，女中李易安”（《填词杂说》）的则是她的江南之行，特别是杭州时期的晚年生活。“靖康之变”结束了北宋的腐朽统治，康王赵构在杭州建立了南宋政权，这就是宋高宗。靖康二年（1127）三月，李清照的婆婆病逝。次年，赵明诚病逝。自此，李清照的命运发生了翻天覆地的变化，舒适、慵懒的贵妇生活结束了，她开始了颠沛流离、孤苦凄楚的患难人生。流亡生涯一直持续到绍兴二年（1132）春，宋高宗打出“中兴”的旗号，以临安为“行在”。接下去，除了绍兴四年（1134）年到绍兴五年（1135年）曾短暂避难于金华，其他时间李清照一直定居于杭州，直至去世。她的卒年，虽无明文记载，但一般史家考证，认为李清照当卒于绍兴二十五年至二十六年之间，享年72岁（见《李清照》，程千帆、徐有富著，江苏人民出版社）。这样看来，李清照在杭州前后共生活了二十多年，占据她生命历程的近三分之一，杭州又是她生命的归结之处，可以说，杭州是她的第二故乡。

足迹之一：杭州的再婚情结

李清照定居杭州后，虽结束了颠沛流离的生活，却很快地被卷进了一场颇为尴尬的再婚恩怨。此事宋胡仔的《苕溪渔隐丛话》前集卷六十、王灼的《碧鸡漫志》卷二、李心传《建炎以来系年要录》卷五十八等都有所记载，尤其是赵彦卫的《云麓漫抄》卷十四还保存有李清照自己所写的感恩书信《投内翰綦公崇礼启》。从这些资料来看，李清照来杭后曾改嫁张汝舟，并为此锒铛入狱。后来的学者因爱护女词人的声誉，或讳言其事，或为之辩护，其实大可不必，关键是我们应如何看待此事。

根据笔记史料，尤其是作者自己所写的感恩书信，我们可了解事情的来龙去脉，大致情况如下：

绍兴二年三月，李清照结束了逃亡生活，随高宗之鸾驾回到杭州，寄住在弟弟李迒家（李迒当时在敕令编定所任删定官）。此时李清照已四十九岁，不仅孤苦伶仃，而且身体很坏。弟弟出于好心，通过他的上司王衣（时为刑部官员，为李清照同乡）给李清照介绍了一个名叫张汝舟的人。

张汝舟何许人也？据段学俭《暗哑的罪人》所考：张汝舟是归安（今浙江湖州）人，为宋徽宗崇宁二年（1103）进士，宣和年间（1119—1125）曾官殿中侍御史。靖康之变后，他在明州时被宋高宗任命为中书门下省检正诸房公事，追随皇帝一起逃难。绍兴元年（1131），宋高宗将张汝舟官提一级，派他往池州办理军务。张汝舟中年丧妻，鳏居杭州。在追求李清照的过程中，显得风流倜傥，彬彬有礼，而且爱好诗词。不仅花言巧语，对李清照关怀备至，常常与李清照依韵唱和，颇得李清照的好感，据说李清照的《瑞鹧鸪·双银杏》一词就是和张汝舟的赠词："风韵雍容未甚都，尊前甘橘可为奴。谁怜流落江湖上，玉骨冰肌未肯枯。谁教并蒂连枝摘，醉后明皇倚太真。居士擘开真有意，要吟风味两家新。”（见《花草粹编》卷六）从此词中我们可看出李清照对张汝舟的印象不坏，愿比翼双飞的意思也可思而得之。但是画虎画皮难画骨，知人知面不知心。当两人结婚之后，张汝舟的丑恶面目就暴露无遗。原来张汝舟和李清照结婚是醉翁之意不在酒，只是觊觎她手中残存的书画玉石等文物。这是赵明诚的宝贵遗物，也是先夫留给李清照的最好纪念品，岂能被侵夺？张汝舟见阴谋败露，收藏品不能到手，先是冷眼相待，后来发展到对年老病弱的李清照“遂肆侵凌，日加殴击”，甚至为了得到这批文物书画，不惜杀人灭口。李清照实在无法忍受，就提出离婚的要求，但张汝舟坚决不同意。为了摆脱被控制的厄运，李清照绞尽脑汁，就以“妄增举数入官”的罪名起诉张汝舟。所谓“妄增举数入官”，是说张汝舟在科举考试中弄虚作假，以多报参加乡试或省试的次数，非法获得免试的资格而骗取功名。结果追究刑事，张汝舟被开除公职，流放到柳州

（今广西壮族自治区柳州市）编管。但按照宋代的刑法，妻子告发丈夫，即使情况属实，也要判刑两年。为了达到离婚的目的，李清照不惜身陷囹圄，也要告发张汝舟。果然，她因此被捕入狱。想不到此事惊动朝廷，当时朝中翰林学士綦崇礼，为赵明诚生前的远房亲戚，其时正得高宗信任，为吏部侍郎兼直学士院。他得知情况后，就伸出了援助之手。在綦崇礼的调停帮助下，李清照“得免丹书”，即免于判刑，只在狱中蹲了九天，便被释放。

事后，李清照就向綦崇礼写了感谢信。信中，李清照一方面陈述这段婚姻的前因后果，揭露张汝舟的“驵侩（zǎng kuài）之下才”以及“彼素抱璧之将往，决欲杀之。遂肆侵凌，日加殴击”的凶丑面目；一方面检讨自己“信彼如簧之说，惑兹似锦之言”的轻信，“被桎梏而置对，同凶丑以陈词”的羞惭以及“身既怀臭之可嫌，惟求脱去”的结束这段婚姻噩梦的决心。最后对在自己蒙难中施以救助的綦崇礼，表达了感激之情。此信真是回肠九转，痛心悔肺，令人不忍卒读（全文见赵彦卫《云麓漫抄》卷十四）。

《孔子家语·本命》曰:“(女子)夫死从子，言无再醮之端。”在南北宋之交，正是道学家所鼓吹的“饿死事极小，失节事极大”的封建礼教盛行的时代，我们从李清照的“责全责智，已难逃万世之讥；败德败名，何以见中朝之士”的自责中，可见她所受到的精神压力之大。事实上也正是如此，《碧鸡漫志》的作者王灼就据此说她“晚节流荡无依”(见《碧鸡漫志》卷二)，陈振孙也在介绍她的《漱玉集》后说她“晚岁颇失节”(见《直斋书录解题》卷二十一)。可见她的担忧并非杞人忧天。此后，李清照就无再醮之议，孤苦无依地在杭州默默地走完了人生之路，令读者不胜伤感。但另一方面，李清照这段与张汝舟的噩梦般的婚姻虽只是昙花一现，前前后后只有一百天时间，却充分表现了她追求爱情婚姻幸福的强烈愿望以及那种“宁为玉碎，不为瓦全”的敢爱敢恨、不屈不挠的斗争精神，在封建礼教如黑云压城的天空中闪耀着人性的光辉，就这一点而论，李清照不愧为那个时代的新女性。

足迹之二：杭州的金石情结

再婚的磨难给李清照的感情以沉重打击，从而使她更加怀念曾给她爱情与幸福的亡夫赵明诚。前面已经说到，赵明诚不仅是一个宦家子弟，更是一个酷爱文化艺术的著名金石家、文物收藏家。他对于金石之学，可谓幼而好之，终生不渝。他结婚后曾和李清照一起收藏金石书画、文物宝器，并花毕生的心血和精力，去粗取精，纠谬正误，致力于编纂《金石录》。此书著录了他和李清照所收藏的夏、商、周三代至隋、唐、五代金石拓片二千种。全书30卷。前10卷为目录，按时代顺序编排；后20卷就所见钟鼎彝器铭文款识和碑铭墓志石刻文字，加以辨证考据，并附跋文102篇，这些是作者多年研究的心得。这是一部继欧阳修《集古录》之后，规模更大、更有价值的研究金石之学的专著，是研究古代金石的必读之书。宋朱熹认为《金石录》比《集古录》“诠叙益条理，考证益精博”。清谢启光在《刻〈金石录〉后序》中说：“考订精详，品隲严正，往往于残碑断简之中，指摘其生平隐慝，足以诛奸谀于既往，垂炯戒于将来，不特金石之董狐，实文苑之《春秋》也。”其学术文献之价值及作者认真严肃的治学精神，由此可见一斑。但这部我国金石史上的经典之作之所以得以编纂成集而传世，我们不能不说说李清照为此所付出的艰辛和努力。

绍兴四年（1134），与张汝舟的再婚风波也早已过去，李清照的生活渐趋安定。八月的某一天，她偶然打开了赵明诚编纂的《金石录》，一幕幕的往事像放电影似的在她的脑海中一一闪现。这当中有她和丈夫节衣缩食，一起购买书画的经历；有夫妇俩夜坐归来堂中，相拥相伴校勘书误，或猜测诗句在何书何页、胜者饮茶的趣事；有明诚不辞劳苦，伏案编辑的身影；有自己携带文物，辗转奔波的疲姿……回忆往事，睹物思人，不禁潸然泪下。面对凝结着丈夫毕生心血的《金石录》手稿，她一页一页地审读，一篇一篇地校勘，夜以继日、不辞辛劳地完成丈夫生前未竟的事业，并不惜冒着杭州“秋老虎”的高温，含泪忍悲地写了一篇声情并茂的序言——散文名篇《金石录后序》。

因赵明诚生前已写了书的序文列于书首，李清照作的这篇序，附于书后，故称“后序”。文章主要叙述了李清照夫妇所收藏金石书画、文物珍宝的聚散过程，追忆两人酷爱文物、节衣缩食收集金石书画和共同鉴赏把玩的幸福往事，以及在国难的颠沛流离中文物流散佚失的情况，寄寓了她无限的国恨家仇及身世之感。从中可看出，《金石录》浸透着夫妇俩的心血，也凝结着他们俩的爱情。文章叙事井然有序，写人情貌传神，语言委婉而含慨，是一篇颇能打动人心的实录文字，为序跋文之典范。明祝枝山曰：“有此文才，有此智识，亦闺阁之杰也”（见明刘士鏻《古今文致》卷三），清钱谦益也说：“其文淋漓曲折，笔力不减乃翁，‘中郎有女堪传业’，文叔之谓耶”（《绛云楼书目》卷四）皆为之拍案叫绝，从中可见作者的记叙才能和散文功底。李清照不仅是个词人，也是一个颇有造诣的散文家。

但更重要的是这篇文章的史料价值，它较生动地记载了夫妇两人的平生事迹，可谓赵李夫妇的合传。

它告诉人们，这部《金石录》成书的经过；它记录了金石学家赵明诚对收集金石书画文物作出的贡献和一丝不苟的治学精神；它更向世人说明，她李清照为完成丈夫的心愿和成就此著作所付出的艰辛劳动（据记载，李清照在绍兴十三年，曾拿幸存的米芾的书帖拜访其子米友仁求跋，可见其对金石书画的认真负责之精神以及赵明诚对她收藏爱好的影响之深）。过了近十年，即在绍兴十三年（1143），作者把校勘整理好的《金石录》上表朝廷；又过了六十余年，即南宋开禧元年（1205），这部重要的金石之作终于得以刻版行世。这是李清照晚年所做的一件十分有意义的工作。《金石录》得以保存和流传，李清照功不可没。由此想起：东汉有曹大家（班昭）尊皇命，代胞兄班固续写《汉书》，为史学之美谈；南宋也有赵夫人（李易安）感深情，继亡夫明诚修订《金石录》，亦文坛之趣事。

足迹之三：杭州的爱国情结

南北宋之交的靖康之变不仅改变了李清照的生活境遇，也使她的思想感情受到一次血和火的洗礼。随着家庭的破灭、丈夫的病亡、苦难的加重和年岁的老大，“位卑未敢忘忧国”（陆游语）的爱国情感与忧患意识，在她的诗歌中得到越来越集中的反映。

靖康之变后，李清照因赵明诚起复知江宁府兼江东经制副使而到了金陵，过着“春归秣陵树，人老建康城”“试灯无意思，踏雪没心情”（见李清照《临江仙》词）的无聊生活。但在沧海横流、金人入侵的严峻形势下，面对主战或请降的大是大非问题，李清照怀着悲愤的心情写下了气壮山河的《乌江》诗：“生当作人杰，死亦为鬼雄。至今思项羽，不肯过江东。”随后又通过咏史的形式作批评宋高宗和讽刺“士大夫”的诗，批评宋高宗的诗中有“南来尚怯吴江冷，北狩应悲易水寒”之句，讽刺“士大夫”的诗中有“南渡衣冠欠王导，北来消息少刘琨”之句。虽全诗佚失，难见完璧，殊为遗憾；但就从这片言只语中也可见她锋芒所向之无所顾忌，讽刺鞭笞之入木三分，其悲凉失望之情溢于言表，胜于哭泣。

如果说在建康的岁月是李清照爱国心的触发期，只限于口诛笔伐；那么，经过跟随宋高宗的亡命天涯回杭州后，目睹国势的垂危和人民的苦难，李清照虽是女流之辈、色衰嫠（lí）妇，但对敌我形势十分关切，对朝廷的政治动向尤为注意，主抗金、反投降的立场非常鲜明，不仅咏之于诗词，而且见之于行动。

绍兴二年正月，李清照随宋高宗返回杭州。三月，皇上殿试进士，有张九成在论抗金中兴的对策中，有“澄江泻练，夜桂飘香，陛下享此乐时，必曰：西风凄劲，两宫得无忧乎”之语。李清照得知，戏作一联，曰“路花倒影柳三变（指柳永），桂子飘香张九成”，虽是玩笑之举，讥其“词语尘下”，不够庄重，但从中也可看出李清照对朝廷动向的关切和处事的放言无忌。

同年四月，这个曾是宋济南府知府、在叛变降金后被金人扶为“大齐皇帝”的刘豫，把伪都从大名府（今河北大名县）迁到汴京（今河南开封），并得意忘形，尊其祖考为帝，置于宋太庙。南宋朝野一时义愤填膺，议论纷纷。李清照即写《咏史》诗一首，诗曰："两汉本继绍，新室如赘疣。所以嵇中散，至死薄殷周。"诗中，以两汉比两宋，以西汉末年篡权的王莽新室指刘豫伪政权。嵇中散指西晋的嵇康，他"非汤武而薄周孔"，因反对司马氏篡夺曹魏政权而被杀。全诗借古喻今，王世贞在《艺苑卮言》中说此语"虽涉议论，是佳境，出宋人表"，《章丘县志》卷九也认为此诗"意见声调，绝响一代"。

靖康之难，徽、钦二帝被金国掳走。南宋政权建立后，几次向金国派出使臣去打听二帝下落，但都一去不返，杳无音信。绍兴三年（1133）五月，高宗又任命端明殿学士、同签书枢密院事韩肖胄（为北宋大臣名将韩琦之曾孙）充大金军前奉表通问使，给事中、试工部尚书胡松年充副使。李清照此时虽因与张汝舟再婚之事搞得心力交瘁，贫病交加，但仍不能忘怀国家大事，写下了《上枢密韩肖胄诗》二首。这两首诗已经不仅仅是作者的抒怀泄愤，更有为使者出谋划策的意图，是作者爱国行动的实际表现。李清照在诗中既表达了对韩、胡两公的无比信赖（“径持紫泥诏，直入黄龙城”），更不忘提醒二公绝不可麻痹大意（“夷虏从来性虎狼”），并用《诗·小雅·巧言》的诗意暗示要防范敌人的背信弃义，表明自己反对与金人轻易结盟的态度（“圣君大信明如日，长乱何须在屡盟”）。南渡后，作者写了不少这样的爱国诗篇，因其反映了人民的心声和愿望，受到人们的交口称赞。晚清樊增祥在他的《题李易安遗像诗序》一文中说：“其所为古诗，放翁、遗山且犹不逮，诚斋、石湖以下无论矣。”（见《石雪斋诗集》卷二）言虽过誉，但不愧为女诗人之知音也。

最后还需说明的是：李清照的这种爱国感情不仅淋漓尽致地表现在她的诗中，还见之于她在人事关系处理方面。从一些笔记小说的史料得知“清照与当朝权臣秦桧之妻王氏乃中表”（见王仲闻《李清照事迹作品杂考》），两家的关系非同一般。但是李清照却与他们很少来往，就是在她为再婚之事最狼狈的时候，她宁可去求远亲也不去找秦家。秦府落成，大宴亲朋，她也不参加。绍兴十三年（1143），李清照曾奉命为贵妇人的远亲代写《端午帖子词》进献朝廷。秦桧之兄秦梓因是翰林学士，也应当向朝廷进献帖子词。据说秦梓通过王氏相求，李清照却不买账，因此为秦家所忌恨。从这一些丝丝缕缕的记载中，也可看出李清照的爱国感情和严正立场。

足迹之四：杭州的词人情结

李清照的艺术才能虽是多方面的，但她在文学上的主要成就是词。据《宋史·艺文志》记载，李清照著有《易安词》六卷，而且在宋代刊行过，可惜流传下来的却很少。目前能见到的词，在《全宋词》中，共收集了47首完整的词，还有一些断句残篇。《李清照集校注》收词有60首，其中包括十多首存疑之作。从现存的词作来看，李清照的词以靖康之变为界，可分为前后两期。前期以写少女少妇的伤春、怨别的闺阁生活为主，表现了女词人的以爱情为主的多愁善感；后期词写的是一个经历过丧夫亡国之痛的老年嫠妇的感情生活，表现了作者的怀旧之情和兴亡之感。

但这只是大致的情况。要深入研究，比如说，哪些词是前期所写，哪些词是属于后期，尤其是哪些词是在杭州所写，要落实界定尚有不少困难。

比如，有的年谱把她的《渔家傲·天接云涛连晓雾》考定作于建炎四年（1130），李清照47岁，为追随高宗逃难到温州时所作。文中说："之温后，或有经三山（福州）往泉州之想，故作《渔家傲》（天接）"，这就很值得商榷。试想，此时诗人怀有丧夫破家之痛，在金人紧追的形势下，一个妇道人家带着一些书画古董，追随皇帝逃命，可谓狼狈之极，她还能吟出如此浪漫、雄豪的诗句吗？至于此处的"三山"也不是如年谱作者所说的是指福州的三山，而是指传说中的三仙山：蓬莱、方丈、瀛洲。我以为此词当写于晚年的杭州。作者见自己年纪老大，弃世不远，于是运用浪漫主义的手法，通过人神对话的形式，表达了回顾人生、向往仙境的豪情。可以说这是作者别具一格的自挽词，谦虚中有着自豪，雄放中透着悲凉。从中也可知，李清照的晚年生活虽然不甚得意，但她的思想并不颓唐。应该说，南渡后她绝大部分时间居住在杭州，她南渡后的词作，除了《临江仙·庭院深深深几许》写于金陵、《清平乐·年年雪里》写于逃难途中、《武陵春·风住尘香花已尽》写于金华等可以明确考定外，其他的大部分后期词当写于杭州。

现在根据词中所透露的年龄、地域和感情信息，参考诸位学者专家的意见，我以为《全宋词》中以下词当为杭州时所作（按《全宋词》的编辑顺序）：《孤雁儿·藤床纸帐朝眠起》《南歌子·天上星河转》《渔家傲·天接云涛连晓雾》《菩萨蛮·风柔日薄春犹早》《菩萨蛮·归鸿声断残云碧》《鹧鸪天·寒日萧萧上锁窗》《怨王孙·湖上风来波浩渺》《添字丑奴儿·窗前谁种芭蕉树》《永遇乐·落日熔金》《蝶恋花·永夜恹恹欢意少》《声声慢·寻寻觅觅》《瑞鹧鸪·风韵雍容未甚都》等十多首。作者在这些词中，以一个女性作家特有的细腻而敏锐的艺术触觉，描写南国的自然景色，记录自己的沧桑之感，抒写对亡夫的怀念和亡国的苦痛，成为苦难时代的灵魂绝唱。其中尤以通过回顾汴京的灯节之盛，来寄托自己的故国之思的《永遇乐·落日熔金》和通过一个“愁”字来叙写个人遭遇和兴亡之感的《声声慢·寻寻觅觅》为李清照后期词作的最高典范，最为人们所称道。清文学家彭荪遹评论说“皆用浅俗之语，发清新之思，词意并工，闺情绝调”（见《金粟词话》），可见其成就之高和在词史中的地位。下面有两个问题需要讨论。

一是前面的专家所质疑的，关于写西湖的问题。一个在西湖边住了二十多年的词人怎能不写西湖，岂不是咄咄怪事？我的看法如下：首先，李清照晚年寄住杭州，生活困顿，晚景凄凉，西湖山色虽好，由于心绪不佳，影响游玩赏爱之情，所谓纵然是良辰美景，在愁人眼里也同虚设，这是她咏西湖之作不多的重要原因。其次，有许多地方作者游了，词也写了，但是由于种种原因，词作却佚失无传。在朱敦儒的词作中，有一首题目为“和李易安金鱼池莲”的《鹊桥仙》词，其词曰：“白鸥欲下，金鱼不去，圆叶低开蕙帐。轻风冷露夜深时，独自个、凌波直上。幽阑共晚，明珰难寄，尘世教谁将傍。会寻织女趁灵槎，泛旧路，银河万丈。”（见唐圭璋主编《全宋词》二第841页）此词不仅透露出南渡后的李清照和当时的著名词人朱敦儒等有交情来往，有诗词唱和，而且明白地告诉我们，李清照曾游过南屏山净慈寺等，并写有金鱼池莲的词（金鱼池又名金鲫池，在南屏山兴教寺，今净慈寺西南屏山麓小有天园故址。其地石笋林立，有泉自石隙出，汇为深池，即古金鲫池。原池有鲫鱼十余尾，皆金色，故名。苏东坡曾游写过诗，有“我识南屏金鲫鱼，重来拊槛散斋余”之句）。但李清照的这首词却没有传下来，这是非常遗憾的。第三，李清照的现存词作中不是没有写西湖的词。我以为《怨王孙·湖上风来波浩渺》就是作者写晚秋西湖景色的词。其词曰：“湖上风来波浩渺，秋已暮、红稀香少。水光山色与人亲，说不尽、无穷好。莲子已成荷叶老，青露洗、蘋花汀草。眠沙鸥鹭不回头，似也恨、人归早。”一方面是湖波浩渺，有花有鸟，真是“水光山色与人亲，说不尽、无穷好”，可见西湖的秋景之美；另一方面却是老荷残花，红稀香少，暗中透露出自己年老色衰、人去情远的落寞心情。尤其是最后一句“眠沙鸥鹭不回头，似也恨、人归早”，既是眼中所见之景，又寓感叹明诚早逝之情。全词描写细腻，感情凄婉，非常合乎李清照南渡之后的生活状况和孤凄心情。由此看来，说“李清照写西湖的作品几乎没有，她与西湖的渊源不深”的说法未免武断。

二是关于爱国主义词篇的问题。我们在前面讲到靖康之变后，李清照写了一些关心国家命运、富有爱国热情的政治诗篇。而词中却少有这样激情的力作。这是怎么一回事呢？要搞清此问题，我们就要先了解李清照关于词的观念和理论认识。在南渡之前，李清照曾对词的问题作过历史的观察和理性的思考，并写下被后人称为《词论》的文章。文章以时间为序，勾勒了词由盛唐五代至北宋的发展脉络，并在对词坛诸多名家如柳永、欧阳修、苏轼、王安石等违背传统作词之正道的种种倾向的批评中，提出了词为“别是一家”的鲜明观点。在李清照看来，诗词分疆，诗庄词媚，诗主言志，词主抒情，纵观其的诗词创作，也确实做到了以诗言志，用词抒情，两者的界限可谓泾渭分明。

考察她在南渡后所写的诗，或借古喻今，或托物言志，或长篇，或短章，往往在诗中直接表达自己的志向和好恶。笔触犀利，豪气纵横，富有鲜明的政治倾向性和爱憎感情，充盈着阳刚之气、骏健之风，具有大丈夫的气概。再来看她的词，虽然经过靖康之变政治风云的洗礼，很多词人如李鼎、张元幹、朱敦儒等都从词的“浅斟低唱”、缠绵悱恻的格调向忧国伤时、感慨悲壮的方向转变，而李清照却依然坚持词是“别是一家”的本色特征，扬正抑变，沿着写心缘情的方向，走崇尚婉约的一路，结果反而在南渡词流中异峰突起，自成一派，正如她在一首咏花词中所说的：“何须浅碧深红色，自是花中第一流。”（见《鹧鸪天·暗淡轻黄体性柔》）这就是人们所称道的所谓“易安体”。它的鲜明特征是：内容以写愁抒恨为主；以女性的心灵观察事物、描写形象；笔触细腻深情，手法新巧多样；风格婉约清新，语言精美典雅。这使她的词既有历经磨难之嫠妇的深广忧愤，跳动着时代的脉搏；又有着知识女性所特有的细腻婉约，高贵典雅。而这既与南渡之际的特殊时代环境和作为南宋首都杭州的政治文化氛围息息相关，又与作者的苦难经历和文化修养密不可分，正是这两方面成就李清照成为如况周颐所说的“笔意近浓至，意境较沉博，下开南宋风气”（见《蕙风词话》）的杰出女词人，被尊为婉约词的宗主的重要原因。因此对于写词，李清照就像识途老马，是颇为自负的。在晚年，她很想把自己的创作经验传授给后人。据陆游《夫人孙氏墓志铭》云：“夫人幼有淑质。故赵建康明诚之配李氏，以文辞名家，欲以其学传夫人。时夫人始十余岁，谢不可，曰：‘才藻非女子事也。’”李清照的良苦用心，不禁令人肃然起敬。而陆游夫人年纪太小，更思想被禁锢，她的婉言拒绝，不仅使李清照深感失望，更使南宋文坛少了一位女词人，无疑，这是中国文化的损失，使人不免惋惜和遗憾。

“国家不幸诗家幸，赋到沧桑句便工”，这是清人赵翼在《题元遗山集》中的两句诗。南北宋之交的靖康之变是国家的不幸，民族的灾难；但它把李清照卷到江南，留住杭州。生活的艰辛和精神的磨难，使李清照懂得了国家与个人的关系，拉近了自己与人民的距离，锤炼了思想品格，深化了爱恨感情，给诗词创作注入了全新的元素，为人生乐章增添了感人的光彩。现在，李清照的尸骸早已在西湖边化为泥土，她的诗词却还在文学的长廊里绕梁。作为第二故乡的杭州为李清照建个纪念亭，何不当之有？“杭州有幸，曾经拥有过李清照；杭州更有责任，留住李清照”。小百花越剧团的编剧余青峰说，为此他特地创作了戏曲电视剧《李清照》。我非常赞赏他的意见，并为他的精神和行动所感动。

怎样才能把李清照留在杭州？我以为单是建一个纪念亭是不够的。现在很多人（包括很多杭州人）对李清照在杭州的这段经历和创作情况不甚了解，这就要加强宣传。此外，要组织人力开展对李清照在杭州生活足迹（比如，她在杭州的居处、交际、游踪及其创作等等）的调查和研究；现在全国在济南、青州、章丘、金华等都建有李清照纪念馆，开封也将建李清照纪念馆。而作为在此生活了二十多年，并在诗词创作和学术研究方面取得重大成就，最后埋骨于西湖的杭州，却没有一个李清照的纪念馆，这是非常令人遗憾的。

袁枚的眼泪

文·郁震宏

话说杭州西北五百里，有一个山水幽静的去处，唤作“全椒县”的，听这名字就有辣味，出的人物自是不同凡响。清朝时期，一个写《儒林外史》的吴敬梓，一个做骈文的吴鼒（zī），这两人笔底龙蛇，惊才绝艳，闻名于天下，便皆是全椒县的人。吴鼒眼界特高，他精选了当代八位骈文高手的作品，编了一部《八大家骈文》。这八大家中，有两位浙江人，一个是袁枚（1716—1798），一个是吴锡麒（1746—1818）。他们相差三十岁，却是认识的。

说来倒也稀奇，袁枚、吴锡麒都是杭州人，而且出生在同一条弄堂里。这条弄堂叫大树巷，现在叫大树路，南北向，连着体育场路和凤起路，暗暗淡淡，并不起眼，不知那两百年前的磅礴才气是如何钟聚于此的？我寓居在东园小区，出门往东数十米便是大树巷，有时晚上去走上一走，八九点钟，冷清得很了，叫人欢喜。

大树巷，从前应该有一株大树，这倒不是我关心的。我初次见着路牌，只是唱一句庾子山的“将军一去，大树飘零”，便觉得心满意足了，哪还管将军去来，大树有无。江南可哀，动人心思，这可哀却是江南的好处。去年冬日，深夜了，我在大树巷里漫步，寒风吹过，几片白果树叶寂然落下，突然想起袁枚的一句“旧雨吹来似六朝”，虽则人事皆非，这诗倒还不妨它的用场。

袁枚、吴锡麒骈文作得好，诗作得更出名，一个被《乾嘉诗坛点将录》称作“及时雨宋江”，一个被曾文正评为“无美不备”的“国朝第一名家”。我爱读袁、吴两家的诗，正如杭帮菜，好看亦好吃，看着并不难，真要自己动起手来却怎么也做不好。两家的好句子往往叫人一见倾心，不必手抄就能记住。袁枚的如“只怜香雪梅千树，不得随身带上船”“人间春梦醒何速，未了浮云一梦中”“千金尽买群花笑，一病才征结发情”，吴锡麒的如“真娘墓上年年柳，画了春愁画夕阳”“占得一方苔最厚，绿濛濛地坐诗人”“波面万荷喧已定，夕阳无语一蝉秋”，如此之类，只待春秋嘉日，走到西湖边去，这样的好句子，就像现金一样，最适合我这般爱充风雅的人，随口便可以用得上的。

袁枚画像

江南的才气，城外则在村落，城内多在小巷；在袁枚、吴锡麒之前，大树巷还出过一个了不起的人——桑调元，他是徐霞客一样的人物，喜欢独来独往，说走就走，自称“独往先生”，一个人背包游遍了五岳，享受世上清福七十年，真真教人羡慕。但若论当时以及后世的名气，大树巷里出来的人，当然首推袁枚了。

袁枚是清代文人情商最高的一个，善于营销，他的粉丝遍布于三教九流。《随园诗话》里就提到一件事，说新建县吴某家夜里遭了强盗，为首的一看书架上有宋版《文选》和《小仓山房诗集》，便说：“此富儿能读随园先生文，颇不俗，可释之。”这《小仓山房诗集》便是随园先生袁枚的大作。这段故事是袁枚转述朋友的话，写在自己的《诗话》里，袁枚的《诗话》写得摇曳生姿，篇篇都是十万加，可见他的善于经营。这样的人倘若去做生意，当是一个清朝的“马云”。

对于出生地大树巷，袁枚自有一种天然深挚的感情，他有一首诗《余生东园大树巷中，周岁迁居，今

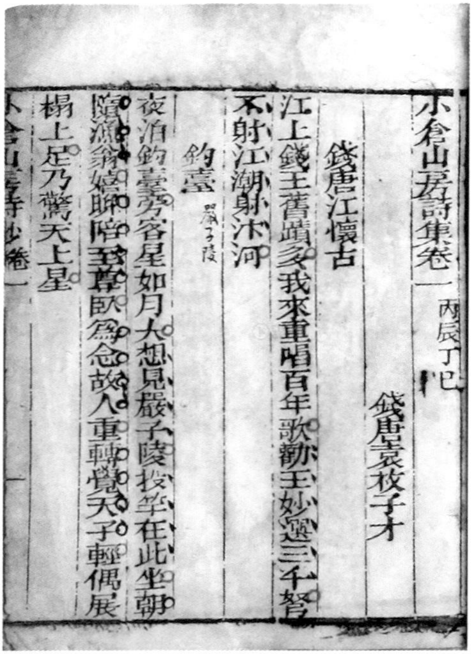
小倉山房詩集卷一 丙辰丁巳
錢唐袁枚子才
錢唐江懷古
江上錢王舊蹟多我來重唱百年歌勸王妙選三千弩
不射江潮射汴河
釣臺 嚴子陵
夜泊釣臺旁客星如月大想見嚴子陵投竿在此坐朝
隨漁翁嬉暮陪至尊臥爲念故人重轉覺天子輕偶展
榻上足乃驚天上星
小倉山房詩抄卷一

《小仓山房诗集》书影

六十五矣，重过其地》，最后写道："斜阳影里千回步，老泪淋浪独自倾。"这一年，是公元1780年。桑调元死后九年，吴锡麒三十五岁，随园先生的眼泪，终于真真切切地飘在大树巷里。

两百多年后的某夜，我在大树巷边的寓所梦见了袁枚，醒来，事如春梦了无痕，只记得他仿佛说了这一句：可怜这世间深情如水，而我生来只是一只蜻蜓。

王文韶故居「退圃」考述

文·仇家京

王文韶

王文韶（1830—1908）故居，自2000年被列入杭州市级文物保护单位以来，继又进行修建与维护，南至清吟巷、北至薛衙前的几进宅院以及藏书楼得以基本保持原貌，重现于世。然而，对该故居的本末源流，论者众说纷纭，莫衷一是。尤其是其中的"退圃"，它的建造缘由以及内涵，更鲜为学界论及。好在《王文韶日记》的存世，为我们还原其来龙去脉提供了可以信赖的第一手资料。

据王文韶之父《王又沂墓志铭》记载：其先祖王爚曾任南宋恭帝时期的宰相，宋室南渡后始居住在浙江上虞，明代正德年间迁徙钱塘，后改籍仁和。王文韶早年在杭州奉母乡居，曾与云栖寺住持僧宏熹结为方外之交。清同治十年（1871），王文韶在湖南巡抚任上，他的次子庆铭赴杭参加县试，他致书嘱托友人照顾，继而在府衙邻近处租屋居住，可知当时王文韶在杭州并无固定房产。在他族祖王乃斌《红蝠山房诗钞》中有读到“清吟巷中有老屋，落成忆自康熙年。飞来蝙蝠数恰五，栖梁不去红蹁跹”一诗，可知王氏家族早在康雍年间就已居住在杭州清吟巷。咸丰十年（1860）太平军攻陷杭州后，祖居易主，子孙才随之涣散。光绪元年（1875），王文韶长子庆均赴杭应乡试，无意中以九千元价格购定清吟巷瞿氏房屋，系族祖王乃斌的旧居；巧合的是，到了光绪六年（1880）五月，庆钧再度从清吟巷宅旁包姓人家手中购得四亩多地，同是王文韶的曾祖在嘉庆十七（1812）年时售予包姓的宅基，老契亦由王乃斌代书。他在日记中载道：“相隔七十年，仍归于我，此亦数有前定也。”得意之色溢于言表。

次年，王文韶在京总理衙门任职，因族祖的房基失而复得，遂花费二千四百余元对清吟巷住屋的鸳鸯厅进行维修，并以为传说中的五只红蝙蝠于清吟巷祖宅绕梁飞行是吉祥之兆，先后请左宗棠、翁同龢为之书写旧题“红蝠山房”匾额，拟悬挂于清吟巷新宅，楚弓楚得，以示不敢忘本。另有左宗棠《红蝠山房记》专记其事。

光绪八年（1882）七月，云南省为报销军需派人前往北京商谈贿赂数目一事外泄，御史洪良品继陈启泰之后上奏，据“外间哄传”，直接指明时任军机大臣的户部尚书景廉、左侍郎王文韶“均受贿巨万”。在清廷指派刑部尚书麟书、潘祖荫确切查证期间，清流党人邓承修、张佩纶又先后上书，以激烈言辞攻讦王文韶“才不足以济奸，而贪可以误国”“核其素行，决非端人”，奏请将其速行罢斥。实际上此案并无坐实王文韶收受贿赂的证据，学界多有论及，毋庸赘述。王文韶遭劾后不安于位，几次奏乞开缺。虽经慈禧一再慰留，但在张佩纶再三弹劾之下，以归养老母为辞，去意已决。光绪九年（1883）六月初二，云南军需案终以王文韶“失察书吏”“夺两级”结案，上谕允准其离职“回籍养亲，俾遂孝思”。他接阅邸抄后归心似箭，随后偕八十四岁的老母以及家眷赴天津乘船南下回到杭州。

王文韶这次回杭闲居，前后约有五年的时间（1883—1888），期间遭遇了几次家庭变故。光绪九年八月十八日，回到杭州仅两月，长子庆均病卒，因心绪恶劣，日记断记两月有余。这一年的除夕，他将先人遗像敬奉于老屋二厅，以示仰赖祖德庇护。因故居分为东西两院，日记为此注明“西院系瞿氏旧宅，东院为购入后新建”。

光绪十年（1884）正月间，王文韶“隔街新得隙地，将及三亩”。此地与清吟巷宅第的后门尚有一街之隔，王文韶买入后打算先筑围墙、种竹千竿，以为养息之所。后因母亲、妻子先后患病，至十月二十日老母吴氏辞世，日记亦从此日起辍笔，接踵而来的又是夫人钱氏病故，一年之后始恢复日记。失母之悲以及丧妻之痛相继袭来，情何以堪？故将所购置“隙地”搁置一年有余。可见，向有学者指出“王文韶任宰相后，不惜以巨资买下清吟巷前后左右大片土地”，或称其“大兴土木，斥巨资重建旧宅”之说或系讹传。

光绪十一年（1885）十二月，王文韶开始规划并投入营建“退圃”的工程中来。所谓“宅后辟地三亩余，为种竹栽花之所，拟名之曰‘退圃’。地多积土，叠成小山。本日种梅二十株，杂以桃李，两三年后当蔚然可观也”，此即前述新购的空地。

他先是将友人所赠长约丈许的湖石移置于“退圃”。次年，“退圃”工程渐有眉目，又将僚友自太仓带来的四株盘桃亦移栽于此，后又补种竹树。“退圃”园内的大致建筑布局为：东院书房，原定“朝书屋”改作“船厅”，继称“归舟”；酌定东院新屋正面的一间为“诵芬馆”，匾额函请姚觐元书写；另设一间为“拳石山房”，前有一平台命名为“藤花榭”，两额均由以书法擅名的陈璚题书。园内还建有雅室“晚香

大学士府全貌

小筑”。王文韶将这些庭院建筑，一一冠以匾额楹联、题跋等，使得这些建筑符号所传达的信息意味深长，透露出对自己宦海生涯的总结和人生意义的思考。

园内“晚香小筑”的楹联，王文韶敦请嘉定人黄宗起为之代拟，后与友人周保璋斟酌后稍作改动（注：楹联括号内系改定后的文字）：

清风明月何时无？记前尘梦幻（记前尘若梦），尽偷闲脱巾读画、拄笏看山，总觉得利锁名韁（总觉得北去南来），不如老圃。　　布袜青鞋从此始，趁暮景飞腾（趁暮景未阑），聊就近叠石栽花、疏泉种竹，却早与莺盟燕约（亦颇似地生天作），还我西湖（合有新堂）。

继之，周保璋又代拟两联。

其一：邻曲旧绸缪，喜自今车马无喧，晨夕可从村舍数。　　家园新结构，恨不及果蔬早植，春秋时奉板舆来。

其二：一丘一壑亦经纶，自乞养南归，整顿得地势崎岖，化为横岭。　　双塔双峰相映带，试凭高西望，分明是天恩浩荡，赐与全湖。

以上楹联深得主人赞许，量定尺寸制作后悬挂，并在"退圃"宅室内安放桌椅等家具。

王文韶还为宅室"归舟"请人题写跋语与铭文。黄宗起再次为之代笔曰："舟可以远行，破浪扬帆瞬息千里，然风涛之恶往往有之，知进而不知退，信不可欤。"铭文则称："席月涧门，横琴云际。岂翳巨川，曾是莫济。坎止流行，动定一致。匪闲之耽，而险是避。惧输尔载，聊息我枻。"

他日记中注释道："余自乞养归，就屋后隙地构数椽以容与而偃息焉，是固余之舟也。"其中"容与而偃息"即安闲自得、敛藏退息之意，直接点出了所建"归舟"的宗旨。而铭文则引用了陶弘景《解官表》以及《诗经》中《正月》篇等词句，显得艰涩难读。大旨为暗喻宦途为激流险阻，应根据它的顺逆来确定进退，而闲居生活不过是为了避免倾覆的风险。末句以行船为喻，意为既然害怕会失去你船上所载的货物，姑且停止那还想划动船桨的念头吧，实际上显示出在进退取舍之间的彷徨与纠结心理。

代为撰联者出身于嘉定有声望的大族，为王文韶早年同乡好友。其中黄宗起和周保璋均为举人，曾任幕僚或塾师，跟随其多年，闲时切磋涉世之道，可谓推心置腹，且深谙宦海沉浮并无定数，王文韶亦无须在他们面前忌讳自己的心迹。耐人寻味的是，初拟联语含蓄而工巧，既称“总觉得利锁名韁，不如老圃”，与“退圃”的意象吻合，又委婉曲折地表达出“趁暮景飞腾”，姑且“叠石栽花、疏泉种竹”暂作权宜之计，以待来日东山再起的“莺盟燕约”。王对此自然心知肚明，在赞赏黄宗起联语“气韵绝佳”的同时，又将原作中这些敏感词句进行修改；而周保璋则以“自乞养南归，整顿得地势崎岖，化为横岭”句，直接点出了在皇恩的庇护下得以乞养南归、化险为夷，可谓深得其中三昧而被誉为“杰作”。于此可见王文韶心思缜密、处世谨慎的一面。

“退圃”建成后，为预防火灾计，王文韶曾购得“洋龙”一部，命名为“保泰水龙”，并在“退圃”中进行调试。此后，经常可以看见一个踽踽独行的身影徜徉其间。“退圃梅花盛开”“新绿正浓，颇惬幽赏”“秋色大佳，芙蓉尚未开也”“红梅将残，绿梅正盛”，在他眼中相继轮替着的正是这样的景色。

王文韶何以对营建“退圃”“晚香小筑”如此煞费苦心，俨然视作抚慰心灵的家园一般；又为何闲居家乡时仍心系“归舟”？有必要对其缘由探究一番。

早在光绪七年（1881）六月，给事中邓承修就以“彗星见于北方，初指紫薇，近犯钩陈”为名，上奏贬损王文韶为“粲棁之材、斗筲之器……老猾贪庸，岂足以当重任”。王文韶在召对养心殿闻此奏劾后记曰：“位高速谤，夫复何言！”次年，王文韶又因云南军费报销弊案受贿嫌疑再次被劾，陈请开缺。朝廷未允，并称其“数年以来，办事并无贻误……仍着照常入值，不得引嫌固辞”，张佩纶借机指斥其“贪位恋权，依违不去”。而从王文韶“义不可留”的记录中似可看出其从隐忍到愤懑的心情。这始料未及的变故，无疑是他宦途中的第一次重大冲击。

光绪十年，正当王文韶回杭后的第二年四月，京城突然传来慈禧太后黜免以奕䜣为首的宝鋆（jūn）、李鸿藻、景廉、翁同龢五位军机大臣及总理衙门两方面的一切职务，而代之以礼亲王世铎主持军机处、庆郡王奕劻主持总理衙门的消息。起因在于法国侵略越南后，恭亲王奕䜣主持下的军机处不想轻启战端，引起朝臣弹劾。适值清军在前线溃败，越南的山西和北宁相继失守，作为执掌军国大计的军机处难逃干系。慈禧乘机罢撤恭亲王奕䜣全班军机处，史称“甲申易枢”，其实这是清朝统治集团内部各种矛盾交织的产物。王文韶大惑不解，在日记中记道“石破天惊，莫测其所以然”，“朝局一变至此，真非意想所及，鄙人若非早日乞养，到此地位，便欲归不得矣。吁，可畏也”，流露出庆幸自己因归养而脱身于政治旋涡的情绪。

同时，日记关注并记录了因中法战争引起的时局变化。当他闻悉《中法简明条约》签订后，清朝对越南丧失宗主权，“为之怃然”。继之而来的是法舰发起进攻，福建水师覆灭以及马尾船厂被毁后的“曷胜愤懑”。究其失利的根本原因在于清政府的屈辱妥协。

吊诡的是，正是这位以“往还五千里，咒骂十三家”著称的张佩纶，时任会办闽海事务的钦差大臣，在这次马尾战败中他难辞其咎，被时人指责“讳败捏奏，滥保徇私”，并认定为“丧师辱国之罪”。尽管他在给朝廷上奏时坦陈“臣本书生，未知兵要。惟目睹闽事危急，事先既不敢取巧避难，事后更不敢诿咎卸责”，最终还是免不了被褫职遣戍的命运。

光绪十二年（1886）五月，王文韶赴嘉定探望亲友，返杭后大病一场，“几濒于危”，在擅长医道的幕友黄宗起悉心照料两个多月后得以痊愈。他在日记中补记道：“余此番病起不啻再生之庆，痛定思痛，万念俱灰。”是年十月为王文韶五十七岁生辰，他因继有“年未六旬而病魔缠扰，竟颓然如老人矣”之叹。数日后他又获悉时任四川永宁道沈守廉（字洁斋）有“开缺送部”之旨，因在日记中写道：“宦海风波，其不可测也如是。”这时的王文韶，已不再把游宦生涯的道路视为当然，再次透露出对官场变数的忧虑。可见，所命名的“退圃”“晚香小筑”和“归舟”等建筑以及相关楹联，与此背景有直接关联，除了身体渐趋衰老的表象以外，实质上反映的是他规避宦海“风涛之恶”以终老“退圃”的愿望。

光绪十三年（1887）三月，王文韶守孝期刚满，修葺近两年的杭州茅家埠祖茔业已竣工。正在“退圃”安装匾联之际，朝廷又传来了“即行来京听候简用”的电报。于是他回奏以“病体未复，未能及时报效为憾耳”为辞，继续滞留杭州，似有终老故乡的愿望。次年四月，清廷再次任命年届花甲的王文韶为湖南巡抚，朝命难违，于是他请假一月，拜谒祖墓、饯别亲友，怀着忐忑不安的心情，家居五年后再次赴任。

王文韶自光绪元年购入清吟巷祖居，九年后回乡入住，营造“退圃”拟作归隐之所的愿望虽未能实现，但他在闲居五年再度出山后，却以“退圃老人”的名号自署，似是时刻在警醒自己。他处于晚清风雨飘摇、政争纷纭的危局之中，在皇权裹挟之下，力求在“趋避”两种相互矛盾的心理冲突之间寻找平衡，终于达到了身名俱泰的目的。正如浙江文人朱廷燮挽联所称：“我浙二百余年，出将入相，武达文通，不数人觏也；惟公七旬九岁，忠孝神仙，富贵寿考，以一身兼之。”

光绪三十二年（1906），七十七岁的王文韶“称疾乞休”，拖着衰弱而疲惫的身体终于回到了睽违已久的杭州，两年后辞世。屈指算来，清吟巷的前后驻足也不过七八年光景。

据王先谦撰写的王文韶墓志铭记载，王文韶生前曾有过五子三女以及孙辈二十九人，在他去世后不到五十年的时间里，逐渐散落四方乃至无迹可寻，所居清吟巷祖居也再次流转他人之手。1949年以后，该地先后为小学、加工厂等占用，2009年底，入驻西泠拍卖公司。

这座隐秘在市井之中的“退圃”，王文韶在他的日记中所遗留的历史信息较为丰富。当年主人苦心孤诣营造的息心养怡之所，非供他人观赏，除了用于独自闲步之外，罕有他人进入的记录。匾额楹联所表现出来的内涵以及日记中的自白，既反映了一个宦海风波中的受挫者向往归隐园圃的乐观豁达的人生态度，又蕴藏着因进退失据所导致心理纠葛的微妙故事，这是儒家传统价值观的曲折体现。它与一般的私家园林不同，不以融山水画理于一体或以精致华美见长，建筑材质亦多以常见的杉木，可见其崇朴黜华于一斑。在面积不足三亩的园子里，虽采用常见的叠石栽花或疏泉种竹的布局，但其中的建筑以及楹联匾额等，旨趣新颖，是他宦途生涯中心路历程转折的见证，可谓私家园林之独特存在。

好在故居周边毗邻的一些老建筑尚未拆建改造，如能将“退圃”遗址以及“晚香小筑”“归舟”等相关建筑勘核、规划复建，恢复上述楹联匾额，这将对王文韶故居的整体环境进行生态性的保护带来极大的提升，并彰显杭州历史文化名城中名人故居的人文氛围与内在神韵。希望有关部门能够重视，使这部分被遗漏的珍贵遗产，不至于因商业喧嚣而湮没在历史尘埃之中。

黄元秀与他的西湖旧居「放庐」

文·洪尚之

黄元秀（1884—1964），原名黄凤之，字文叔，号山樵，人到中年改名元秀，浙江杭州人。幼年时家住湖墅清水潭（在里万物桥），父亲黄葆生秀才出身，是一位能书会画、经营酱园等小买卖的商人，有子四人。黄元秀排行老四，从小就喜欢舞文弄墨。

黄元秀

黄元秀十多岁时，曾去一家纸行当学徒，因纸行倒闭而回家，后考入日语学堂，再考入浙江武备学堂陆军专业，毕业后去安定中学（杭七中前身）任体育教师，与浙江两级师范学堂的李叔同（弘一法师）结识。

1903年，时年二十岁的黄元秀考入日本士官学校，自费出国念书。留学期间经同学介绍，他加入孙中山筹建的同盟会，与同盟会领导人之一的黄兴结为同宗兄弟，后成为同盟会在浙江的负责人之一，为策反新军，光复浙江，作出过重大贡献，在浙江军政界享有很高的声望，被誉为浙江省“辛亥革命老人”。

1912年10月1日，孙中山在南京宣誓就任临时大总统，任命黄元秀为大本营参议。

1913年，袁世凯窃取总统职位后，阴谋称帝。黄元秀始终站在孙中山一边，支持孙先生的《讨袁檄文》，举兵讨伐洪宪帝制，任步兵第二十三团团长，后改为步兵第二团。

1917年，张勋复辟，孙中山发出“护法号召”，黄元秀应邀南下广州，协助孙中山组成护法军政府，反抗北洋军阀。

1923年西湖岳飞墓庙重修后，黄元秀主持编纂辑刊《重修浙江西湖岳忠武王庙征信录》成书，汇录了本次重修翔实的档案史料。他还主张创办“精忠小学”，传承岳飞忠勇卫国的精神气节。

1924年，国民党改组，黄元秀先生坚决拥护国共合作和孙中山的三大政策。同年，黄元秀皈依佛门，成为在家修行的居士。

1925年，黄元秀用多年积蓄买下了西湖涌金门外原“三雅园”茶馆的地块，由杭州王杏生营造厂建造住宅，竣工后命名为“放庐”，寓意：放怀、放生、开放、豪放。黄元秀还亲自撰写题书了放庐大门的柱联“花繁柳密处拨得开方见手段；风狂雨骤时立个定才是脚跟”，表明他对人生、世事保持着清醒的头脑和坚毅的自信。

放庐为三层楼屋建筑，请书法大师吴昌硕题书庐名。楼屋坐东北、朝西南，院墙依湖而筑，院内栽植夹竹桃、黄杨、柿子等花果木。楼、墙之间开旷的平地上绿草茵茵，竖有一峰太湖石假山，题刻“瑞云峰”三字，山石爬满一株枝繁叶茂的凌霄花的藤蔓，年年初夏到早秋，都能见到花开，色如火焰般红燃夺

放庐原貌

目。放庐同邻家之间有一道小河为界，河上架设一座石拱小桥，题名为“瑞文桥”。庐院濒湖的路旁，立有主人亲笔题书的“西湖放生”石碑。

黄元秀结交书画界、武术界和佛学界的众多好友，经常来放庐聚会。黄宾虹、李叔同、徐映璞、唐云、张大千、马一浮、张宗祥等一时贤俊挚友，都是往来密切的常客。

1926年7月，广东国民政府挥师北伐，黄元秀先生任北伐军总司令部少将参议，并任浙江二十六军司令部参议，随军至上海，任浙江硝磺局（主管弹药用原料供应等）监督。

1927年2月17日，北伐军占领杭州，黄元秀参与组织了国共合作的浙江临时政府。

1928年初，蒋介石上台任国民政府主席，多次派与黄元秀有深交的张群来杭州，面请黄元秀去南京供职。但是黄元秀对蒋介石发动“四一二政变”镇压、杀害共产党人深为不满，他对张群说：“当年追随孙先生，不是为了风流扬名，也不是为了投机做官。如果说我是有功之臣，我宁可功成名退。”

此后，黄元秀与佛友组建杭州佛学会，常去西湖招贤寺和城郊海潮寺听高僧如幻、谛闲等宣讲佛经，平日行善积德，接济、帮助穷苦百姓，直接参与修缮西湖岳王庙、于谦祠、张苍水祠，经常接待来访放庐的高僧大德，自己的家宅成为放生场所。与此同时，黄元秀投资参股和兴办大有利电灯公司、纬成丝厂，建造杭州到富阳的杭富公路，在九溪选择沿钱塘江北岸的山地创办云龙农场，令三子黄正淳（攻读农兽医专业毕业）主持经营。农场广植水蜜桃、茶叶、草莓等，山上培植黄山松、雪松、雪山柏、红冬青等，嘉木异葩使游客流连忘返。

1929年西湖博览会期间，杭州举办了全国武术比赛大会。某日，黄元秀请担任武术大会总裁判长的中央国术馆馆长、武当剑术泰斗李景林（芳宸）将军和太极拳杨派传人杨澄甫大师等人前来放庐做客，他当场拜李、杨两位为师。参加这场拜师盛会的，有本届全国武术大会的副裁判长孙禄堂、杜心武，还有号称“江南第一脚”的刘百川、武术大赛监察委员褚桂亭以及田兆麟、苏景由、钱西樵等一众南北武林的高手。拜师仪式后，众人在放庐欢宴。从这天起，黄元秀在放庐开始了武当剑术和太极拳的锻炼，终生坚持不辍。次年，他在杭州吴山创办第三国术教练所，义务出任所长，聘国术高手韩庆堂、刘金声为教练，培养武术骨干多人。

1931年"九一八事变"，日本人侵占东三省。国难当头，有朋友请黄元秀先生出来做事。三思后，黄元秀去到闽南泉州任专员兼任同安县长等职。

1937年"七七事变"后，浙江省省长朱家骅邀请黄元秀去温州前沿守卫国土，他毅然前往，担任永嘉行政督察专员。同年，"八一三"空战爆发，黄元秀的二儿子黄正裕（字锦野，小名雍庆），当时在中国空军某"马丁轰炸机队"任队长，参与了轰炸被日军侵占的淞沪阵地及其停泊上海附近海面航空母舰的战斗。就在他再次驾机出战时，不幸遭遇空难，为国捐躯，年仅二十八岁。黄元秀闻讯后，悲愤地写下了悼念儿子的诗篇："东邻有鼠类于芜，蚕食鲸吞痛剥肤。报国敢教先身敌，雍儿先我事捐躯。"

1937年底，杭州城沦陷于日本侵略军。汉奸汪精卫想利用黄元秀的声望来强化对浙江省的统治，胁迫他出任“浙江省省长”，遭到黄元秀愤怒拒绝，他说道：“杀死我也不会当汉奸。”结果，汪精卫派人追杀黄元秀，迫使他从杭州逃往上海，又化装去了香港，再从香港来到大后方的重庆，出任军事委员会铨叙厅厅副，后改任国府军事参议院少将参议。

抗日战争胜利后，黄元秀回到杭州。1946年，他出任西湖岳庙保管委员会主任。1948年，岳庙启忠祠重修后，黄元秀在新启忠祠全景照片上题词纪念。

新中国成立前夕，黄元秀拒绝去台湾。他热爱杭州，这里是他的故乡，他决定哪儿也不去，就留在这里。

1961年10月10日，在浙江省人民政府隆重纪念孙中山先生和辛亥革命五十周年时，中共浙江省委第一书记江华向黄元秀先生颁发了“辛亥革命老人”的证书。

1964年农历二月十九日，黄元秀先生在杭州逝世，享年八十一岁。

黄元秀先生多才多艺，对书法、诗文、武术和佛学都有独到的研究和成就。他的书法，悬笔挥毫洋洋洒洒，至今在西湖宝石山下，有他题书的“南无大日如来”题刻（1928）。杭州灵隐天王殿前，可以看到他所书遒劲有力的大字“灵鹫飞来”（1932）。他还为普陀山百步沙“师石”题写摩崖石刻“回头是岸”，为西湖上天竺法喜寺书写了“兴无缘慈”的匾额。

黄元秀重视增强体质，积极倡导武术，创办浙江省国术馆，极力推广中华武术，一洗“东亚病夫”之耻而灭列强鲸虎吞噬之野心。无论是他的武当剑术还是杨氏太极拳艺，都得自名家真传。他舞剑、习拳，潇洒自如，习习生风。杭州如今还有不少他亲传的弟子。黄元秀还着手进行武术文献的编撰工作，发行《国术》（月刊）杂志，陆续整理、出版了《武当剑法大要》《太极要义》《武术丛谈》《杨家太极拳各艺要义》等著作，为中国武术界留下了极为宝贵的历史与实践资料。

黄元秀以居士身份热衷于弘传佛教，在杭州乃至全国佛教界，都享有盛誉。1947年他就担任中国佛学会杭州分会理事长，又在创办杭州佛教图书馆后担任馆长，曾收藏佛教经典五千余部，三万余册，并在西湖栖霞岭香山精舍设佛教图书流通处。黄元秀整理的佛教密宗法本部分图书，因捐献给浙江省和杭州市的图书馆而保存了下来。

当年，国学大师马一浮先生与黄元秀交谊深厚，曾为放庐题书一副楹联："广交海内客，愿为天下公。"2002年，欣逢西湖综合保护工程南线景观整合之盛举，放庐原构，改名题称"涌金楼"，以彰显历史文化名城杭州南宋古都风韵。为此，西湖风景名胜区商得黄元秀先生亲人首肯，在涌金楼前竖《黄元秀放庐旧址记》碑石，作为铭记与怀念襟怀宽厚、情系湖山的杭城杰出先贤——黄元秀先生的标识物。

中山中路：历史街区见证历史

文·张学勤　王利民

中山中路旧貌

中山中路（特指官巷口至鼓楼一段）是杭州最著名的一条历史街区，它是整个杭城保存近代历史建筑最多并最具历史意义的街区。随着中山路（包括中山南路、中山中路、中山北路）综合整治工程竣工并重新开街，中山中路两旁这些见证历史、传承文化的近代建筑，将更进一步引起人们的关注，随着这些历史建筑的身份被一一解读，作为历史街区的中山中路必将凭借这方独特的文化资源而再次崛起。

见证了中国社会的转型

晚清民初，中国开始进入近代社会，随着社会的转型，许多新事物开始纷纷露头。

早在3000多年前，中国就已出现了邮驿，但是，长期以来，这个官办的邮驿系统只传送官方的文书，而不管民间的信件。1896年3月20日，清朝光绪皇帝下令成立“大清邮政”，从此，官办的邮政体系也开始承接民间信件的传递业务，中国近代邮政就此问世。

但是，近代邮政在杭州问世的时间，则提前了一年。早在1895年，杭州的地方官就已经在城内开设了一个官办的邮政局——杭州府送信官局，既承担官方公文的传送又承接民间信件的传递。这个全国最早的官办近代邮政局，当时就坐落在官巷口。到了1910年，大清杭州邮政总局出资3900银圆，买下官巷口这块地皮，又出11000银圆建起一栋邮政总局大楼。尽管这座大楼后来迭遭火灾，屡次大修，但至今仍保存较好，它就是今天挂着“中山中路304号”门牌的一座西式两层楼建筑。用今人的眼光看，当年的这座邮政总局大楼如今只能算是一座小楼，但就是这样一座小楼却见证了杭州近代邮政的起源。

近代中国也出现了新的金融机构——银行。中国最早的商业银行就是浙江人创办的浙江兴业银行，当年就坐落在中山中路旁。浙江人首创商业银行，并非因为一时的冲动。当时，浙江民间集资建造苏杭甬铁路，募集的资金高达2300万银圆，面对如此巨资，传统的金融机构——钱庄已经很难承接。浙江铁路筹建部门只得将巨款分存于沪、杭两地30多家钱庄内，但是，支取时就显得非常不便。面对发展中的难题，浙江人便展现了创新精神。不久，中山中路旁的太平坊巷内就诞生了中国第一家商业银行。1907年10月5日，这家中国最早的商业银行亮出了它的大名“浙江兴业银行”，后来，又在中山中路旁建造起自己的银行大楼。如今，这座挂着“中山中路261号”门牌的浙江兴业银行大楼见证了中国商业银行的诞生与发展。

中山中路17号，是杭州电厂办公大楼旧址，这座历史建筑则见证了近代杭州电力事业的起步与发展。一千多年来，杭州市民夜晚靠油灯、蜡烛照明的习惯，就是被这家电厂所颠覆。此外，随着这家电厂供电能力的不断提升，也推动了杭州近代工业的前进步伐。据历史文献记载，从1919年开始，杭州的丝绸业、织布业都开始采用电动机器，淘汰人工木机，从而使杭州的手工业全面演变为近代工业。

中山中路上的不少历史建筑是研究社会转型时期的重要见证物。

记录了前人的创业经历

从南宋到民国，中山中路一直是杭州最重要的商业大街。中山中路两旁保存着的历史建筑，也几乎都是商楼店铺。这些商楼店铺记录了前人的创业经历，见证了前人的成功失败。

中山中路285号是著名老字号邵芝岩笔庄旧址（邵芝岩笔庄现在的经营场所并非其老店旧址），然而，今天的杭州市民大多都不知道这座历史建筑的身份。其实，正是这座邵芝岩笔庄旧址见证了该店曾经长期坚持的一项经营方针：一手抓毛笔的质量，一手抓兰花的培养。因为邵芝岩笔庄的老板明白，大多数文人墨客都喜爱兰花，店内培养名贵兰花，就能吸引文人墨客的光临。晚清重臣王文韶就在其日记中记下了光绪十三年（1887）二月二十日去邵芝岩笔庄看兰花的事。文人墨客上门来观看兰花，自然也会关注毛笔。中山中路285号这座历史建筑内，常常是在兰花的暗香中做成一笔又一笔的生意。邵芝岩的毛笔和粲花室的室名，也就因此名声远扬。

中山中路66号，是著名老字号宓大昌烟号旧址。当年，“宓大昌”曾是全国最著名的杭烟。但在清朝同治年间，最出名的杭烟是“达昌”；小字辈的“宓

整修后的中山中路

大昌”，还刚刚起步。后来，“宓大昌”之所以能超过“达昌”成为杭烟老大，靠的是不断推出创新举措：早在100年前，“宓大昌”就开始探索订单农业，包销优质烟叶地区的所有烟叶；并派出农技人员下乡，指导烟农种植优质烟叶。此外，“宓大昌”还首创免费品尝广告新形式，聘用职业经理人等。这些创新举措曾使“宓大昌”辉煌了数十年。然而，“宓大昌”最后走下历史舞台，问题还是出在创新上：当吸卷烟已经成为一种消费潮流后，“宓大昌”仍然抱着它的传统旱烟不放，由于缺乏产品的创新，导致这家老字号最终销声匿迹。

中山中路212号，是一座四层五开间的洋楼，如此气派的高楼足以见证房屋的主人——万源绸缎局老板的创业成就。但是，当这座大洋楼在1949年前夕改挂旧货商店的招牌时，也给了后人一个大大的警示：家族企业一旦下一代无法接班，就有可能毁了整个企业。万源绸缎局老板陈丽生在1947年11月因年迈去世后，他的两个儿子都无法承接父亲开创的事业，商店因此只得关门。考虑到房屋的商业使用价值，陈家后来同意他人在此洋楼内经营旧货买卖行当。大名鼎鼎的万源绸缎局也就因此在商界消失。

中山中路两旁的商楼店铺内，封存着丰富而又珍贵的商业文化，需要我们去深入发掘，值得我们去认真借鉴。

反映了不同文化的交融碰撞

中山中路上的历史建筑大都建于20世纪20年代。当时正是西风东渐的时代，所以中山中路两旁的历史建筑也往往带有不同建筑文化的色彩。

中山中路有不少历史建筑都具有这样一种特别的现象：房屋的外观（即沿街的建筑立面）往往是西式的，里面的结构却完全是中式的。杭州的老百姓往往将这种房屋称作“面鬼儿洋房”。如中山中路62号是著名老字号翁隆盛茶号旧址，看外观，这完全是一座西式建筑，有西式拱券门，有西式阳台，有洋式的山花浮雕。但是，整座大楼的内在结构却完全是砖木结构的中式建筑。又如中山中路18号、18−1号是杭州早期最著名的绸庄——恒丰绸庄旧址。该旧址为二层双墙门建筑，外观完全西化，有爱奥尼柱式门楼，有西式拱券，但是，房屋里面也全是中式结构。此外，如宏裕布庄（中山中路45号）、黄洽昌桂圆店（中山中路47号）、恒大协颜料号（中山中路55号）、五洲药房（中山中路90号）、中法药房（中山中路232号）、世界书局（中山中路234号）等历史建筑，都属于此类“面鬼儿洋房”。中西建筑文化以这样的方式碰撞融合，颇值得后人去细细领会其中的奥妙。

银行、邮局、电厂都属于舶来品，所以这些建筑几乎都是标准的西洋建筑，带着浓厚的西方建筑文化：浙江兴业银行大楼采用的是西方古典主义的建筑风格，大楼正门为爱奥尼双柱式门楼；浙江第一商业银行大楼（中山中路193－3号），具有西方文艺复兴时期的建筑风格，整幢大楼整齐划一，庄严大气；杭州电厂办公大楼则带有西方现代主义的建筑风格，以长短线条构成简洁明快、错落有致的美感。

在这些带着浓厚西方建筑文化的高楼中，还蕴含着不同的经营理念。笔者在浙江省档案馆所藏档案中发现了一份中国农工银行杭州分行于1931年6月1日提交的建造银行大楼的提案，其中有如下一段文字：

> 银行事业主要依靠信用，信用卓著，则基础稳固；欲求社会信赖，既要有悠久的历史、稳健的营业，更要有伟丽的银行大楼。这不光能用来壮观瞻，更能够引起社会人士的赞誉，无形之中可以推动营业的发展，究其效果极似伟大久远的广告。

将伟丽的商业大楼看成是增进信用、推动营业的伟大广告，这样的观念，即使在今天也并不落伍。

中山中路两旁保存着的一栋栋历史建筑，仿佛是一部部历史典籍，我们只有读懂她，才会更加重视她，才会更加珍惜她，才会将历史街区的保护工作做得更好。

清泰门城垣的最后岁月

文·曾东元

清泰门是古代杭城东大门。吴越时钱镠建杭城东门，取名为南土门。南宋绍兴年间，宋高宗赵构为加强城防，在城门以西另辟一东城门，名崇新门，又名荐桥门。至南宋末年，元兵攻占杭城，拆毁了崇新门。元末，战乱频生，群雄割据，张士诚占据杭州。元至正十五年（1355），张士诚重建城墙，从艮山门向东延伸三里，把原来在宋城外面的几条小河（包括现今东河），均包揽入城内，筑成新城楼，取名清泰门。清泰门外水网交错，多产螺蛳，故民间也称其为螺蛳门。

1905年，为抵制英美掠夺沪杭铁路的建设权，以浙江乡绅、萧山人汤寿潜为首的一批江浙绅商汇集上海，决定向清政府请愿，要求废除此前清政府与英商草签的苏杭甬铁路建设合同，愿自筹资金，建设沪杭铁路。为民情所迫，清政府同意创设浙江全省铁路有限公司，汤寿潜为总经理，从此拉开了浙江修建铁路的序幕。1906年5月，浙江全省铁路有限公司筹集资金四百余万银圆，修建了一条由闸口至拱宸桥的江墅铁路，全长16.135公里。铁路在护城河之外，与城墙平行。1906年11月14日在凤山门外罗木营举行开工典礼，从而开始了浙江省第一条铁路的建设（1909年，沪杭甬铁路建成通车，江墅铁路闸口至艮山门段随即成为沪杭甬铁路的一部分）。当时，随着铁路的建设，按规划设置的铁路客运站清泰门站，就在清泰门城楼东北侧三百余米处（即今杭州自来水厂位置）。1907年8月23日，江墅铁路正式建成通车，清泰门火车站投入使用。铁路与清泰门通道建立起交汇道口，为避免道口发生拥堵，城楼和部分城墙必须拆除，也就从这时候起，清泰门被铁路道口所取代，道口以西的道路被称为清泰街，道口以东的区域自然被视为清泰门外。由于出城乘车不方便，铁路公司向当时清政府请求将火车站迁入城内。经批准，铁路线穿过清泰门北城墙和附近的望江门南城墙，并于1909年修建城内火车站。1910年，清泰门站移入城内，因为是城内建站，人们称之为城站。

小时候，我家住在清泰门城站附近，我常随大我六岁的哥哥去清泰门道口看火车。每当道口的横杆放下，扳道工挥动信号旗，信号灯打出绿光，就会看到庞然大物般的火车头从远处缓缓开来。随着车头上汽笛的一声长鸣，火车头加快了速度，并发出咔嚓咔嚓的巨响，拉着一长列客车或货车从面前经过。每当这时，我内心就会大受震撼。我还和小伙伴时常去攀爬残余的清泰门北侧城墙。城墙上有碎砖破瓦、荒草野花，我们去那儿抓蟋蟀、躲猫猫和打游击，也喜欢站在城头墙垛上，眺望城墙下来来往往的火车和汽车。有时，我看着城墙上的断墙残瓦，心里总是在联想：清泰门的城楼在哪里呢？怎么就没有了呢？上小学后，我也去城墙玩过多次，但明显感觉城墙上的砖石在渐渐地消失。我发现，许多郊区居民把墙砖拆回去建房打地基，多处出现断墙残垣，以致成段成段的城墙变成土山坡地。我去那里放过风筝，也去那里溜坡玩，但每次回到家，一身灰土的我免不了被父母一顿训斥。后来读小学高年级，功课太忙，去城墙土山玩的次数就少多了。但印象最深的是两件事，一是1958年“爱国卫生运动”中，我们在清泰门城墙上“除四害、赶麻雀”的事。“四害”中，麻雀是会飞的“害鸟”，消灭麻雀不是一件容易的事。那是初春的一天，全市男女老少纷纷登上高处，用锣、用鼓甚至用破脸盆驱赶麻雀，采取大会战的方式，意图使麻雀疲于奔命，坠地而亡。赶麻雀的会战，天蒙蒙亮就开始，老师带领我们这一批高年级学生赶到现场时，站在城墙土山顶上的人已是黑压压的一片，人们不停地敲锣打鼓，吹口哨，呼口号，闹得麻雀惊恐万分，一群群到处乱窜，到中午时，不少“害鸟”坠落到地上。这些麻雀与其说是累死，不如说是吓死的。不过，事后杭城的麻雀似乎没有减少多少。二是我们去清泰门城墙挖墙砖的事。这一年的夏天，“大跃进”掀起了全民大炼钢铁的高潮，杭州也不例外。正逢暑假期间，老师们集中到建国二小操场建小高炉。建小高炉的砖不够，我们就自告奋勇，去近处清泰门城墙挖墙砖，一到城墙根，我们便争先恐后地爬上城墙，有的挖砖，有的用小车往回运，半天的工夫，运回的墙砖在学校操场上堆成了一座小山。第二天，老师告诉我们，建小高炉要用耐火砖，不用再去搬砖头，安排我们去水星阁运河码头帮助运铁矿石。

1958年年底，杭州市政府决定，乘“大跃进”的东风，兴建杭州的环城路。次年1月，顶着凛冽的寒风，每天都有数以千计的机关干部、解放军战士和大中学生，作为义务劳动者参加环城东路的建设。清泰门一带的城墙遗址被拆除挖平，部分城墙砖土被填入低洼的横河，城墙底部的条状块石被移作环城路人行道边的路缘石。不几天，高六七米、顶宽三四米的城墙土山被扒平。半年后，南起城站路东段，北至艮山路西端的一条柏油路，取代了清泰门至艮山门的城墙，这就是环城东路，路宽24米，是当时杭城最宽阔的一条城市道路。

1984年，杭州第一条横跨沪杭铁路的大型立交桥，在清泰街石牌楼直至清泰门外花园弄路口兴建。立交桥长1212米、宽24米，坐落在清泰街东段的上方，不仅跨越横贯南北的沪杭铁路、贴沙河（原城墙护城河）、环城东路，还跨越曾经是杭城东大门的清泰门遗址，被称为华东地区最长的大型立交桥。记得是1983年下半年，我从黑龙江调回杭州任教。刚进家门，母亲就告诉我，家里的房子因为要建立交桥将被拆迁。母亲很高兴，因为破旧拥挤的住房条件可以得到一定的改善。1984年春天，动迁开始。我的一位邻居，一位曾目睹清泰门城楼被拆除、20世纪50年代又参加过环城路建设义务劳动的老人动情地对我说，习惯了住清泰街，总是有感情的，但道路要畅通，城市要现代化，我们应该支持。当时，尽管要求居民先自行过渡，大家还是主动积极地在数月内全部腾空住房。这年年底，清泰门周边和清泰街东段变成了大工地。

1985年下半年，清泰立交桥胜利竣工，随着清泰立交桥的建成通车，人们对于清泰门的最后一点记忆也随之渐渐消失。只有立交桥下一座上书“古清泰门”四个大字的遗址标示碑，似乎还在默默地告诉人们，清泰门被历史潮流湮没的往事。

清泰门的最后岁月承载了太多杭城近现代交通的第一：浙江第一条铁路江墅铁路自清泰门城门前经过；浙江第一座火车客运站在清泰门外落成；清泰门是清末民初杭州第一座被拆毁的城门；杭州第一条环城路在清泰门及其他旧城墙的地基上建成；杭州第一座飞越清泰门遗址的跨铁路立交桥，预示杭州城市交通现代化春天的到来。

武林故影

文澜选粹

杭州图书馆 编

国家图书馆出版社

序

创刊于2007年9月的《文澜》，是由杭州图书馆主办的传扬本土历史文化、推广全民阅读的人文类内刊，主要内容分成两部分，即与杭州相关的各类文章，以及不限地区的有关读书的文章。该刊设有多个栏目，包括人生、世事思考类的“孤山听雨”，当地典故、史料考证类的“吴山天风”，本地人物访谈、对话类的“湖畔小酌”，诗词歌赋、艺术类的“蕉石鸣琴”，杭州景色随笔、散文类的“天放一角”，杭州风物、美食、老字号类的“笕十八味”，对杭州生活的描述、回忆往事及人物等文章的“仲夏夜梦”，以及书评、读后感等的“文澜书话”。其装帧采用大

十六开，线装竖排本，封面使用双层柿青纸，内页为古籍印刷用纸，显得雅致、古朴。

《文澜》的编辑出版，凝聚着杭图人的智慧和心血，也离不开社会各界的关心支持。从新西兰汉学会到中国外交部，从霍金唯一的华人弟子吴忠超到侨居麻省厉鹗后代厉声树，从百岁老人周有光亲书赞许到书法家沈鹏惠书惠函……稿源越来越丰富，刊物的知晓度逐渐从国内延伸到国外，抵达美国、新西兰、新加坡、日本等。2014年，获评首届“中国图书馆阅读推广类十佳内刊内报”。时至今日，该刊为发挥杭州图书馆的文献优势，反映杭州风土人情和文化掌故，传承独特的地方文脉，推动全民阅读起到了积极的促进作用。

2023年是杭州图书馆建馆65周年，而《文澜》正是在励精图治、开拓进取中诞生并成长起来的。为此，我们特别精选部分优秀作品，分编为“杭垣往事”“武林故影”“钱塘书话”“天城风华”四册，汇辑成《文澜选粹》套书正式出版。其中“杭垣往事”介绍杭州的历史古迹，“武林故影”记载本地的文化

名人，“钱塘书话”收录藏书故事及书评，“天城风华”讲述杭州的风俗民情以及文艺创作等，这也是杭图致力于地方文化传播的实践成果。

六十五载年华流转，岁月如歌；六十五载栉风沐雨，铸就辉煌。希望《文澜选粹》能为杭州图书馆的65周年华诞，增添一片绚丽多彩的人文艺术花苑，也祝愿它在新时代、新征程上赓续奋进，再谱华章！

杭州图书馆馆长

2023年9月

目　录

杭大宗摆地摊

—文·王振羽—

今年因疫情情况特殊，全国两会后，各地城乡练摊之事，时有所闻。杭州西湖居然还有不少人开着豪车来摆摊叫卖，颇有点游戏的味道。猛地想起，曾有一位类似明初解缙的狂人，也在杭州摆摊，但最终如解缙一样，难逃皇帝的魔掌，不明不白地死掉了。这个人是谁呢？

端午节假期，没有赶回老家看望爹娘，每天只是打个电话而已。闲谈中说到此事，父亲说，这个人叫杭世骏，又叫杭大宗，他与龚自珍是同乡，龚自珍有一短文《杭大宗逸事状》记述此事。父亲在乡间闲住，无法上网。他说过之后，我还有点将信将疑。但一查《龚自珍全集》，果然如此。杭世骏究竟是怎样的一个人呢？

杭世骏是杭州人，自幼家境贫寒，勤奋好学，年轻时偶尔过访友人馆舍，见异文秘册，就会默默记下其中要点，用功之勤，超乎想象。王瞿给他的《道古堂集》作序说："堇浦于学，无所不贯，所藏书拥榻积几，不下十万卷。堇浦枕藉其中，目睇手纂，几忘昏夕。"堇浦是杭世骏的号，他的字叫大宗。杭世骏经常向他人借书阅读，并与同乡梁诗正、孙灏、严在昌等人组织读书会，互相讨论学术。但杭世骏科场不顺，仅仅是清雍正二年（1724）的举人而已。雍正九年（1731），杭世骏在主持纂修《浙江通志·经籍志》时，坚持按事实修志，然而当时，文网颇密，官府修志，自然删除违碍字句，他的要求怎会得到满足？清乾隆元年（1736），杭世骏应漕运总督程元章之荐考取了丙辰博学鸿词科，名列一等第五，授翰林院编修之职，校勘武英殿《十三经》《二十四史》，纂修《三礼义疏》，望重一时。

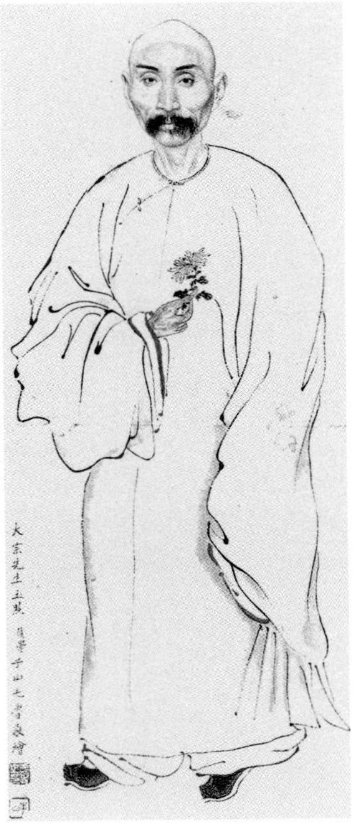
杭世骏画像

但杭世骏为何会得罪乾隆皇帝呢？原来，他还是过于书生气了，把乾隆皇帝的所谓征求意见、故作姿态，还真当作一回事了。事情的过程，大致是这样的：乾隆八年（1743），久旱无雨，乾隆帝循例下诏广求直言，还煞有介事地举行御史试。杭世骏以为当今皇上纳谏如流，便贸然恳切地上了一篇洋洋洒洒数千字的《时务策》。杭世骏由衷地说道："意见不可先设，畛域不可太分。满洲才贤虽多，较之汉人，仅十之三四，天下巡抚尚满汉参半，总督则汉人无一焉，何内满而外汉也？三江、两浙天下人才渊薮，边隅之士间出者无几。今则果于用边省之人，不计其才，不计其操履，不计其资俸；而十年不调者，皆江浙之人，岂非意见畛域？"杭大宗所言虽然切中时弊，却触及了"满汉畛域"这个最被忌讳的大问题。乾隆皇帝一见之下，勃然大怒："满汉远迩，皆朕臣工，朕从无歧视。国家教养百年，满洲人才辈出，何事不及汉人？"杭世骏被斥"怀私妄奏"，让刑部议处死刑。刑部尚书徐本极力为杭世骏求情，称"是狂生，当其为诸生时，放言高论久矣"，叩头出血，为其转圜；但龚自珍说是侍郎观保，总之是有仗义之人为其周旋，杭世骏才得以免死，革职回乡。

据说，“罪且不测”的消息传出之时，杭世骏正在参加某同僚宴会。还没等他从震愕、恐惧中回过神来，东道主已迅即作出反应，要赶杭世骏快快离开，免得连累自己。诸多所谓同僚也如同遇见瘟神一样，避之唯恐不及，“杭往话别，辄预戒阍者拒之”。唯独扬州八怪之一的郑板桥给他写信，加以劝慰。郑燮在《与杭世骏书》中说：“君由鸿博，地处清华，当如欧阳永叔在翰苑时，一洗文章浮靡积习，慎勿因循苟且，随声附和，以投时好也。数载相知，于朋友有责善之道，勿以冒渎为罪，是所冀于同调者。”

罢归之后，杭世骏闭门不出，避人如仇，间或踟蹰于距家很近的吴山幽径中。他潜心于文学和著述，于经、史、辞章等学，无不贯通。人称自黄宗羲后，以全祖望、杭世骏为经、史学大师。他曾主讲粤东与扬州书院，与厉鹗、陈撰、赵昱、丁敬等人结为密友，商讨诸学。他与“振绮堂”“飞鸿堂”“知不足斋”等藏书之家，互抄所无，自己也建有藏书楼名“道古堂”“补史亭”，藏书、著述其中，目不窥园，足不下楼，“凡有关涉中州文献者，悉置其处”。杭所著目录学著作有《续经籍考》《两浙经籍志》《历代艺文志》。杭世骏虽以诗名，但实精于史，著有《石经考异》《续礼记集说》《诸史然疑》《续方言》《两汉书蒙拾》《三国志补注》《溶城诗话》《金史补》《词科掌录》《道古堂诗文集》等。藏书印有“堇浦校定”“春水老人”等。

但乾隆皇帝还是没有忘记这位避居江南的杭大宗先生。乾隆十六年（1751），杭世骏得以平反，官复原职，但杭世骏的结局却很令人扼腕。话说乾隆南巡到杭州，杭世骏也参与迎驾。乾隆见了他问道：“你靠什么生活？”杭答：“臣世骏开旧货摊。”乾隆佯装不懂，问道：“什么叫开旧货摊？”杭进一步解释道：“把买来的破铜烂铁陈列在地上卖掉。”乾隆皇帝听后大笑，写了“买卖破铜烂铁”六个大字赐他。原来，当年乾隆皇帝虽然免掉了杭世骏的所谓死罪，传说他还说过这样的话：“这种狂士，只能收卖废铜烂铁！”杭世骏居然真就在杭州闹市摆一地摊，布招大书“奉旨收卖废铜烂铁”，一时观者如堵。这样的举动，怎会不被好事者传到乾隆皇帝耳中？此番见面，如此言说，彼此耿耿于怀，何需多说？也是据龚自珍考证，乾隆问杭世骏："你性情改过么？"世骏回答："臣老矣，不能改也。"乾隆问："何以老而不死？"回答说："臣尚要歌咏太平。"彼此再呵呵一笑，意味深长。应该是乾隆皇帝此次南巡之后，又再次南巡，时在1773年；此一年，距离龚自珍出生还有近二十年，龚自珍在《杭大宗逸事状》中如是说道："癸巳岁，纯皇帝南巡，大宗迎驾。名上，上顾左右曰：'杭世骏尚未死么？'大宗返舍，是夕卒。"

性格伉直、恃才傲物的杭世骏工书，善写梅竹、

杭世骏草书题句

山水小品，疏澹有逸致。龚自珍曾收藏有这位同里乡贤的“墨画十五叶”，“语汗漫而瑰丽，画萧寥而粗辣，诗平淡而倔强”。龚自珍还说，杭世骏因直言贾祸的“上疏”原稿，被其外孙之孙丁大“鬻于京师市”“流落琉璃厂肆间”。杭大宗得年七十八岁。一代文人，如此结局，令人黯然。

茅盾与杭州

—文·薛家柱—

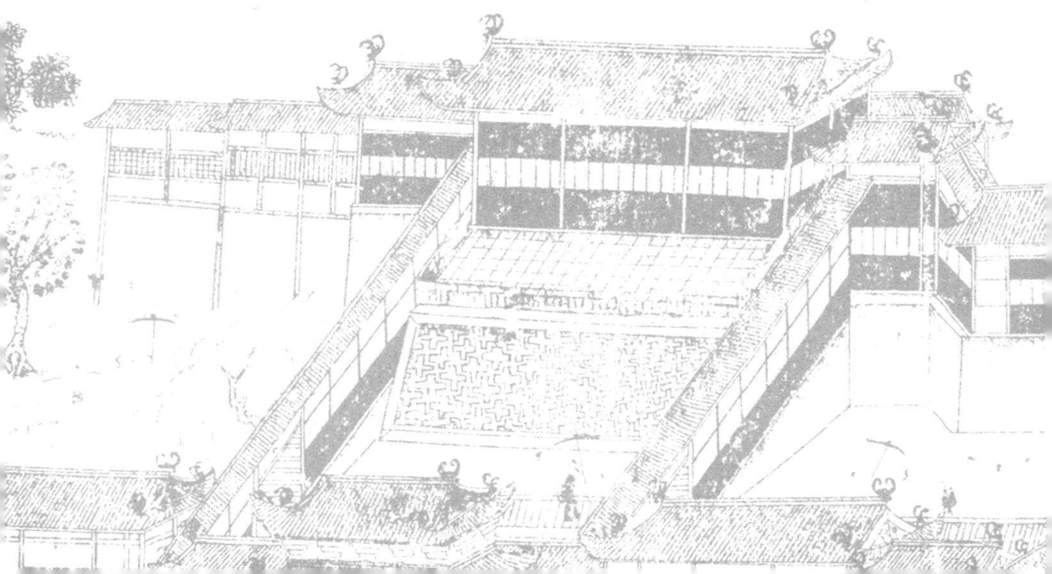

谁都知道，茅盾是浙江嘉兴籍作家，一代文学巨匠，中国现代小说的开山鼻祖。他的长篇小说《子夜》，短篇小说《林家铺子》，以及《春蚕》《残冬》，“爱情三部曲”——《追求》《动摇》《幻灭》等是“五四”新文学的经典。特别近年茅盾的家乡桐乡乌镇成为世界互联网永久基地之后，保存完好的茅盾故居更成为中外嘉宾瞻仰的圣地，茅盾也享誉世界。

不过，茅盾与杭州的渊源也很深，他对杭州非常有感情。他中学是在杭州市安定中学（今杭七中）就读的，高中毕业后考入北京大学。那时他的名字还不叫茅盾，叫沈德鸿。

茅盾1896年7月4日出生在乌镇东栅（市河之东）观前街的沈家故居。幼时取名沈德鸿，字雁冰（燕冰）。小学在乌镇的立志小学就读，今天乌镇的茅盾纪念馆尚保存他小学时代的两册作文簿，老师的批语为“目光如炬，笔锐似剑，洋洋千言，宛若水银泻地，无孔不入”。

小学毕业后，他直接成为湖州府中学堂二年级插班生。后来转学嘉兴，正巧碰上辛亥革命，一阵炮声、枪声，剪辫子后，沈德鸿这帮激进少年也乘机造了老师的反，结果被学校除名。后来，辛亥革命成功了，但沈德鸿被除名后也不能再回嘉兴府中学堂了。他母亲果断决定让他到省府杭州读中学。于是，1912年春天，沈德鸿考入杭州市私立安定中学。

当时，“五四”新文化运动汹涌澎湃，席卷全国。北京是北方的中心，南方的中心则在杭州。特别是浙江省两级师范（今杭高），拥有“五四”时期一大批文化名人：鲁迅、李叔同、叶圣陶、夏丏尊、朱自清、丰子恺、冯雪峰、陈望道（《共产党宣言》的翻译者）、施存统、俞秀松等先驱者，安定中学有郁达夫、徐志摩等，夏衍当时在浙江省立甲种工业学校，真可谓是中国现代文坛的“半壁江山”。

茅盾从北京大学预科毕业后到上海商务印书馆编译所担任《小说月报》编辑，自己也写起小说来。1927年，他写完《幻灭》的前半部，叶圣陶就准备立即发表。用什么署名呢？茅盾自己拟用“矛盾”作为笔名，自认为带点讽刺别人又带点自嘲的意味。叶圣陶认为这一看就是假名，不如矛上加个草字头成为

“茅”姓，以防国民党方面追查。这样，因《蚀》三部曲、《子夜》等作品，茅盾就出名了，成为最受杭州读者群欢迎的作家。

“四人帮”粉碎后的1979年，我担任《西湖》文艺主编，邀请上海30年代老作家赵清阁女士来杭州修改电影剧本《粉墨青青》。赵清阁是30年代著名女作家，与丁玲、陆小曼等齐名。她在抗战时期编辑《弹花》杂志，发表了不少茅盾、郭沫若、老舍、臧克家等人的抗日诗文，影响很大。后来到重庆，她受到周总理、邓颖超的重视，成为“红岩”的常客。《粉墨青青》在《西湖》发表后，北京邓颖超办公室还发函来询问赵清阁在上海的住址。

一个假日里，我陪同赵清阁游览西湖。当我们坐在西泠印社四照阁喝茶时，她从手提包里掏出一本发黄的影集，翻到了两张照片。一张是站在西泠印社后山门直通里西湖大草坪那条石阶路顶上拍的，是她与茅盾、阳翰笙、陈白尘、凤子的合影；另一张是坐在宝石山保俶塔下的台阶上，她与茅盾及夫人孔德沚，还有葛一虹、陈白尘、阳翰笙、凤子的合影。照片均

1946年茅盾（前左）和友人游宝石山

摄于1946年10月下旬。赵清阁告诉我，当时在上海、南京的文人很爱游西湖，对杭州情有独钟，春秋两季常相约同游西湖。巴金是每年必来，影集中也有与茅盾等在杭州的照片。

中华人民共和国成立后，茅盾担任了我国第一任文化部部长，与文友同游西湖的机会就大为减少了，大都是陪同外宾或者来杭参加会议。茅盾任文化部长是毛主席亲自点名的："文化部长这把交椅是很多人想坐的，只是我们不放心，所以想请你出来。"茅盾问："为何不请郭沫若担任？""郭老可以的，但他已经担任了两个职务，一个是文化教育委员会主任，一个是中国科学院院长，再要他当文化部长，别人更有意见了。"

其实茅盾最想在杭州西湖边有座房子，在家乡的湖光山色里自由写作。他当文化部长的十四年里，一直保持作家的崇高品格，很少参与批判文艺界的运动，不讲违心的话，不写违心的文章，却写了不少扶植青年作家的文章。茹志鹃的小说《百合花》就是茅盾先生发掘并大力宣扬的作品。

1959年，我还在杭州大学中文系，一天迎来茅盾先生来中文系召开座谈会。有同学突然提问："茅盾先生，您不是提倡社会主义现实主义写作方法吗？现在对革命浪漫主义写作方法有何看法？还有思想性和艺术性两者的关系如何理解？"我们觉得这位同学在堂堂文化部长面前提出这样的问题太唐突了，因为这是毛主席提倡的啊！谁知沈部长毫不见怪，很耐心地解释:“这两个问题，理论上我不过多解释了，你们都是学中文的。现实主义是我们唯一的写作方法，作品既要思想性也要艺术性，没有艺术性的作品是立不住脚的。我只举一个例子，你们西湖有成千上万对联，但我认为最好的只有两对，一对是岳坟的‘青山有幸埋忠骨，白铁无辜铸佞臣’；一对是西泠桥的‘湖山此地曾埋玉，风月其人可铸金’。无论用词、对仗、平仄都达到很高水平，思想性和艺术性完全一致!”

全场齐声鼓掌！这，就是茅盾先生，永远把自己当作一个普通的人。

小记乡人郁达夫

文·蒋增福

“感伤的旅行”是郁达夫一篇游记的标题。如果说可以用“感伤的旅行”来概括郁达夫曲折的一生的话，那么，杭州，无论从什么意义上来说，都堪称他一生“旅行”中重要的一站。在这里，留有他少年求学时的难忘回忆；也有他举债兴建的“风雨茅庐”。郁达夫对杭州有爱，有恨，恩怨交织，剪不断，理还乱……

初到杭州似梦中

今天从富阳到杭州，陆路三十七公里，坐汽车不用一小时；水路四十五公里，坐船两个小时左右也到了。但在八十年前的富阳人眼里“以为杭州是和新疆伊犁一样的远”。因此，1911年2月，虚岁十六的郁达夫，第一次离开家乡到杭州投考中学，是郑重其事地由亲戚中一位老秀才陪伴着一同去的。那老秀才带着郁达夫先到祖先堂前点了香烛，行了跪拜，然后再向郁达夫的祖母、母亲，作了三个长揖。虽然在白天，祠堂也点起了一盏郁家“仁寿堂”字样的灯笼。临行之际，又回到祖先堂前去拔起三炷柄香，和灯笼一道捏在手里。所有这一切的寓意“是要祖宗在天之灵，一路上保护着他们的子孙”“满怀着希望”奔赴杭州。郁达夫三岁即丧父，三兄弟中数他最小。“一家年少最怜君”，毕竟是第一次离家，老祖母为他将去杭州，三日前就愁眉不展，不大吃饭，也不大说话了。刚强的母亲，送子求学的意志很坚决，先前已送走了两个儿子，可到最小一个儿子离开身边，也“一路要……顺风……顺风！……”半句话未讲完，就逃回屋里，因为出远门求吉利，不能让远行的人看见眼泪；而坐在船舱里的郁达夫，却“双颊上自然止不住地流下了两条冰冷的眼泪”。不过离愁很快过去，当远远能望见杭州的高山时，郁达夫心里鼓起了一腔勇进的热忱：“杭州在望了，以后就是不可限量的远大的前程！”

那时杭州有三所中学，最难考的就是郁达夫投考的杭府中学，其他则分别为宗文和安定。忙完了入学考试，等待发榜的闲暇间，郁达夫便和那位陪伴去的老秀才以及在杭州陆军小学堂的二哥养吾一起游湖、登山。杭州自古被称为天堂，西湖更是中外闻名的游览胜地。郁达夫从一个闭塞、落后的小城镇，乍然来到省会大都市，自然大开眼界。更何况对于大自然的迷恋似乎是他从小的一种天性。杭州的灵山秀水，给少年郁达夫的心灵，留下了难以磨灭的美好印象，直到数年之后的1918年，郁达夫已是日本名古屋第八高等学校的官费留学生了，他回忆自己初到杭州的情形，在《自述诗十八首（有序）之十三》中这样写道：

儿时曾作杭州梦，初到杭州似梦中。
笑把金樽邀落日，绿杨城郭正春风。

郁达夫榜上有名，但他带去的几个铜钱已不够缴纳学膳费了，只得和后来也从富阳去杭州赶考的三位同窗，一道转入收费较廉的嘉兴府中。对此，《自述诗》之十四有这样的描写：

欲把杭州作汴京，湖山清处遍题名。
谁知西子楼台窄，三宿匆匆出凤城。

江城风雨夜似春

郁达夫是于1933年4月25日移居杭州的，这有他的日记为证。那是个春雨霏微的早晨，郁达夫携眷属从上海坐火车，午后一点直达杭州城站。时雨势正猛，郁达夫一家在火车上蒸干的衣帽，又被涔涔而下的大雨淋湿。游子思乡、飞鸿倦旅的郁达夫满怀希望来到杭州，想翻开生活的新一页。

选定杭州作为自己的居住地，郁达夫是经过一番慎重考虑的。杭城既“具城市之外形，而又有乡村的景象”，有湖有山，还有电灯、自来水、购菜购物等的便利。再说，王映霞是杭州人，而郁达夫自己的故乡富阳也离杭州不远。可以说，乡土观念也是他择居杭州的原因之一。

起初，郁达夫一家住在浙江图书馆侧面大学路场官弄内租来的三间旧屋中。这是一座走马楼式的住宅，天井不大，有点像上海弄堂房子的格局。虽然房子并不好，但比起他原来住上海嘉禾里一楼一底的弄堂洋房来，毕竟宽敞多了。后来郁达夫又在这附近大

修缮前的风雨茅庐

兴土木，举债建造了一座“风雨茅庐”，至今仍完好地矗立在杭州场官弄内，而它的主人早已易人。其实它在建成不久就被偷梁换柱地将“郁氏”改为“王界”——变卖的契约近年已被发现。

“风雨茅庐”的正屋是五开间南向平房，中间用一重带有月洞门的矮墙隔开。靠西的三间客厅和卧室，开间相当宽，且各有后轩。傍东的两间则是郁达夫的书房和工作室。在郁达夫的大书房中，沿着三面隔墙，排立着高大的落地书架，密密层层地放满了书。据他后来在新加坡写的一篇《图书的惨劫》中回忆，“风雨茅庐”所藏中国书籍就有八九千卷以上，有宋元明以来及清末各类书册，上至《太平御览》《太平广记》等，下至李氏五种；有商务、中华之辞书，各种名人谱牒；还有明清禁书和清初的百名家词抄、诗抄，及至清末的词集等。此外，英、德、法、日各种外文书更有两万余册。

可惜这个梦寐以求的寓所，包括书房和工作室，郁达夫并没有“福分”享受。“风雨茅庐”落成前夕，他南去福建。抗日战争爆发的第二年，他又从福建赶往武汉。重回福建之后不久，便远赴新加坡，最终则横越马六甲海峡，到苏门答腊流亡，直至被日本宪兵杀害而客死他乡。

历来，郁达夫移居杭州建成“风雨茅庐”的事被许多论者贬斥、指责，说他在“中国革命表面上受到挫折的时期”，“跑到杭州归隐了”。时隔半个多世纪以后，当人们抛弃了“左”的偏见，再冷静地回过头来看这件事，才明白这种说法是极不公允的。就当时的情形而言，上海白色恐怖严重，左联又根据他自谓“不是战士只是作家”的片言只语而把他开除，再加之经济上的窘迫，郁达夫才决定移家杭州。此时的郁达夫，背腹双患，形同孤雁，用他自己的话来说，“但被天强派作了闲人之后，寂寞与凄凉，也并不是可以借一句两句的话来说出的”。

问题是，郁达夫移居杭州以后，并未摆脱当时政治上低气压的笼罩。腥风血雨依旧袭扰着他，使他窒闷难忍，所以才会有“风雨江城春似夏”的喟叹！正如他的挚友鲁迅先生在他移居八个月以后，送他的一首《阻郁达夫移家杭州》诗说的那样“钱王登遐仍如在”，杭城依然在那令人窒息的压抑之下。直到1939年——鲁迅逝世三年以后，郁达夫在《回忆鲁迅》的长篇纪念文章中，怀着痛苦之情写道：“我悔不听他的忠告，终于搬到杭州去住了。结果不出他的所料，被一位党部的先生弄得家破人亡。”

江山也要文人捧

楼外楼头雨似酥，淡妆西子比西湖。

江山也要文人捧，堤柳而今尚姓苏。

郁达夫这首咏《西子湖》，由苏东坡的《饮湖上初晴后雨》一诗而引发，揭示了“江山也要文人捧”的道理。江山多娇，却非人人都会欣赏，也不是人人都能道出其中奥妙的。作为文人，可以用敏锐的观察力窥破江山的神奇，并用细腻的笔触描写下来，指点一般人的迷津。从这个意义上来说，“江山”确实是“要文人捧”的。罗丹的一段话，可谓至理名言：对于我们的眼睛，不是缺少美，而是缺少发现。郁达夫的诗句和罗丹的精辟见解，有异曲同工之处。

提笔写作是郁达夫的职业，而迷恋大自然又是他从小的一种天性。因此，在自觉或不自觉之中他也为杭州的山山水水捧场喝彩。他那谒苏小小墓而归吟的《西湖杂咏三首》至今人们犹忘不了。现录其三：

碧波容与漾双鸥，莲叶莲花对客愁。
明月小桥人独立，商量今夜梦扬州。

自然，人们也忘不了他1919年9月由日本东京归国参加高等文官和外交官考试，途经杭州，漫步西子湖畔吟咏的一首七绝：

碧纱红袖两无情，壁上凋残字几行，

日暮楼空人独立，满江秋意哭莺莺。

自他1933年移家以后，杭州的山山水水，更是印下了他流连忘返的足迹，除了一般人知道的三竺六桥、九溪十八涧，或西湖十景等名胜古迹外，他还到很少有人前往、距西湖几十里处甚至不大有人提起的一些地方去考察、游览。比如西溪的花坞，在郁达夫看来，它的幽深清静堪与云栖或九溪十八涧相媲美！再如春意阑珊香火最旺的清明谷雨之前，他到小和山

郁达夫与王映霞在西湖边

去踏青观赏，赞美那里“在万紫千红的映山红与紫藤花映衬下，变得更加可爱更加生气的满途翠雾”。他还到白龙潭两山壁峙的幽暗的山峪中，去探看那“一条白龙飞舞似的珠帘的彩瀑”。说到超山的梅花、西溪的芦花，那就更使郁达夫难以忘怀，且屡屡直抒文中。

杭州城里的吴山，仿佛是郁达夫“野外的情人”，凡遇到胸怀抑郁，工作疲倦，或阴雨晦暝的时候，他总一个人“上山去走它半天，喝一碗茶两杯酒，坐两三个钟头，就可以恢复元气，爽飒地回来，好像是洗了一个澡”。他曾对当时任杭州《越风》主编的黄萍荪说过这样的话：“雨中‘立马吴山第一峰’，左领江而右盼湖，收风帆与孤艇于眼底，其乐为何如？”吴山，离他大学路场官弄的寓所又不远，数百级的石阶也并不高，可以毫不费力地走到顶上。因此，郁达夫对吴山之一往情深，就毫不足怪了。

张宗祥先生给我治病

文·陈谅闻

在杭州，20世纪五六十年代，属于我祖父一辈的许多著名学者还健在，不少人为我家所熟悉，其中给我印象最深的要数张宗祥阆声先生了。他的书法酷似李邕，他的医道有点像张仲景。阆声先生为我治过病，根除了我的病痛，他的医道的确“神奇”。

张宗祥

五十年前，1959年9月我患急性黄疸性肝炎住进北大校医院，起初被医生误诊为疟疾。服用医生处方的药，病情越来越严重。八天后的周末内科主任来值班，发现是“甲肝”，赶紧输葡萄糖盐水。一天输液一千毫升后，总算黄疸退去，剧烈呕吐被止住，精神好转，不再昏昏入睡了。

当时我二十五岁，年轻，缺乏医学常识，以为肝炎像重感冒一样，烧退了就好。国家正值“大跃进”时期，我住了十多天医院，出来后想尽快去“鼓足干劲，力争上游”。但出院后没有一点力气，坐不到二十分钟，就累得趴下。肝肿到五六厘米，弯腰时自己都感到肝脏部位有硬块。肝区疼痛难忍，又常犯恶心呕吐症，不得已，我于1960年春天请假回杭州老家养病。

到杭州后，父亲带我去看张宗祥先生。张先生是浙江省文史研究馆副馆长、浙江图书馆馆长，擅长文史。父亲告诉我，先生兼精岐黄，这是鲜为人知的。

张宗祥先生住长寿路，我住学士路，两家相距不远。我跟父亲去张家，称张先生为“张公公”。父亲称他为“老伯”，偶尔也称“年伯”[因为张先生与我伯祖父、著名文物鉴赏家陈士奎先生同为清光绪二十八年（1902）壬寅补行庚子、辛丑科举人]。

张公公家窗明几净，陈设整齐。书房安放红木家具，桌椅造型均很古朴，四周摆满了书，墙上挂着弘一法师书写的两幅屏条。

一幅是：及早放下幻梦尘劳，静修戒定智慧。

另一幅是：过去事已过去了，未来不必预思量。即今便着即今句，梅子熟时栀子香。

张公公正在校勘古籍，见到我们，立刻放下手中的烟斗和毛笔，面带笑容起身相迎。是年，他七十九岁，精神矍铄，说话声音响亮。当父亲介绍我毕业于杭高、北大，后留校任教时，他显得很高兴。阿姨上茶之后，张公公谈了些他在“浙江两级师范”和“北京教育部”供职的往事。在杭高就读时我就知道清朝末叶张公公在那里执教，参加“木瓜之役”①后北上，民国初年他出任教育部视学、京师图书馆主任。与张公公一经接触，我马上觉得他平易近人，和蔼可亲，什么拘束感都没有了。

父亲向张公公说明我患病，请求高诊的来意。张公公凝视了我一下，对父亲说：“令嫒的气色是不大好。”接着，他拿出手枕为我把脉，边把脉，边静静地沉思，再看我的舌苔。他目光慈爱、详详细细地问

①木瓜之役，指清宣统元年（1909）六月，浙江两级师范学堂（“杭高”前身）为反对尊孔复古的理学家夏震武（绰号“木瓜”）来校任监督（校长）的罢教运动，运动由周树人（鲁迅）、许寿裳发起，张宗祥等教师都参加了。斗争胜利后的1910年，在杭州小营巷酱油弄湖州会馆摄有25位进步教师辞职离校的集体照，周树人在照片上题名为“木瓜之役”。张宗祥是“杭高”校友，与“杭高”渊源很深，1951年“杭高”改名为“杭州第一中学”，校门口悬挂的“杭州第一中学”校牌就是他书写的。

了我的病情，最后写了一张药方，方子上大约有十二味中药。我再三诉说肝疼时的痛苦，张公公很有把握地回答："有消痛的药。"他随即给了我一张专治痛肝的偏方：艾绒、皮硝各一两，拌匀，放入信封大小的布袋内，敷于肝区体外肌肤处，然后用布带绑定，按这方法做就是了，艾绒、皮硝要求一天更换一次。

接着，张公公安慰我说："不要焦虑，服用中药后，病会慢慢地好起来。你年轻，病后身体会恢复到原来样子。"他用手轻轻地推了一下桌上开好了的处方，补充了一句："这张方子的药服用期可以长些。"又指出饮食方面应该注意的地方。经张公公一说，我对肝炎的紧张情绪缓解了不少，显然，事情开头我就从他那里得到了最好的心理疏导。

就诊结束后，张公公与父亲一起评论挂在墙上的弘一法师的书法。父亲对我说，"过去事"即录明代石屋珙禅师七绝诗这幅字，是民国前期张公公任瓯海道尹时、访问驻锡温州寺院的弘一法师，未遇，弘一法师嘱托他的弟子转交的。张公公点头称是，他又说："弘一晚年的字已经没有一点火气。"他们两人还兴致勃勃地谈了国画、昆曲方面的一些趣事，我竖起耳朵专心听着。张公公学识渊博，谈锋甚健，言辞还很幽默，他说到晚清浙江书画界有三个“叔叔”，那就是：会稽的赵撝叔（赵之谦）、萧山的丁蓝叔（丁文蔚）和钱塘的江韬叔（江湜）时，父亲和我都笑了。在张家我们待了一个多小时。

从张家出来，我有一种轻松愉快的感觉。回家煎服张公公处方的中药，几天后肝炎病情有了明显的好转，用艾绒、皮硝方子止痛效果特别好。原来，我说话或深呼吸时就肝痛、痛得像刀扎一样，在床上转侧时疼痛难忍，睡梦中甚至会痛得喊出声。用了张公公给的敷的药方，第二天肝区疼痛大大减轻，第三天肝区变为隐隐作痛，第四天肝区疼痛竟然消失了。被折磨了近半年的肝区疼痛疾病就这样四五天的工夫就被排除了。到1961年，经过一年的治疗和调养（我使用张公公的药方，同时又进行中西药综合治疗），我的肝病痊愈了，心情特别好，看看四周，似乎万象更新。回想起来，张宗祥先生真有“妙手回春”之术。对肝病治疗的偏方后来我在北京还介绍给好几位肝痛病患者使用，都见奇效。

在我1968年回杭州探亲时，张宗祥先生已经不在了，他是1965年夏天去世的。哲人已逝，对这位学富五车、又乐于治病救人的著名学者我深深地表示怀念。怀念之余，使我联想起来的中国传统知识分子，他们中许多人的确除了擅长文史外，还精于医术，张宗祥、马一浮、王邈达、华钧珊等诸位先生都是杭州20世纪五六十年代的杰出代表。他们抱着匡世济民的信念，不为贤相、便为良医的宗旨，为中国社会默默地作出贡献，他们的道德品质比金玉还可贵，他们的精神魅力本身便是一帖治病良方。但是他们又很不幸，张宗祥公公、华钧珊公公还好，先走一步，逃过“文革”浩劫，而马一浮公公和王邈达公公在前一年，即1967年因受“文革”迫害致死，让人十分难过。

怀念一代书法宗师陆维钊教授

文·任明耀

2005年5月18日是一个难忘的日子。

陆维钊

这一天天气晴和，阳光灿烂，初夏的清风，吹到身上，感到分外舒适。我随浙江大学西溪校区老年书画组的同志们，乘车来到平湖市陆维钊书画院参观访问，感触良多。下午又听了陆维钊的大公子陆昭徽先生和《陆维钊》传记作者之一邢秀华先生的精彩发言，更使我心潮澎湃。陆维钊生前的一言一行频频在我的脑海中浮现，使我久久难以忘怀。

一、执教浙大

1945年8月，抗日战争胜利，日本无条件投降。浙江大学准备从贵州遵义回迁。此时，竺可桢校长再次邀请陆维钊来校任教。竺可桢是陆维钊在南京时的老师，鉴于老师的盛情，陆便辞去了圣约翰大学的教职，于1945年秋到浙大龙泉分校任副教授，担任文学院古典文学的教学工作。1947年，浙大本校和分校相继从遵义和龙泉迁回杭州。9月，陆维钊与陆子桐、杨其泳奉命协助校方接收罗苑校舍。罗苑地处平湖秋月西侧，又名哈同花园，曾是犹太富商哈同的私人别墅，抗战胜利后被国家接收。罗苑风景秀丽，环境幽静，人称“湖上火迷宫”，是读书人居住的好地方。和陆维钊同期，第一批迁入罗苑的还有浙大老师徐震堮、董聿茂、钱秀之等。他们常赴岳坟、西泠桥一带酒肆小酌，陆维钊常作陪，赋诗吟诵，其乐融融。

1952年高校院系调整，陆维钊调入新成立的浙江师范学院中文系（后改名为杭州大学）。1956年，我有幸进入该校中文系执教，和陆维钊先生是同事，同在“中学语文教学法”教研室工作。这个教研室是不起眼的，不受领导和学生的重视。系里教师都不愿意担任这门吃力不讨好的课。陆先生服从分配，安心教学。他穿着朴素，平易近人，学识渊博，深受师生的敬爱。杭大中文系之所以出名正因为有不少名师的存在，如夏承焘、姜亮夫、王驾吾、胡士莹、陆维钊、蒋礼鸿、蒋祖怡、吕漠野等。他们都是有真才实学的老专家，他们的道德、文章，影响了学生的勤奋、好学。由此，中文系学生出了不少著名的学者、专家和作家。陆先生博学多才，他的古典文学和书画造诣在系里是非常出名的。我一直爱好书画，曾请胡士莹先生和陆先生在我的一把扇面上写字、画画，我一直视为珍宝，不幸在“文革”中被毁了。

陆先生为人正直，许多师生都愿意和他接触。在反右斗争中，不少师生被划为“右派”，可是陆先生从来没有站出来与“右派分子”斗争，也从来没有贴过一张“大字报”。他为人和善，从不张扬。他经常教育自己的子女要诚恳待人。他有一句教子名言：“要一分为二地看人，不能人云亦云，大家都说这个人好，不妨看看他有哪些缺点；都

陆维钊书对联作品

说这个人不好，不妨想想他有没有优点。”陆先生的长子陆昭徽教授如今是外语专家，至今还牢牢记着父亲的金玉良言。

二、喜进美院

1960年陆先生突然从杭大消失了，原来他受美院院长潘天寿的邀请调到美院执教了。这里有一段传奇故事：

1959年潘天寿执掌美院院长以后，他一直认为培养学生应重视文化修养，诗、书、画、印是一个整体，缺一不可。中国画系的学生，大都不懂古典诗词，不会题跋，也写不好毛笔字，常常请求别人题字、落款。这种不正常的现象必须改变。可是要有一名既懂书画艺术又有古典文学造诣的人才到何处去找呢？说起来也是巧事，一天，潘天寿同名画家吴茀之、诸乐三结伴游西湖，坐船到三潭印月。三人漫步到一处画廊面前，被画廊中的一幅中国画吸引住了。他们觉得这幅画，用笔干练，有气势，再看那题跋，书法也非同凡响，他们同声惊叹：“杭城真乃藏龙卧虎之地，此乃奇才也。”潘天寿求贤若渴，早就将“陆维钊”三个字牢记在心。回校以后，他当即通知有关部门查找陆维钊是何许人氏。四处一打听才知作者是杭大中文系教古典文学的老教师，他急如星火地将陆先生调来美院，两人一见如故，大有相见恨晚之感。自此以后，潘天寿常常到韶华巷那破旧的美院宿舍拜访陆先生，二人惺惺相惜，谈艺术，谈创办书法篆刻专业，谈招收书法研究生，谈远景规划，谈人生……真有说不完的话，陆先生更是有知遇之恩的感觉。他们越谈越投机，陆先生从不谈住家的简陋、生活待遇的菲薄和私人的事情。在美院每天起早落晚，有做不完的工作，使不完的劲，前景是多么美妙啊！可是好景不长，“文革”这场史无前例的大灾难爆发了，一切乱了套。他所敬佩的潘天寿国画大师一下子变成了牛鬼蛇神，天天挂牌批斗。陆先生也不能幸免，不是遭批斗就是遭陪斗，身心遭受严重的伤害。当他得悉艺术大师潘天寿被折磨致死的消息时，便整日沉浸在悲痛之中，泪水流淌不止。他无论如何不能接受这个现实，立志要为潘天寿做一点实事，来报答潘天寿对他的恩情。1979年底，机会终于来了，“四人帮”粉碎以后，万物复苏，可是陆先生病重住院了。在重病中得悉潘天寿的墓要他重写墓碑，他再也按捺不住了。他在家人的扶持下，硬撑起身子，挥毫用篆体写下了“画家潘天寿墓”六个大字。写完以后，陆先生顿觉两眼昏花，呕吐不止。而这六个大字就成了他的绝笔。自此以后，他病情越来越重。1980年1月30日上午九时，他最终闭上了双眼，溘然长逝了，终年82岁。陆先生的绝笔了却了他的心愿，他可以安心走进天国和潘天寿去谈心了。陆先生就是这样一位看重情义的真君子。

三、临终绝唱

陆先生到了晚年的时候，他的书法艺术已经到了登峰造极的地步，篆、隶、真、行、草五种书体，都写得很好，尤其对篆书和隶书，造诣更深。亦篆亦隶，非篆非隶，是他最大的特点，也是他的创新。他的篆隶书体，最初是长形，后来出现了扁体，此后兴之所至，或长或扁形成了独特的风格。有人称为“篆隶”，也有人称为“扁篆”，还有人干脆称为“陆体”。蝶扁体的创造，是他求高、求真、求新、求变的典型，立意法古而鼎新。沙孟海盛赞他的书法艺术是蝶扁作家，曾对陆先生的书法艺术评价说“综合披览，使人感到纯乎学人手笔，饶有书卷清气。无论大小幅纸，不随便分行布白，有时‘真力弥满’‘吐气如虹’；有时则‘碧山人来’‘脱巾独步’，得心应手，各有风裁”。

陆先生对书法理论有独到的见解，他的书论散见于一些题跋和著述中，我这里特别要提一提陆先生在弥留之际，将心爱的五名研究生召到病榻前，谆谆嘱咐道:“不能光埋头写字、刻印，首先要紧的是道德学问，少了这个就立不住。古今没有无学问的大书家。我们浙江就有这个传统……一般人只知道沙孟海先生字写得好，哪里知道他学问深醇，才有这样的成就。‘字如其人’就是这个道理。书法先求平整通达，以后再求变化创造，要淡于名利，追求名利就不能静心做学问……我一生只做了一半，现在天不假年，无能为力，寄希望于你们，大家要努力呀。”

这一番感人肺腑的话已成陆先生的千古绝唱。

拨乱反正以后，岳庙重修。陆先生在岳坟前写有一副楹联“青山有幸埋忠骨，白铁无辜铸佞臣”。这是陆先生晚年书法的代表作。那天我看了这副楹联简直惊呆了，当时参观者众多，无不啧啧称奇。这副楹联，仿佛有一股磅礴之气向你袭来，不能不使你倾倒。我每次去岳庙，必然在这副楹联前伫立良久。看陆先生的书法，简直是最美好的艺术享受。有人说看画叫“读画”，观字叫“读字”，此话一点不假，有人在好的书画面前读半天、一天是常有的事，有的甚至读好几天不过瘾，这就叫作“艺术的魅力”。欣赏这副楹联，可以从中看出作者的爱国主义情怀，也可以悟出作者“嫉恶如仇”的思想。爱憎分明是陆先生书法艺术的特点，也是爱国主义最生动的教材。因此，当人们去参观岳庙时，许多爱好书法的观众，在这副楹联面前顶礼膜拜是毫不奇怪的。陆先生生前常常在子女面前哀叹：“一事无成，一事无成!”怎能说一事无成！光这副楹联就可以使他与日月同光，永垂千古！

四、奇闻逸事

陆先生像许多艺术大师一样，出身贫寒，生活清苦。他是遗腹子，出生以后全靠祖父和祖母的关爱，特别是祖父陆少云对他的启蒙教育，使他终身受益。他的书法从小名闻乡里，家乡造了一座凉亭，取名“明月清风”亭，需要请人写一块牌匾，当时乡里人提出需要请有名望的人来书写，但也有人提议请陆维钊写。祖父见众乡亲如此信任自己的孙子，也就同意让陆维钊来书写。陆维钊在众人面前挥笔一口气写了这四个字，观者无不拍手叫好。事有凑巧，一天，县太爷下乡视察，经过凉亭，抬头看到这块匾，不觉惊呼“好字！好字”！于是向乡邻打听是哪位高手所写，得知是小学生陆维钊所写，不禁赞叹道：“小小年纪，写得如此好字，该奖！该奖！”从这个例子可见陆先生从小就有写字的天赋，再加上他后来的勤学苦练，终于成为书法大师。

陆先生一生俭朴，终年一身旧布衣，从不穿新衣，根本看不出是一位大学者。关于穿衣的事，曾经闹过一个笑话。一年夏天，陆先生穿了一件旧衬衫，脚穿一双旧布鞋，摇一把旧蒲扇，漫步走进了新华书店的古典文学书柜前，随手抽了一本词选，翻看了一下目录，又放了回去，另外又抽出一本《尚书今古文注疏》翻看。有位营业员早就注意他的行动了，心想："这位老头懂什么呀，难道他会看懂这里的古文吗？"于是不客气地对他说了句："这架古书你看不懂的，不要翻了。"陆先生闻言，对营业员笑了笑就走开了。这时，有位读者走过来对营业员说道："你太不客气了，他可是美院教授，教古典文学的书法家。"营业员听了感到自己失礼了，对这位老人太不敬了。陆先生不以为意，他觉得这种以衣帽取人的态度太普遍了，丝毫没有计较这位营业员的态度。他的老伴有时也责怪他衣着打扮太随便，不像个学者的样子。可是陆先生有自己的审美原则："认识我的，穿得再旧也认识我，不认识我的，即使穿得再新，也不会认识我。”后来他的名气越来越大，经常会参加一些重要的社会活动，接见一些外国书法代表团。他的爱妻李怀恭老师特地为他制做了一套毛料中山装，可是陆先生一直舍不得穿，一直压在箱子底下。直到他逝世，这套新衣从未上过身。

陆先生名气越来越大，求字画者也越来越多，有时应接不暇。可是他从不收受人家礼物，跟钱根本不沾边。他压根没有想到如今他的字画竟是如此值钱，有很高的收藏价值了。

陆先生多才多艺，弹得一手好琵琶，也会吹箫。可是他从不进娱乐场所，根本不进电影院看电影。他有自己的思维逻辑：“我看一下电影说明书，就知道故事情节了，何必浪费宝贵的时间看电影呢！”老一辈学者大都和他一样，对什么“时尚”“新潮”、奇形怪状的打扮都不以为然。他的四个孩子深受老父亲的影响，个个衣着朴素，生活俭朴，勤奋好学是他们的家风。现在他们事业上各有成就，为报答慈父的教诲，他们共同合作编就了《陆维钊诗词选》，将由西泠印社出版社出版，这是最好的纪念。

陆先生一生坎坷，在战乱困苦环境中度过他的童年、少年、青年。大学毕业以后，他有过抱负，只想在古典文学、书画艺术领域有所作为。可是在过去“左”的路线下，他有志难伸。进了美院后，他想大干一番，一场突如其来的“文革”风暴使他的美好愿望破灭了。等到党的十一届三中全会以后，他已近耄耋之年，疾病缠身，生活依然清苦，可是他报效祖国的心更强烈了，培养接班人的志向坚决不动摇。他争分夺秒地工作，他的书法作品“同心干，放眼量”代表了他的心声。他在重病期间握着爱妻的手说：“我的病不能好了，我一生积累了不少资料，目前正是出成果的时候，却活不下去了，只要再给我5年时间就可以做好多事了。我要写的书至少会有一个眉目，有个交代，现在这样不明不白，一事无成，可惜啊，可惜！”

我们听了陆先生的遗言，深感愧对这位大师级的书法名家。他生前的生活是那么清贫，住房是那么简陋，待遇是那么不公平。如果我们在他生前能善待他，使他有宽敞明亮的居室，有丰厚的工资待遇，有舒畅的心情，他必然会活得更长久，培养更多年轻的才俊，更多地为国家创造出无与伦比的书画精品，这将对祖国的文化事业有多大贡献啊！

陆先生终于不无遗憾地驾鹤西去了。唁电唁函不断，在追悼会上无数热爱他的人自发前来向他做最后的告别。著名书画家余任天的挽联用了十个字，道出了大家的心声：

> 三绝诗书画，
> 一生恭俭让。

我心中默默念叨着：陆先生的精神不死，风范永存。陆先生永远活在我们的心中。

俞平伯心中的「杭州梦」

—文·徐雁—

丙戌清明后两日，由杭州归至南京，脑海中挥之不去的，是俞平伯、钟敬文、郁达夫诸老有关杭州的描述和情思。那描述大抵是工笔的，那情思却往往是写意的。工笔的文和写意的情，让八十年后游观杭州的我，不禁重重叠叠地感慨起“沧桑”这一条“人间正道”来。

1925年3月，俞平伯先生在《清河坊》中，曾经表达了对伦敦、纽约等“欧美名都的忙空气”的排斥，以及对杭州以清河坊为代表的“闹热中的闲散”和“闲散中的闹热”的欣赏；三年后，钟敬文先生在致广州友人的信中，也在嘉许着杭州的朴素、宁静和柔婉，称道着“这里虽然是浙江的省会，并且境地邻近所谓东方有名闻的商场的上海，但工商业却不见怎样发达，马路的努力开辟，也正是一年来的事……”可是到了1935年，郁达夫先生在《花坞》中，已经清晰地感受到了“有钱有势”这种社会功利对杭州民风的侵袭，不仅“花坞的住民变作了狡猾的商人”，而且连“庵里的尼媪，和退院的老僧，也不像从前的恬淡了，建筑物和器具之类，并且处处还受着了欧洲的下劣趣味的恶化”。

尽管如此，当年秋冬间，郁先生还曾与胡秋原、温源宁、老龙夫妇等好友同游，尝着了西溪这“西湖近旁的野趣”；而我于清明当日，也曾与友生们行走西溪，却只是处处见着了雕琢的斧痕和人工的拙劣，恰如七十年前温先生对西湖的批评：“湖光山色，太整齐，太小巧，不够味儿！”

此行既闻《杭州杂志》创刊，则不能无作，乃创意作此“说文解人”专栏，大抵凭文解读现代文士与杭州之笔墨因缘、人生际会，或可为湖山增色之一助，料此亦杂志不可或缺之典欤？

俞平伯先生的《湖楼小撷》《芝田留梦记》《清河坊》和《城站》，依次写于1924年4月、1924年11月、1925年3月、1925年10月，都收录在《燕知草》（上海开明书店1930年6月版）中。也就是说杭州最可人的春秋两季，俞先生都曾用文字为之剪影。尽管他在《湖楼小撷》之“楼头一瞬”中，曾为自己寓居杭州将近五年，对于西湖“惜墨如金”而暗唤惭愧。

至于第六个年头，俞先生笔下终于有了《芝田留梦记》，并在文章中自命为“江南之子”：“在杭州小住，便忽忽六年矣。城市的喧阗，湖山的清丽，或可以说尽情领略过了。其间也有无数的悲欢离合，如微尘一般跳跃着在。在这一意义上，可以称我为杭州人了。最后的一年，索性移家湖上，也看六七度的圆月。至于朝晖暮霭，日日相逢，却不可数计……”

瞧他眼中的湖山，那是身在西湖之孤山俞楼才有的视角——

> 从右看去，葛岭兀然南向。点翠的底子煊染上丹紫黑黄的异彩，俨如一块织锦屏风。楼阁数重停峙山半，绝顶上停停当当立着一座怪俏皮，怪玲珑，怪端正的初阳台，仿佛是件小摆设，只消一个手指头就可以挑得起来的。岭麓西迄于西泠。迤西及北，门巷人家繁密整齐……

瞧他心里的城站（老杭州人对杭州城火车站的简称），该是一个还乡青年的情怯吧？

> 城站无异是一座迎候我的大门，距她的寓又这样的近；所以一到了站，欢笑便在我怀中了。无论在那一

条的街巷，那一家的铺户，只要我凝神注想，都可以看见她的淡淡的影儿，我的渺渺的旧踪迹。觉得前人所谓“不怨桥长，行近伊家土亦香”，这个意境也是有的。

瞧他笔下的街市，又分明贯注着多少对人情往事的怀念！

这儿名说是谈清河坊，实则包括北自羊坝头，南至清河坊这一条长街，中间的段落各有专名，不烦枚举……杭州的热闹市街不止一条，何以独取清河坊呢？我因它逼窄得好，竟铺石板不修马路亦好；认它为typical杭州街。

我们雅步街头，则砣磴砣磴地石板怪响，而大嚷“欠来！欠来！”的洋车，或前或后冲过来了……我们雅步街头，虽时时留意来往的车子，然终不失为雅步。

Typical的意思是典型的、有代表性的。如此说来，清河坊就是作者心目中杭州街市的象征了，尽管它同他处的老杭州街道以及街道两旁的店铺一样，同样给人以“狭陋”和“逼窄”的观感。

由《湖楼小撷》而《城站》而《清河坊》，杭州何幸，赢得青年俞平伯一而再、再而三的佳文美墨？

作者其时正当二十五六之龄，恰是情真意挚的年岁。他精细地写了入住初居湖楼后的第一个春晨："耳际再不闻沉厉的厂笛和慌忙的校钟，惟有聒碎妙闲的鸟声一片，密接着恋枕依衾的甜梦。"（《湖楼小撷》）我发现，他对繁闹洋场的强烈厌倦："在上海作客的苦趣，形形色色，微尘般的压迫我；而杭州的清暇甜适的梦境悠悠然幻现于眼前了。"（《城站》）我看到，他对杭州氛围的嘉许："我在伦敦、纽约虽住得不久，却已嗅得欧美名都的忙空气；若以彼例此，则藐乎小矣。杭州清河坊的闹热，无事忙耳。他们越忙，我越觉得他们是真闲散。忙且如此，不忙可知——非闲散而何？"（《清河坊》）

然则与其说作者当日是在怀念昔日曾住的杭州，还不如说是在表达初到北京的不适应。他在《城站》里曾经遗憾地嘟囔道："到北京将近一年，杭州非复我的家乡了。"试看《燕知草》一集中，有多少文字是"写于北京""作于北京"的？

你看，当时北京的大街在他眼里是"破烂的"，北京的胡同在他笔下是“荒寒的”，北京的秋叶在他心中是“打抖”的，北京小贩的市声在他耳畔是“尖厉的”，北京人的寒暄则是“车骨碌”的……

另一方面，就《清河坊》来说，与其说作者当日是身在北京，念在杭州，毋宁说他怀念的是与妻子许宝驯及其女友在清河坊荡马路的种种美好旧光阴。

我以为，也许正因为有了“我俩和娴小姐同走这条街的次数最多，她们常因配置些零星而去，我则瞎跑而已……在这狭长的长街上，不知曾经留下我们多少的踪迹”的生动情节，才终于建构了如此浓厚的情结：“若我们未曾在那边徘徊，未曾在那边笑语；或者既有徘徊笑语的微痕而不曾想到去珍惜它们，则莫说区区清河坊，即十百倍的胜迹亦久不在话下了。”

难怪1928年12月19日，知俞氏甚深的朱自清先生于清华园寓所灯下，在《燕知草》序中说：

> 杭州是历史上的名都，西湖更为古今中外所称道；画意诗情，差不多俯拾即是。所以这本书若可以说有多少的诗味，那也是很自然的……但“杭州城里”，在我

们看，除了吴山，竟没有一毫可留恋的地方。像清河坊、城站，终日是喧阗的市声，想起来只会头晕罢了；居然也能引出平伯那样怅惘的文字来，乍看真有些不可思议似的。

其实也并不奇。你若细味全书，便知他处处在写杭州，而所着眼的处处不是杭州。不错，他惦着杭州；但为什么与众不同的那样黏着、惦记着？他在《清河坊》中也曾约略说起；这正因杭州而外，他意中还有几个人在——大半因了这几个人，杭州才觉可爱的。好风景固然可以打动人心，但若得几个情投意合的人，相与徜徉其间，那才真有味；这时候风景觉得更好……他依恋杭州的根源在此，他写这本书的兴趣，其实也在此。

在文中，朱先生还指实了俞先生的"意中人"，那是"几乎只是和平伯有着几重亲的H君的一家人——平伯夫人也在内；就这几个人，给他一种温暖秾郁的氛围气"，甚至连那《塔砖歌》与《陀罗尼经歌》，看上去好像在发挥着"历史癖与考据癖"，其实，"也还是以H君为中心的"。

实际上，除了“好静的”但“平日兴致极好的”（《西湖的六月十八夜》）H君和他的一家小儿女外，还有杭州家中堂会席间邂逅的C君呢，这女士可是“曾颠倒过我的梦魂”（《芝田留梦记》）的可人儿呢。

青年俞平伯，原是多情的骚客呢，多愁善感的“江南之子”呢。何况，“江南二月最可怜，家家芳草当门前；当门前，离离欲齐行客肩……朝朝中酒年年病，人到来年忆此年”（《江南二月》）；何况，“明日的人儿等着呢，今日的你怎能不去!”（《清河坊》）；何况，“追挽已逝的流光，珍重当前之欢乐，两无着落，以究竟将无所得也”（《燕知草·自序》）……

那么，能说俞平伯的杭州情结，不是眷恋人情之结么？而眷恋人情，或即追挽自已将泯的童心和未尽的春梦，也未可知呢。如此说来，多情的俞平伯之于《红楼梦》读而研，研而读，引曹雪芹为前尘知己，实在是大有因缘的呀。

“都云作者痴，谁解其中味?”我们对于《红楼梦辨》的作者，或者也当作如是观。

书法泰斗沙孟海也是一位资深的语言学家

文・鲍士杰

沙孟海早年丧父，母亲含泪决定，几个幼弟在家务农，全家先供养他一个人去读书。在这样的家庭经济背景下，沙孟海的内心十分痛苦，又不敢违拗母亲的决定，只好暗下决心，不辜负全家人对自己的期望。同学们见他除吃饭睡觉外，全天都在用红笔圈读古书，讥之为“画泥螺壳”，又很佩服他的学习精神，赞他“低首诵经史，冥心事述撰”。可见他做学问是十分刻苦的。

沙孟海30岁时就是广州中山大学教授，50岁时任浙江大学中文系教授。他的著作颇多，但他在社会上的书名太响亮，几乎无人不知道沙孟海是书学泰斗，书名掩盖了他教授学者的盛名。

陆维钊说：“古今没有无学问的大书家，我们浙江就有这个传统。从徐青藤、赵撝叔到近代诸家，他们的艺术造诣都是扎根在学问的基础之上的。一般的人只知道沙孟海的字写得好，哪里知道他学问深醇，才有这样的成就。”

现今的出版物上，介绍沙孟海书法、篆刻、金石、考古的文章较多，也抓住了他研究工作的重点。

但沙孟海的著作面很广，要全面介绍他广博的学识，包括他研究学问的方法，却还有许多方面的工作可做。本文只想就他在语言学方面的成就揭开小小的一角，自知浅陋，了解不多，抛砖引玉，以求教于读者。

1930年，沙孟海在广州中山大学发表了他的长文《助词论》，1936年又在南京补充定稿，费时之久，在他的著作中是罕见的。首先，文中引用的古籍资料甚多，如甲骨卜辞、金文、《周易》《诗经》《国语》《左传》《尚书》《论语》《礼记》《史记》《汉书》《文心雕龙》《说文解字》《广韵》《玉篇》、元曲……要从这些古籍中海里寻针，查找例词，很不容易。前人虽已做了不少工作，但引用时他也得重校，比较选录，最后写下助词表。这真是踏踏实实地做学问，不知花了多少苦功夫，仅补充定稿就耗时六年，这是非常人能做肯做的事。其次，文中将助词的发展，明清以前定为三个时期，明清以后直至今日语体文使用助词定为第四时期，这里有他的创见。其中对《诗经》《论语》、元曲的分析，尤为精到，有很多胜过前人的地方。

《训诂广例》是沙孟海阅读了清道光元年（1821）举人王筠的《说文释例》后写的文章，沙孟海时年40岁。王筠对《说文》一书钻研得很深，能做到条分缕析、剖判精到，解说每例，都分正例、变例。后人评论王氏之书有“标举邮缀，扶翼表襮之功，视段桂为伟”（引自林尹《训诂学概要》），把他说得比段玉裁、桂馥还好。沙孟海在肯定王筠“发前人所未发”的同时，却很不满足地说：“然犹憾其言之未尽，辄广其例如左方。”用以义为主结合形、音推而广之地分类写出六段训诂例字，也是前修未密、后出转精的论述。

值得一说的是，当时是1939年，正值抗日战争的困难时期，沙孟海不顾自己初到重庆，生活条件很差，身边没有可借阅的图书资料的现实，仍能安心埋头在古籍的校勘、训释上耗费精力。这种刻苦治学的精神，是足令我辈敬佩的。

《转注说》是沙孟海50岁时在上海写出的一篇分量很重的短文。

许慎的《说文解字》是我国语言学史上第一部分析字形、说解字义、辨识声读的字典，也就是以六书的原则，用字的形、音、义来对篆字进行分析。“转注”就是六书的原则之一。可是1800多年来，中国的文字学家连什么是转注还各有不同的解释，大家各说各的，互不信服，越讨论越糊涂。沙孟海首先将这一状况的根源找出来，说是许氏对转注的“建类一首，同意相受”的“语意至晦，遂起后学之争讼”。接着沙孟海就横扫千军，把历代一些著名的文字学家逐一点名并指出错误的论点。他们是：贾公彦、徐锴、江声、陈澧、戴震、段玉裁、王筠、赵宧光、王鸣盛、张有、杨慎、顾炎武、朱骏声、戴侗、周伯琦等。批评他们的观点“皆与《说文》‘建类一首，同意相受’之惜未符”。最后，沙孟海亮明自己的观点，说出许慎的本意，解释什么是转注真正之义（原文不引）。全文13行、366字，加上标题及写作的时间地址共380个字，却解决了1800多年来争论不休的一个大问题，所以说它是一篇分量很重的短文。

1949年前夕，蒋介石为编写直系小家谱，数次召见沙孟海。为了避免蒋的纠缠，1949年3月沙孟海躲进中央研究院上海办事处，悉心研究文字学中之“转注”问题。5月初脱离办事处，秘密转移至三弟沙文汉家，继续研究“转注”问题，并写出《转注说》。我们知道4月23日南京解放，5月3日杭州解放，《转注说》就是在炮声隆隆中上海解放前夕写成的。沙孟海的一生，经常处在历史转折时期，他总是处变不惊，沉着应对。文汉的家就是一座被敌人围困的战斗堡垒，在这种险恶的环境下，沙孟海仍能安心地研究并写出高质量的论文，足见他大无畏的人格魅力。

沙孟海对古代汉语有深入的研究，在训诂学、文字学和语法学方面都有著述，在沙孟海文集里占有重要的地位。沙孟海在现代汉语方面也有重要的贡献，对中央的文字改革方针非常拥护和支持。但他的研究成果，有的尚未收入文集，有的尚未完稿，有的还鲜为人知，有待征集。仅就我所知者，略说一二。

1952年著有《汉字分笔排检法》（与包稚颐合作，1961年《文字改革》819期选刊了此排检法之提纲）。这是一种查汉字较快的方法，沙孟海拟编了《分笔字典》，据说已请一位宁波同志开始编写，至1994年仍在进行中，但不知结果如何。

沙孟海拥护文字改革，1954年创制了汉字笔画的《汉语拼音方案》（与包稚颐合作）寄北京中国文字改革协会。

中国文字改革协会到1955年8月31日截止收稿，共收到海内外633位创制人寄来的655份汉语拼音方案，但经过讨论修正，最后通过的方案只有一个。可以说，这633位方案的创始人，“他们虽然不是直接地，但是间接地参加了现在提出的这个汉语拼音方案（草案）的拟订工作”。周有光代表拼音方案委员会说的这番话，是对包括沙孟海在内的寄交拼音方案创始人的充分肯定。

沙孟海也很关注简化汉字。在简化汉字表公布之前，他就写简化字，有时是繁简字互见的。简化字表公布之后，在他的手头上，有好几本简化汉字总表，经常翻阅临习，努力掌握和使用简化字。在他起草文稿、写家书和给友人书信时，是以简化字为主的。他掌握简化字的熟练程度，不亚于中小学教师。这对于一位年事已高的老人来说，要改变原来的书写习惯，需做出多么大的努力啊！沙孟海是位大书法家，经常要与文字打交道，在社会上一般人见到他的书法作品中大多是繁体字的，便以为他是主张写繁体字的，这其实是一种误解。艺术创作中的书法和日常生活应用中写字是不同的，他在文稿、书信中已作出榜样，提倡简化字。他的书法作品用繁体字，一方面是政策上允许书法家在艺术创作中使用繁体字，另一方面是应求书者的愿望而为之，他采取“主随客便”的态度。如有求写简化字的，他也会乐意接受，这样的例子也很多。在他的书法作品中，我从未发现过繁简字互见的现象，这说明他的创作态度认真，驾驭文字的能力极强。

沙孟海的书名太响亮，掩盖了他其他方面的成就。其实，书法泰斗沙孟海也是一位资深的语言学家。

杨之华与鲁迅的深挚情谊

—文·陈志根—

杨之华（1900—1973），浙江杭州市萧山区瓜沥镇坎山人。1919年5月，求学于浙江女子师范学校。1920年曾去上海《星期评论》社工作。1921年春回萧，后与宣中华等在萧山“衙前农村小学”教书，积极参与衙前农民运动。次年考入上海大学。1924年11月，与瞿秋白结为伉俪，并由瞿秋白、向警予介绍，加入中国共产党，后在上海从事工人运动。1925至1927年间，参加了“五卅”运动和上海工人武装起义。她曾出席了党的第四、五、六次全国代表大会，并当选为第五届中央委员。1949年后，历任全国妇联副主席兼妇联国际部长等职。

从桑梓视野看，杨之华是萧山的三大杰出女性之一（另两大为清末单士厘和与她同时代的楼曼文），是杭州、浙江的名人；从中共党史上的历史地位看，杨之华“既是投身于实践斗争的妇女先驱，也是妇女解放思想理论的早期贡献者”，是我党早期妇女运动的领袖，是杰出的女工群众工作领导者。然而长期以来，“在中共党史、中国妇女运动史上、中国工人运动史上，杨之华研究是个新课题，还没有人作过全面的梳理、认真的考证和全方位的评价”。宣传、研究杨之华的思想和身世的活动、著作屈指可数。1983年是杨氏逝世十周年，安徽人民出版社出版了《回忆杨之华》一书；2000年是杨氏诞辰一百周年，杨之华的故乡萧山召开了一场座谈会；2005年5月，陈福康、丁模所著的《杨之华评传》由上海社会科学出版社出版；2018年11月，其女儿瞿独伊编注出版了《秋之白华——杨之华珍藏的瞿秋白》。这些活动和著述还不足以与杨之华的历史地位相匹配。

杨之华与鲁迅的交往，是杨之华一生中的重要事件。一直以来，“杨之华与鲁迅夫妇之间的许多事往往被忽视了，或者只是简单地提及”。杨之华与鲁迅的交往，有三种形式，即当面交往、偕丈夫在鲁迅家避难和书信交往，彰显着杨鲁间深挚的情谊。

一

1931年6月，杨之华、瞿秋白夫妇经由冯雪峰介绍，始隐居于上海南市紫霞路68号谢旦如、钱云锦夫妇家。在此处，瞿秋白撰写和翻译了大量的文章，杨之华也开始学习翻译，并“破例”创作了几万字的小说《豆腐阿姐》等，同时也开始了杨之华、瞿秋白夫妇与鲁迅夫妇的交往历程。

1932年夏秋之间，鲁迅与杨之华夫妇初次见面。时由冯雪峰陪同，杨之华夫妇前往拜访居住于上海北川公寓三楼的鲁迅夫妇。9月1日上午，鲁迅同夫人许广平带着儿子海婴，前往南市紫霞路68号回访杨氏夫妇。杨之华特地到饭店叫了几个菜，招待鲁迅夫妇。

那时候由于国民党实行白色恐怖，相互来往极不方便，杨偕丈夫还是于9月中旬抵北川公寓访鲁迅，鲁迅“留之饭”。1933年2月间，杨之华与其丈夫紧急撤离居住近两年的紫霞路68号，先在鲁迅家居住。3月初后，住进了鲁迅为杨之华夫妇所租的四川路底施高塔路东照里12号处的房子。一个多月后，即4月11日，鲁迅也搬到马路对面的大陆新村9号。从此，杨之华夫妇与鲁迅几乎天天见面，尽情交谈。6月初，杨氏夫妇从东照里12号搬出，住进王家沙鸣玉坊（今南京西路646弄）一家花店的楼上。7月5日，杨氏夫妇邀请鲁迅到自己的新住处吃饭，并交给鲁迅一封感谢信，以及瞿秋白译稿《解放了的董·吉诃德》。

总之，自1932年夏秋至鲁迅病逝的四年间，不论是她与丈夫同在上海期间，还是丈夫瞿秋白因革命需要离开上海，去江西中央苏区，杨氏与鲁迅面对面的交往是相当频繁的。

在上海期间，由于环境的恶劣，杨之华夫妇还曾多次到鲁迅家中避难。鲁迅总是想方设法掩护他们，亲自为他们找房子，好使他们有个安身之处。然而往往住不了多久，他们又得到警报，又得搬房子。

第一次避难是在1932年11月下旬，党组织送来警报，告知杨之华被叛徒盯梢。由于瞿秋白已转移到鲁迅家，为了避免把叛徒带到鲁迅家，杨之华只好在马路上转了三天三夜。鲁迅和瞿秋白均很担心，便请一位同志设法找到杨之华，直到天黑，确信没有叛徒追随，杨之华才去了鲁迅家。直至12月23日深夜，全国总工会党团书记陈云受党组织的委托，来到鲁迅家接走杨之华夫妇，转移至其他安全地方。期间，鲁迅夫妇多次与杨之华夫妇共进晚餐。其中，12月11日，鲁迅夫妇挑选六种菜肴，邀请杨之华夫妇和冯雪峰、周建人等共进晚餐。为了感谢鲁迅的热情，12月25日，杨之华托人购买火腿爪，并附有其丈夫瞿秋白答谢信，捎给鲁迅。

第二次避难是在1933年2月间，杨之华与丈夫紧急撤离居住近两年的紫霞路68号，由上海临时中央局组织部长黄文容护送，再次来到鲁迅家避难。其时瞿秋白担任的工作相当重要，为敌所忌，搜捕甚急。为此，鲁迅送给瞿秋白的许多书均无法带走。此次住的时间不长，2月底便走了，住进了鲁迅为杨之华夫妇所租的房子，即四川路底施高塔路东照里12号。

第三次是1933年7月下半月，因住处附近有可疑情况，她与瞿秋白冒着大雨，于深夜两点左右一起来到鲁迅家中。这次避难之际，瞿秋白要完成编《鲁迅杂感选集》并写序言。他一连三天，白天装生病，在床上看完了鲁迅杂感，第四天晚上执笔写序，一连几个晚上便完成了。鲁迅看后很满意。瞿秋白所编的《鲁迅杂感选集》，选自1918至1932年鲁迅所写的七十四篇文章。瞿秋白的这篇序言，对鲁迅作了高度的评价。

三次避难，杨之华终生难忘，十分感激，曾说：“在我俩最困难的日子里，鲁迅夫妇帮了我们很大的忙，每逢我同秋白逃到他们家里，不论是白天还是夜间，他们不顾窝藏共产党要杀头的风险，总是热情接待，有时没地方睡，就把他俩的睡床让给我们，他们自己睡在地板上。”

二

除了面对面地交往、到鲁迅家避难外，杨之华与鲁迅之间，还有着频繁的书信往来。

杨之华第一次给鲁迅写信是在1932年的9月18日。此次，她在给鲁迅信的同时，赠送给周海婴“金铃子壹合，叫呱呱二合，包子一筐”。从此直至1936年10月19日鲁迅病逝的四年间，进行了频繁的书信交往。特别是1934年的8月，分别于8月5日、7日、15日，三次给鲁迅写信；12月23日、31日，又两次给鲁迅去信，频率很高。鲁迅长杨之华十九岁，可谓是杨之华的长辈，杨之华如此密集地给鲁迅写信，可见杨之华对鲁迅的信赖，两人情谊之深。

1934年初，瞿秋白离沪去苏区后，由于地下党组织被严重破坏，去苏区的交通断绝，杨、瞿之间的联系中断，鲁迅成了杨瞿之间的特殊联络员。1935年春，瞿秋白被俘。3月至4月，鲁迅、周建人收到瞿氏在福建上杭监狱中写的信后，到处找杨。但那时，杨之华也处在危险之中，同时为了鲁迅的安全，她和鲁迅的联系也暂时中断了。鲁迅找了杨二十多天，叫她“赶快来取信”。杨之华得知瞿秋白被俘的消息后，请鲁迅积极奔走设法筹资营救，但6月18日，瞿秋白在福建长汀西门外罗汉岭前英勇就义。《中央日报》《申报》作了报道。鲁迅在1935年6月27日和9月1日致友人的信中说：“中国人是在自己把好人杀完，秋即其一。……中文、俄文都好像他那样的，我看中国现在少有。”“瞿若不死，译这种书（指《死魂灵》）是极相宜的，即此一端，即是判杀人者为罪大恶极。”字里行间溢满悲愤之情。

瞿秋白牺牲后，1935年9月初，杨之华在中共驻共产国际代表团的安排下，与陈云、陈潭秋、曾山等离开党组织屡遭破坏、处境危险的上海前往苏联。虽然苏联与上海路途遥远，但杨之华仍继续与鲁迅保持着书信联系，于1935年12月23日、31日，1936年6月16日，7月1日、17日，五次给鲁迅去信。她还根据鲁迅吸烟的嗜好和对木刻艺术的喜好与倡导，寄去了石雕烟灰皿二个和亚历舍夫及密德罗辛木刻集各一本。1936年7月2日，鲁迅于日记中记下了此事。

鲁迅也于1936年2月7日给杨之华邮寄《文学丛刊》及“一礼拜前代发一函”。1936年7月17日，鲁迅又写给“尹兄”（即杨之华）一封回信。这就是鲁迅在当日日记中记载的——“得文尹信，下午复”的这封回信（此信发现于2003年上半年，是一封尚未被收录进《鲁迅全集》和《鲁迅书信集》中的信，因长期封存一直未被发现的鲁迅佚信）。

这封信的全文如下：

尹兄：

6月16日信收到。以前的几封信，也收到的，但因杂事多，而所遇事情，无不倭支葛搭，所谓小英雄们，其实又大抵婆婆妈妈，令人心绪很恶劣，连写信讲讲的勇气也没有了。今年文坛上起了一种变化，但是，招牌而已，货色依旧。

今年生了两场大病，第一场不过半个月就医好了，第二场到今天十足两个月，还在发热，据医生说，月底可以退尽。其间有一时期，真是几乎要死掉了，然而终于不死，殊为可惜。当病发时，新英雄们正要用伟大的旗子，杀我祭旗，然而没有办妥，愈令我看穿了许多人的本相。本月底或下月初起，我想离开上海两三个月，作转地疗养，在这里，真要逼死人。

大家都好的。茅先生很忙。海婴刁钻了起来，知道了铜板可以买东西，街头可以买零食，这是进了幼稚园以后的成绩。

两个星期以前，有一个条子叫我到一个旅馆里去取东西，托书店伙计取来时，是两本木刻书，两件石器，并无别的了。这人大约就是那美国人。这些东西，都被我吞没，谢谢！但M木刻书的定价，可谓贵矣。

秋的遗文，后经再商，终于决定先印翻译。早由我编好，第一本论文，约三十余万字，已排好付印，不久可出。第二本为戏曲小说等，约二十五万字，则被排字者拖延，半年未排到一半。其中以高尔基作品为多。译者早已死掉了，编者也几乎死掉了，作者也已经死掉了，而区区一本书，在中国竟半年不能出版，真令人发恨（但论者一定倒说我发脾气）。不过，无论如何，这两本，今年内是一定要印它出来的。

约一礼拜前，代发一函，内附照相三（?）张（原文如此），不知已收到否?我不要德文杂志及小说，因为没力气看，这回一病之后，精力恐怕要大不如前了。多写字也要发热，故信止于此。

俟后再谈。

迅上。七月十七日

密斯陆好像失业了，不知其详。谢君书店已倒灶。茅先生家及老三家都如常。密斯许也好的，但因我病，故较忙。(**原载《人民日报》，2003年6月25日，第9版**)

杨之华接到鲁迅的最后两封信是在1936年9月。一个月后，鲁迅就病逝了。杨之华惊哀交集，“还在幻想消息不确。哪知到十一月间，在朋友处见到国内寄来的杂志，消息证实了！我的神经由兴奋转到麻木，无可奈何读先生著作以自慰”。“当我读着他的作品的时候，我并不觉得先生已死，他是永久活在我们读者的心里!”据笔者依据《杨之华年谱》所查，杨之华给鲁迅的信达十五封之多。

杨之华与鲁迅的交往中，鲁迅还是杨之华创作的引领人。当鲁迅拿到杨之华所创作的小说《豆腐阿姐》时，就毫不耽搁地改了错字，在错字旁还端正地分别写出楷体和草书字样，还用纸包得方方正正，用绳子扎得整整齐齐。它让杨之华深深体会到鲁迅的认真负责精神和对学习写作的青年的亲切关怀。同时，鲁迅还校看了杨之华的译文《一天的工作》和《岔道夫》等。

三

杨之华对鲁迅的深厚情谊，并没有随着时间的流逝而淡化。1936年12月9日，是鲁迅病逝后的两个月，杨之华撰写了《回忆敬爱的导师——鲁迅先生》的文章，载于1937年2月10日的《救国时报》。几十年后，至70年代初，她依然是刻骨铭心，就在她临终的前两个月，还对女儿瞿独伊说："我很怀念鲁迅，为纪念他而做了一首诗，但我没有办法写下来，我没有笔，笔被没收了。为了不忘记，我每天早上对自己背一遍。"在她临终前一天，当胡愈之和沈兹九夫妇及周建人夫人抵医院看望她时，她又一次回忆起和鲁迅在一起的往事，以及她做的纪念鲁迅的诗。

晚年，杨之华之所以如此敬重鲁迅，一是因为鲁迅非常理解她的丈夫瞿秋白，当年鲁迅曾给瞿氏写了著名的对联："人生得一知己足矣，斯世当以同怀视之"；二是当年正处于左倾思潮严重的"文化大革命"之中，杨之华不能直接表示对其丈夫的深切怀念，她便将深情思念寄托于丈夫的亲密战友鲁迅。

不论是杨之华给鲁迅的信，还是鲁迅给杨之华的信，均有着重大的历史价值，不仅是研究杨之华与鲁迅深情厚谊的重要资料，也是研究鲁迅的重要文献。如上述的1936年7月17日，鲁迅给杨之华的回信，被称为莫斯科——上海的"两地书"，就是珍贵的史料，承载着重要的信息：一是透露了鲁迅对杨之华丈夫瞿秋白的怀念。瞿秋白是鲁迅最亲密的战友，两人肝胆相照。病中的鲁迅为纪念、缅怀牺牲的战友，抱病抓紧时间整理出了瞿秋白的遗译、遗著《海上述林》，并已经或准备交付印行。鲁迅信中的叙述，折射出鲁迅非常盼望此书能早日出版的迫切心情。二是透露出鲁迅当时的心情，“想离开上海两三个月，作转地疗养”，暂时改变一下所处的环境，放松身心（鲁迅后来并未离开上海），及当时鲁迅情绪波动的原因，即左翼文化阵营内部的分歧。它折射了鲁迅当时的思想与情感，见证了一段历史，显得弥足珍贵。

杨之华与鲁迅的交往发生于上海，所以，还是研究上海地方党史的重要史料，也是研究中共党史不可或缺的史料，对于我们当前不忘初心，干在新时代，勇毅前行也有着重大意义。

杭州、萧山若建名人馆，应该将杨之华列为人选，不仅应该将经过瞿秋白修改、现已收入《瞿秋白文集》的杨之华翻译稿及1950年12月31日毛泽东给杨之华的信影印展出，而且应该将影印的杨之华与鲁迅的交往书信亦入馆展出。

笨是治学的本钱

—文·范一直—

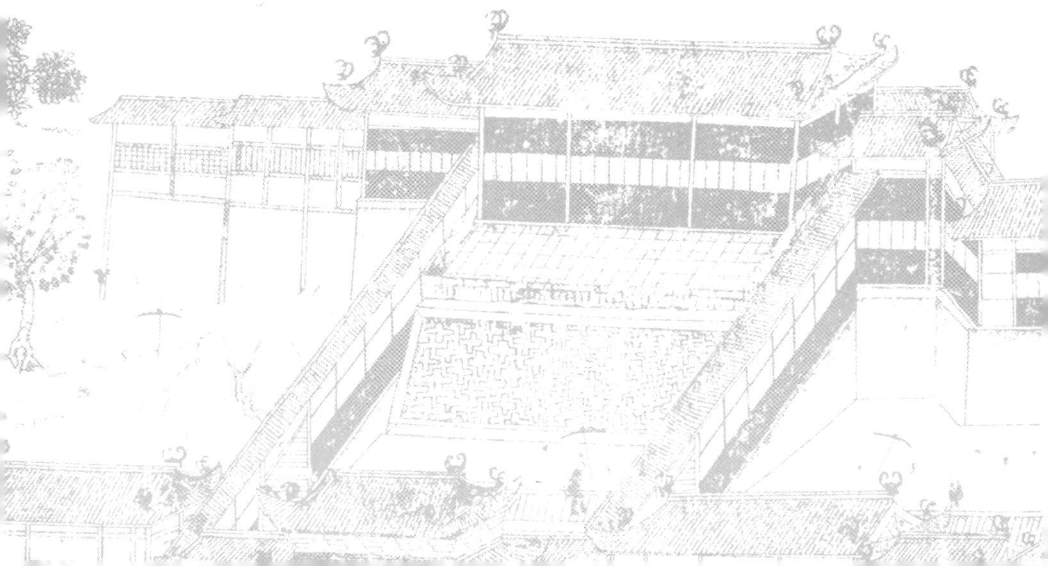

曾在原杭州大学中文系任教的几位老师，特别是中国古代文学研究泰斗级人物——夏承焘和姜亮夫，在谈到治学体会时，都标举一个“笨”字。

夏承焘（1900—1986），晚年改字瞿髯，温州人。夏先生毕生致力于词学研究和教学，乃现代词学开拓者和奠基人，被胡乔木誉为“一代词宗”“词学宗师”。他早年入清华国学研究院，师从王国维、梁启超、陈寅恪等一代宗师。晚年回顾学术道路时，他说：“笨是我治学的本钱。”在他眼里，读书没有捷径，不能取巧，只有下笨功夫才能渐入佳境。夏老对“笨”字有一别开生面的解释：“笨”，从“竹”从“本”，头上顶着竹册，这是教人勤奋用功，而用功是治学之本。他说自己天资低，故加倍发奋苦学，一辈子除了生大病，没有一天离开过书本。做学问最重要的是下笨功夫多读书。

夏承焘

夏承焘嫡传弟子，原杭

州大学中文系吴熊和教授（1934—2012）虽是大才子，但师承夏承焘先生以“笨”治学的真功夫，在唐宋词学、词学文献学等领域卓然自立，成就非凡。

姜亮夫（1902—1995），云南昭通人。在楚辞学、敦煌学、语言音韵学、历史文献学等方面卓有建树，其学术视野宏远，研究范围宽阔，学界赞其“宽无涯涘”。晚年他在《自传》中说：“最近一位友人给我的信上说：‘当斯时也，卖野人头者，以夹缚训诂逞学力，以颠倒是非炫才华……然先生甘淡泊，耐勤劳，为学术贯通，治学求谨严，老老实实作学问，越半个世纪……’云云。赞赏我的话，惭不敢当，但说我不卖野人头，念歪嘴经，倒略略近之……实在只是一个‘笨’字了得。”姜老治学，追求“铢两悉备，确切

姜亮夫

深透”，乐干苦力活、肯下笨功夫。20世纪30年代中后期他留学法国，在巴黎看到早年流散出去的敦煌文物和经卷，用最笨的方式抄录、描摹。很长一个时期，他每天从上午抄到晚上博物馆关门，午饭用白开水吃点干面包充饥。完成此项工程时，他的近视加深了六百度！真是“一个‘笨’字了得”。

还有一位原杭大中文系教授徐朔方（1923—2007），原名徐步奎，东阳人。这位元明清戏曲小说研究大师级人物，也强调治学要肯花笨功夫。其外甥在《怀念徐朔方先生》一文中说：“我舅舅常说自己不聪明，靠的是笨功夫。”顶尖学者，其成就离不开深切而恒久的笨功夫。

徐朔方

如今学界“聪明人”或自以为聪明的人满天飞，甚少肯以笨功夫为治学本钱的“愚公”和“笨伯”。胡适说：“这个世界聪明人太多，肯下笨功夫的人太少，所以成功者只是少数人。”钱穆也说：“古往今来有大成就者，诀窍无他，都是能人肯下笨劲。”聪明绝顶的钱锺书谈治学心得：“越是聪明人，越要懂得下笨功夫。”学问之类真正的好东西，都是聪明人下笨功夫做出来的。

1978年秋，笔者考入原杭大中文系时，在开学典礼上聆听过姜亮夫先生给新生的讲话。三十八年过去了，母校早已被裁撤，几位师尊也已仙逝。如今，在“智叟”多如过江之鲫的学界，将笨功夫当作治学本钱者几希。而学界外既不聪明，又不肯下笨功夫的我辈，平时爱喝个茅台镇出产的酱香型“笨人煮酒”，饱食终日，游谈无根，愧对师长。

璀璨茶星赵朴初

—文·戴盟—

我在《茶为国饮促和谐》一文中，曾说赵朴初老应尊为茶人典范、“茶界之星”。

他是诗人、书法家，又是茶人。他生长于茶乡，以茶为伴，毕生爱茶。他是人清如茶的学者，是茶禅一味的高士，是茶与翰墨结缘的典范，

赵朴初

是积极将中国茶文化推向世界的社会活动家；同时又是国家领导人，还是率先倡导茶为国饮的先行者。他提出“净化人心，祥和社会”的人间佛教思想，对构建和谐社会也有积极影响。如此集诸多茶缘于一身的“茶星”，又兼廉敬清和，堪称茶德养风的精神化身，是古代所无、当代罕有的茶人楷模！他是当代咏茶词写得最好最多的一位诗人，在《赵朴初韵文集》中，与茶事有关的诗词有近百首，现就读其茶诗后，谈点感受。

广结茶缘播友谊

人清如茶，是我对赵朴初老的真实感受。他与茶结缘，由来已久。早在1982年，就在《人民日报》上刊载了《汉俳五首》，他在“小引”中提及，这是该年3月20日时，于京都清水寺访百八老人大西良庆老所作。五首中的第二首是：“茶话又欣同，深感多情百岁翁，一席坐春风。”这次访问，清水寺赠朴老一木茶盘为茶寿纪念，上刻长老手书“吃茶去”。

关于“百八老人”，原文后有说明：日本以一百零八岁为“茶寿”，盖“茶”字之“艹”为二十，加上下面其余笔画“八”“十”“八”，合为百八。

我国一本有名的画册《中国——茶叶的故乡》，中央领导曾用来作为礼品，赠送外国贵宾，书名就由朴老书写，并为画册题诗：

> 东瀛玉露甘清香，楞伽紫茸南方良。
>
> 茶经昔读今茶史，欲唤天涯认故乡。

自注说：“日本宇治产玉露茶，甚佳。斯里兰卡

(古称楞伽)产红茶,有名于世。”

这首诗,是从茶的历史、茶经名著及茶的诸多珍贵史料,来唤起天涯的茶友一起读茶经、研茶史、认识中国是茶的故乡,从而引发大家对茶的故乡的热爱,爱我华茶,兴我华茶,并广结茶缘,广交茶友。

1989年,他又为中国茶文化展示周题诗:

七碗受至味,一壶得真趣。空持百千偈,不如吃茶去。

1990年秋天,北京成立中华茶人联谊会。我和茶学界的陈观沧、阮浩耕等都应邀参加了这次盛会。朴老当时因病住院(原拟来参加大会,后因临时有外事活动而未能前来),特从医院送来了贺诗,在会上展示了诗幅并请人朗诵:

不羡荆卿游酒人,饮中何物比茶清?
相酬七碗风生腋,共吸千江月照心。
梦断赵州禅杖举,诗留坡老乳花新。
茶经广涉天人学,端赖群贤仔细论。

清新的诗句，伴着缕缕的茶香气，沁入茶人的心田。而浓浓的禅意，深邃的学养，对茶学、茶文化的深入研究提出殷切的期望。

十八年过去了，我深感天人合一的茶文化，还有待进一步仔细钻研，而广结茶缘，更是大有文章可做。

饮茶思母不忘家

朴老对故乡的黄山太湖茶，情有独钟，曾有诗赞《咏天华谷尖茶》：

深情细味故乡茶，莫道云踪不忆家。
品遍锡兰和宇治，清芬独赏我中华。

“天华谷尖”是1986年恢复创新的名茶，产于安徽太湖县，这里是朴老的故乡，地处大别山南麓，明清时期曾有名茶“南阳谷尖”，闻名遐迩，后来失传。1986年研制出新的名茶，易名“天华谷尖”，天喻山之高，华为物之精，谷比茶形，又合时令，一语双关，颇有新意。茶是故乡美，朴老认为“天华谷尖”比锡兰的红茶、日本宇治的绿茶都更耐人寻味。

写黄山太湖茶的还有《与述之兄晤聚于方行、辛南伉俪家，谈笑竟日，述兄以故乡新茶相增，漫成一绝，以博一笑》：

相逢白首老娃娃，前进终输历史车。
阅世但当开口笑，举杯相劝太湖茶。

另一首《谢史钧杰赠茶》也值得一读；

碧鲜玉润春留色，仿佛兰香远益清。
梦寐黄山云雾妙，感君启我故乡情。

特别是有一首《黄山茶》（节选）：

今饮黄山茶，老大忽思家。
吾母撮新叶，轻手藏荷花。
翌晨开线裹，妙香无复加。
八十余年过，追攀感天涯。
我曾游黄山，饱饮黄山茶。

今如遇故人，飘缈梦云遐。

朴老已到耄耋之年，深念少儿时，母亲手制荷花线裹窨制香茶，一种思母、思茶、思故乡的真挚感情，浑然一体，令人敬仰。

禅心茶韵润诗情

朴老平生不喝酒，不抽烟，自称“茶篓子”，素食清茶伴一生。在一首诗中：“平生蔬食惯，老不知肉味。佳茗及香菰，拜赐大欢喜。”另一首《临江仙》词中说：“茶香留味永，蔬食助神清。”

朴老待人以“茶宴”，我曾有幸参加过一次。那是在北京召开中华诗词学会成立大会时，他邀了几位熟悉的诗词界朋友，在广济寺吃素斋。席上，朴老自己饮茶，我们喝茶和别的饮料。应邀的有著名学者、诗人苏渊雷（钵翁），他的老乡叶尚志教授和朴老的夫人陈邦织同志等，我也有幸奉陪。“以茶代酒”“以茶结缘”，席间没有限定的话题，那种忘我、忘人、忘年交的境界，以及朴老的谦和、钵翁的豪放，以至诗茶一味也好，茶禅一味也好，香菇笋蔬，淡泊清幽，无甜俗气，有田园风，隽永得令人久久不能忘怀。

他晚年常常卧病，在病中也“茶香朝夕药香俱”。在一首《浣溪纱·病中偶作》中说：“斗室回旋地有余，一壶苦茗半床书。窗前万绿炫明珠。”在《病房生活十三首》中说：

清心须清腹，日摩三百回。
何事最堪喜？饮茶第一杯。

茶有诸宗派，种制各有异。
但以喜心饮，一一有禅意。

吾爱荣西师，茶禅一味语。
和敬与清寂，四海来今雨。

朴老在北京医院时，一次请同住医院的剧作家曹禺品茶，说：“清心须清腹，我最喜欢的是早上起来，泡上一杯好茶。”曹问朴老：“你喝茶，可有禅意？”朴老答："但以喜心饮茶，就有禅意。"他以喜心饮茶，喜心待人，喜心利他，以茶结缘，广交四海五洲的旧交新雨。

茶作诗人料，茶清诗也清。他一生写下的与茶有关的诗，粗略统计有近百首。他为中国茶文化展示周题的诗，曾被谱为《吃茶去》曲，广为传唱。他于1991年为中日茶文化交流八百周年纪念曾题诗：

> 阅尽几多兴废，七碗风流未坠。
> 悠悠八百年来，同证茶禅一味。

他曾吟诗："不羡荆卿游酒人，饮中何物比茶清。"又在另一首诗中说："我道茶人胜酒人，饮中无物比茶

赵朴初书法

清。”在《老人何妨所好二首》中说：“新茶荡心胸，文思发奇葩。”还有诗句：“清茗助清思”“诗味共茶清”“禅味欣欣茶味俱”……

他有一首《武夷山御茶园饮茶》，写“茶醉”的真情实感，道他人所未道，在茶诗中别具一格：

云窝访茶洞，洞在仙人去。
今来御茶园，树亡存茶艺。
炭炉瓦罐烹清泉，茶壶中坐杯环旋。
茶注杯杯周复始，三遍注满供群贤。
饮茶之道亦宜会，闻香玩色后尝味。
一杯两杯七八杯，百杯痛饮莫辞醉。
我知醉酒不知茶，茶醉亦如酒醉耶？
只道茶能醒心目，那能朱碧乱空花？
饱看奇峰饱看水，饱领友情无穷已。
祝我茶寿饱饮茶，半醒半醉回家里。

醉翁之意不在酒，茶醉之意又岂在茶？什么是茶诗一味、茶禅一味，从这首诗中，也许会约略体味到其中的三昧！

有位孙顼波曾寄诗给朴老，“京廊道上曾相见，黄浦江边忆旧踪。禅心诗笔兰亭序，三绝合推一代宗”，评论比较恰当，并非过誉。

人品如茶更胜茶

朴老在一阕《临江仙》中说：“忘却纷纭尘世事，清泉真个清心。”在1996年10月书于北京医院的诗句：

生固欣然，死亦无憾。
花落还开，水流不断。
我兮何有，谁欤安息。
明月清风，不劳寻觅。

比之“宠辱不惊，看庭前花开花落；去留无意，任天外云卷云舒”之类的哲人的话，更为超脱。

朴老刊有韵文集一箧，分上下两册，收有各体韵文一千九百八十五首，编次为十卷，另附《无尽意斋对联存稿》一卷，收对联二百七十副。

朴老一生与国运同休戚，与时代共呼吸，为时而作，为事而作，感情真挚，韵味悠长。以“韵文集”统称，是作者的本意（他曾在致陈邦炎先生信中说：“颇思搜集八九年来诗、词、曲、汉俳及对联等稿编成一集，加上铭、颂之类的文字，可否名之曰《某某韵文集》”）。这种编撰法，对我们也颇有启迪。

朴老逝世时，我曾写过挽联一副：“人淡如茶，书诗逸情，无尽奇珍供世眼；学深似海，德高志远，一轮圆月耀天心。”“无尽奇珍供世眼，一轮圆月耀天心”原为朴老纪念李叔同先生的诗句，此处借用，借以表达景仰朴老之人品与艺品。

2007年11月，当朴老一百年诞辰纪念会在北京召开时，巧逢“嫦娥一号”探月发射成功，我又写诗一首以志感：

嫦娥绕月成功日，巧值诗翁百岁时。
月耀天心心耀月，月明心净两相如。

愿“茶星”璀璨，茶德常存。明月清风，千秋永在。

侠骨文心话陆蠡

—文·陈大新—

中国在抗日战争期间被日本宪兵害死的作家有多少？手头没有相关的统计资料，但最让人痛心的两位浙江人是杭州富阳的郁达夫和台州天台的陆蠡，郁达夫死时五十三岁，陆蠡仅三十四岁。

陆蠡，原名陆考源，字圣泉，浙江天台岩头下村人。1935年，陆蠡应文化生活出版社的社长吴朗西之邀来到上海，任出版社编辑。吴朗西和陆蠡是杭州之江大学高中部的同班同学，还一起在福建泉州平民中学教过书，十分投缘。1938年初，日军进入租界，形势恶化，时任临海回浦中学校董的朱洗，请陆蠡去教语文，同时被邀教英语的还有翻译家许天虹。朱洗是临海店前人，与陆蠡为台州老乡，生物学家。同年八月，陆蠡回到上海文化生活出版社继续办刊，直到1942年7月被害。吴朗西了解他的正直、率真、宁折不弯的秉性，十分担心他在上海的安全，曾多次写信要他去内地，并表

陆蠡

示出版社丢了也不要紧，巴金也写信请他到内地去。黄源是陆蠡的同学，曾于1939年在皖南新四军军部写信邀请过他，他都没有理会，埋头于自己主编的刊物和丛书中。他曾对一位即将离沪的朋友海岑表示，要“留下来看看”。

1942年4月13日下午，文化生活出版社被抄，陆蠡有事外出，但两名店员被带走。陆蠡为营救店员毅然前往巡捕房说理，立即被拘留，转往特高科，后被用刑致死。据一位同牢难友称，日本人提审陆蠡时曾问：“依你看，日本能不能把中国征服？”陆蠡断然说：“绝对不能征服！”他强硬的态度，既使日本人恼羞成怒，又引起对他政治背景的猜疑，于是上了重刑。

文化生活出版社被抄的起因是出版了靳以的抗战长篇小说《前夕》第二册。为宣传抗日，陆蠡印了一批书，从上海运出，准备运往西南，但在金华被日本宪兵查获，这才找到出版社来抓人。此前，巡捕、包打听多次找出版社的麻烦，有人劝陆蠡给这些人一些钱，买个平安，倔犟的陆蠡坚决不同意。

陆蠡被害死，外界并不知情，所传都为“失踪”。

抗日战争胜利后，陆蠡的好友纷纷写文章怀念他，不会喝酒的陆蠡曾经说过，待打败日本侵略者，买大缸酒，排在路边，任过往的人们畅饮，庆贺胜利！当时陆蠡的朋友和家人都还抱有一线希望，希望他只是“失踪”，也许有一天，忽然有了他的音讯，或是他忽然出现在大家的面前，还是那样沉稳，一声不吭，一切就好像从没有发生一样。

由于陆蠡是被秘密处决，与害死郁达夫一样，是日本宪兵惯用的手段，现在已经很难知道确切的时间、地点了。一位同牢的难友带出陆蠡的一件大衣，他回忆说，7月21日，日本人把陆蠡押出了牢房，再也没有回来，所以文化生活出版社的同仁定这个日子为陆蠡的纪念日。

要弄清陆蠡之死的真相，恐怕要等当年日本宪兵的档案被发现，或行刑的人自己站出来，但这种可能性太小了。

巴金在1946年所作《怀陆圣泉》一文中写道：“在我活着的四十几年中间，我认识了不少的人，好的和坏的，强的和弱的，能干的和低能的，真诚的和虚伪的，我可以举出许多许多。然而像圣泉这样有义气、无私心、为了朋友甚至可以交出自己的生命、重视他人幸福甚于自己的人，我却见得不多。古圣贤所说‘富贵不能淫，贫贱不能移，威武不能屈’，他可以当之无愧。”

通过对陆蠡之死的考察，我们可以得出这样的结论，在他身上集中体现了台州式的风骨，这是一种山海之气长期熏陶形成的品性，宽广而坚实，能容而不屈。陆蠡堪称是鲁迅高度评价过“台州式硬气”的又一个典范。

20世纪80年代，台州有一位军旅诗人蔡庆生，时在台州文联工作，曾写过陆蠡的传记，投稿至《名人传记》杂志，得到回复说，因为陆蠡“算不上名人”，稿件无法录用。

其实陆蠡的代表作《囚绿记》是在早期文坛上与许地山的《落花生》、叶圣陶的《没有秋虫的地方》、朱自清的《背影》、郁达夫的《故都的秋》等名篇齐名的。《名人传记》不识陆蠡也确实有点小瞧于他了。唐弢有一个小册子《文章修养》，为众多文学爱好者青睐。80年代该书再版时，唐先生写道：“一九三九年，散文家陆蠡（圣泉）为巴金、吴朗西办的文化生活出版社主编一套丛书，作为青年们的课外读物。陆蠡身材矮小，一目失明，说话口讷，可以说其貌不扬，但他的灵魂是美丽的，他写过许多诗一样漂亮的散文，如《海星》《竹刀》《囚绿记》等，我非常爱读；他为人耿直，做事认真，沉默寡言，言无不信，这一点尤其使我倾倒。我们因文字之交而开始来往，谈得十分投合。陆蠡约我为丛书写本小册子，不限于文学创作，而要多讲一些普通青年应当注意的语文方面的知识。我不假思索，一口答应了下来。”1981年由鲍霁编，天津人民出版社出版的《现代散文百篇赏析》一书中，对陆蠡散文有这样的点评：“在艺术上，那乡野泥土的气息，忧郁动人的故事情调，优美清丽的文笔，和严谨的构思，浑然形成他自己独特的风格。尤其在他的后两本散文集[1]中，有些篇章颇耐人一读再读。”1979年，北京大学、北京师范大学、北

①指《竹刀》和《囚绿记》。

京师范学院中文系中国现代文学教研室主编“中国现代文学史参考资料”之《散文选》，选录陆蠡散文七篇之多，除矛盾、巴金入选篇数较多以外，只有柯灵与唐弢略多，为八篇，很多有名的作家也就选入一二篇而已。陆蠡散文地位之高可见一斑。台湾文学界更是有评论称陆蠡为“绝代散文家”。

陆蠡的遇害，和郁达夫一样，都是中国现代文学史上的巨大损失，陆蠡生前留下的作品有限，散文集除已经出版的《海星》（1936年7月）、《竹刀》（1938年3月）和《囚绿记》（1940年8月）三本外，还有一个集子叫《瓦塔集》，并已写了序，生前未及出版。今天，陆蠡给我们留下的是他肝胆照人、宁折不弯的台州风骨，让我们怅惋的是他的千古文章和未尽之才。

两位大师 各自成蹊

文·王旭烽

任继愈和季羡林两位大师是同一天去世的，任老比季老还稍稍先走一步。媒体报道季老的消息大大多出任老，从社会知名度上看，季老就要远远高出任老。有人便以此问我，何以两位大师同日仙逝，社会舆论待遇却如此不同。

问者是有一个假设前提的，那就是知名度代表人的社会地位。而这个假设前提，在我看来，却并不存在。知名度是知名度，社会地位是社会地位，实际贡献是实际贡献，它们有可能完全重叠在一起，有可能相对复合，有可能完全没有关系。

比如任老与季老二位，我很早就知道任老，并不因为他是国家图书馆馆长，而是因为他的诸多有关中国哲学史、思想史及宗教文化方面的文章，我在大学时代就开始读他的著述，那是作为教材来学习的。那时候，我对季老还没有什么认识。因为季老在发表他的《牛棚杂忆》前，我对他的专业领域没有了解。季老的专业其实非常冷门，印度学也罢，东方学也罢，哪怕是糖史，了解的人也并不多，所以在我看来，季老的知名度并非他的专业影响。

季羡林

我了解季老开始高过任老，主要是他的文学影响，是他的大量的学者型散文。而这些散文也并非以学术性见长，是以他平生的阅历，最重要的是他对“文革”的反思而引起国内外巨大的共鸣。季老的散文也不以文体创新见长，是真正的文史不分家的记录，他的散文使我们走入了他的心灵，走入了他的命运，使我们开始了解了这个活生生的灵魂。季老也以此高尚的情怀、人格感染了一代代的学子，成为我们人生的楷模。而季老的东方学专业也更具国际性，在国际学术领域里也就更容易被认可和传扬。

活生生的灵魂，在红尘中生活，便永远无法避免红尘纷扰。季老生前就已难免世事强加于他的纠纷，驾鹤西去后，从追悼会上就开始了一波又一波的红尘信息，客观上，也在社会层面上加大了他的知名度。

而这一切，对任老而言，相对要少得多了。在我印象中，任老就是一个马克思主义的研究学者。作为国家图书馆馆长，他是大学者出身的大文化人，也是大领导，是资深的革命家。他的生平，生前就不曾有多少信息的传播，社会知道的也远远不够多，而他的贡献也远远没有被更多的人知晓。我们从信息传播学的角度而言，季老比任老具备了更多可向大众传播的信息内容，所以，季老在大众面前影响比任老大，这是完全可以理解的。

任继愈

然而，作为学术圈子里的评价，在我看

来，他们都是各自学术领域里的顶级人物，他们的学术地位，包括他们的学术人格、学术贡献，学术界自有其权威科学的认证。他们各自成蹊，各有千秋，但均在同一个历史舞台的坐标之上，尘埃落定后，总会青史秉书，以示后人的。我们不必担心此间凉薄。

先生自富千秋业

——纪念启功先生逝世二周年

文・孙晓泉

纪念启功先生，还得从西泠印社说起。

“文革”期间，西泠印社遭到严重破坏。“四人帮”倒台后，全国拨乱反正，邓小平复出，为此，西泠印社有大量的恢复工作要做。经研究，印社作出两项决定：

第一，印社领导成员及其中坚力量大部分凋零，如张宗祥、马一浮、潘天寿、傅抱石、唐醉石、韩登安等相继故去，急需增加学者型人物，以充实领导力量，以利印社开展工作。因而决定，邀请热心印社工作的有关学人参加印社。我们商量了邀请人员名单，如赵朴初、启功、罗福颐、陈巨来、朱屺瞻、谢稚柳、陆俨少、余任天、周昌谷……

第二，改“十年一大庆”为“五年一大庆”。遂于1979年12月召开西泠印社建社75周年纪念大会，济济一堂，盛况空前。启功先生在开会期间，一有空就为工友、厨师写字，不肯稍闲。

在研究印社领导班子候选人名单时，我征求启功先生意见给他安排什么候选职务？启老风趣地说：“我当个社员还恐怕不够资格呢？领导职务一律免提。”

但最后选举时，启老还是被选为印社副社长，因他声望高。

这次大会举行书画展览和学术讲座，启老没有准备讲稿，但他在大会上即兴发言时，依然春风满座，笑声不断，赢得了满堂喝彩，阵阵掌声。

从此，我跟启老学习的机会多起来了，我很高兴。但由于1982年的非常变故，跟启老的联系中断了，直到1998年以后才又开始跟启老学习。

一

友人吴龙友先生在给拙著《湖上吟草》写的序言中有这样一段话：

> 去首都时，常去拜访启老。有一次他问："在西泠印社的一份材料上看到一个名单，其中有孙晓泉名字。现在，你们杭州孙晓泉怎样了?"我告诉启老："这个人很坚强，他现在平反了，依然写字，写书，写文章。"启老说："公道自在人心呀。"他于是为孙先生写了一首绝

句，让我带回杭州交给孙老。那首诗写道：

骤雨斜风十几春，
如今重见月华新。
朝朝杖履湖边客，
犹是当初散淡人。

落款是："俚句奉呈　晓泉先生教正。启功具草。"

我接到启老大作，异常兴奋，因不揣冒昧，步启老原韵，敬和一首呈正：

博大雄浑老学人，
华章远寄意何深？
悬堂拜读会心笑，
字字升华朵朵云。

给启老写诗，属"班门弄斧"，这一点我自然明白。但我所表达的纯属一片虔诚，是我的一瓣心香。这一点，启老也完全清楚。

二

1999年3月24日，启老寄给我他的大著《论书绝句》一本，且附有《论书随笔》《论书札记》两部分内容，是由生活·读书·新知三联书店出版。启老在扉页上写道：“晓泉老同志教正，启功，一九九九、三、廿四。”

2002年夏日，启老又寄给我《启功论书法》一本，收录了启功先生的书法手迹，由文物出版社出版

启功

发行，是中国传统形式的线装书，由华宝斋造纸，杭州富阳古籍印刷厂印刷。印刷精良，美观大方，远比木印为精。

我对启老两本大作，非常喜爱和重视，尤其是“论书绝句一百首”，每首诗都有专文说明，论证精确，分析深邃，很有学术研究价值。诗中所涉书家、流派极其广泛，如汉之简牍、晋之羲献、唐之欧柳颜虞、宋之苏黄米蔡、元之鲜于松雪、明之香光觉斯、清之翁刘包康，无不详加评说，精确论证。

其论“智永千字文”可谓精妙绝伦。世上“智永千字文”版本极多，而且众说纷纭，莫衷一是。但启老鉴定：“惟日本所藏‘墨迹本’为最精妙。”评语是：“焕然神明，一尘不隔。非独智永面目于斯可睹，即以研求六朝隋唐书艺递嬗之迹，眼目不受枣石遮障者，舍此又将奚求乎？”此千古定论也。

其论怀素诸帖云：“以精美跌宕求之，《苦笋》当推第一。惟卷中诸古印，俱出妄人伪钤……真美精多，兼备何易。劫火不及，巍然留于沪上博物馆中，亦足慰矣。”剔除众多伪印，独标《苦笋》一帖，启老而外，孰能为之。

启老赞王铎书云："譬如大将用兵，虽临敌万人，而旌旗不紊。且楷书小字，可以细如蝇头；而行草巨幅，辄长逾寻丈，信可谓书才书学兼而有之，以阵喻笔，固一世之雄也。"于是，启老以七绝赞之，云：

破陈声威四海闻，敢移旧句策殊勋。
王侯笔力能扛鼎，五百年来无此君。

启老赞王铎书艺，描绘深刻，入木三分。启老论王铎书法，长枪大剑，气势雄伟。

其赞"苏东坡书太白仙诗"则云：

梦泽云池放钓舟，坡仙墨妙世无俦。
天花坠处何人会，但见春风绕枝头。

又谓："坡书境界，亦正如其诗所喻，绕树春风，化工同进者。"启老进一步鉴定："诗盖东坡自作，托为仙语，且诡称道士元丹所传，一时游戏，后世或竟编入太白集中，岂尽受其识语所欺，亦由诗笔超逸，足乱青莲之真耳。"如此高超绝伦的鉴赏水平，我怕今后没有人了，真是可叹也。

读启老《论书绝句》及手书百首后，深为感佩。因不揣冒昧，以俚句赞之，云：

绝句论书鉴赏精，
百篇手迹更恢宏。
风流儒雅谁能此？
国学大师有启功！

三

2002年初春，拙著《西泠情愫》已梳理就绪。因具函启老，说明此书“即将出版，敬请题写书名，为拙著增色”云云。不久，接到启老“快递邮件”将所题“西泠情愫”四字寄来。我十分高兴，因与二三友好共同欣赏。我们一致认为，这个题签，非同寻常，乃是一件十分精美的书法作品，且有三个特点：第一，篇幅大，长宽是1×2市尺，可裱条幅；第二，钤印多，一个题签，竟盖上三个印章，实属罕见；第三，有感情，一个平常题签，却加上一个“敬”字，为“启功敬题”，说明启老为人极其谦虚。

于是，我立即与出版、印刷机构联系设计、排版事宜，并迅速将其装裱成立轴，悬挂堂中，日日欣赏。

此书出版后，我即寄启老，敬请批评指教；并对其题签，表示衷心感谢。

果然，此书引起启老的极大兴趣。

一日，浙江省海外发行杂志《文化交流》编辑刘晓华女士来到寒舍，跟我说起启老关心《西泠情愫》的事，她说了以下情况：

2003年9月，杭州小杨（志勤）以孙老名义买月饼两盒，委托钟少华送给启老。启老不在家，又送到医院交给星怀及其侄妇，说是杭州孙晓泉托人带月饼给老爷子过中秋节的，并说：“老爷子题签的《西泠情愫》也拿来了，书在星怀那里。”此前，刘晓华、钟少华已与启老说起过：就是那位爱文化、爱人才的杭州市文化局老局长孙晓泉。

启老第一次醒来，突然叫星怀拿孙晓泉的书来，吵着要书，说：“这书是孙晓泉送我的，我要看。”

第二天醒来，又吵着要看孙晓泉的书，星怀赶紧叫少华来，说："少华快来，你快拿孙晓泉的《西泠情愫》来，不然我又要挨骂了。"少华家离得近，他跑去把书拿来交给启老，于是老爷子认真看起来；但他看着看着，就睡过去了。少华说："这事要赶快告诉孙晓泉，不然没人知道，要让孙老也高兴。"

最后，刘晓华还说，老爷子在弥留之际还念念不忘《西泠情愫》一书，这事很有意义。而且此时老爷子仍很风趣，他说："我快要走了，文学叫我快走。"但他又对侄儿说："老爷子还有事，还要留下。"

但他终于走了——于2005年6月30日逝世。

四

启老走了。钟敬文教授有诗云：

诗思清深诗语隽，
文衡史鉴尽菁华。
先生自富千秋业，
世论徒将墨法夸。

这说明，启功先生不仅是位书法家、鉴定家，他给我们留下的宝贵文化遗产，还有很多很多，他是一位国学大师。

笔者孤陋寡闻，所知甚少。但据初步了解，启老著作十分丰富。诸如《论书绝句一百首》《启功论书法》《古代字体论稿》《汉语现象论丛》《启功口述历史》，四卷本《启功丛稿》等。再者，《启功韵语》《启功赘语》等诗词著作也有不少。这些宝贵遗产，都值得我们学习和发扬光大。

启老写了多少书法，创作了多少绘画，鉴定过多少文物，培养出多少人才，我们是不可能全面了解的。尤其他的人品道德、处世为人等高尚风格，我们更无法用言语文字来加以形容。

最后，笔者要向朋友们报告一个小小的喜讯：启老为之“敬题书签”并对之深感兴趣的那本《西泠情愫》，已获得浙江省社科联2006年度“哲学社会科学著作优秀成果奖”。这虽然仅是一点小小的成就，但也有幸与启老“敬题”书签连在一起了。启老有知，也会为之高兴的，特此汇报。

2007年6月30日，是启功先生逝世二周年。为此，特敬撰一联，以纪念这位博大精深、受人尊重的国学大师。联曰：

佳篇妙构，时贤中巨子也；
国学名师，后继者何人哉！

宋宝罗：未完的传奇

—文·王恺华—

在拜访宋宝罗之前，我做了一个小小的调查，问了几个杭州人：请描述一下宋宝罗。回答大致相同：京剧表演艺术家，他的戏是毛泽东下榻杭州时的保留节目。

这样的回答，在王用钧，这位杭州大学中文系的毕业生，在杭州文化系统干了一辈子的老前辈看来，太过潦草。“宋宝罗是杭州的市宝，在戏曲之外，篆刻、绘画、编写剧本，哪一样是宋老拿不起的呢？”王用钧说，“宋宝罗的一生就是传奇，即便到他80多岁的时候，还当过青春宝的形象代言人。”

在王用钧的引见下，我见到了92岁高龄的“市宝”宋宝罗，在朝晖二区的一幢公寓里。开门刹那，只见老先生一捧银白色长须，配着宝蓝色的绸衫，仍是当年广告上的神采奕奕。

谈话未开始，宋宝罗先拿出一本画册，题为《艺海无边》。《艺海无边》收录了宋宝罗这92年来珍藏的照片、画作、印章、书法，以及当年挂头牌时的海报，“粉丝”们写的表达景仰与喜爱的诗歌。画册最后一页，印着老先生的自题“学到老没学好”。

把这句自题与宋宝罗这92年来的故事对照着来看，真是非常有趣。

宋式蝴蝶效应

关于宋宝罗的传奇一生，1999年出版的《艺海浮沉》有详细记载。该书由宋宝罗口述，在杭州大学中文系做助教的任明耀（后为浙江大学教授，著名戏剧评论家）整理成文。

7岁时初生牛犊不怕虎，天桥登台唱老生，引得“满城争说宋宝罗”；14岁时短暂失声，转学篆刻，在信手拈来的石头上刻下“悲鸿”二字，自此，他的印章便成政界梨园、文人雅士的掌上珍；1949年后定居杭州，为毛泽东唱过四十次戏，保留节目是边唱边画的《朱奋卖画》，毛泽东将他笔下的公鸡钦定为“一唱雄鸡天下白”；1991年，在美国费城举办个人画展，坚持“我的画不卖钱”原则，一派两袖清风的潇洒……

查阅报刊资料后可以发现，正是从这一年开始，包括《人民日报》《文汇报》以及本地《钱江晚报》在内的全国各大媒体，对宋宝罗的关注骤然升温，各类采访报道纷至沓来。一如旧时在北京、上海时，这位名伶的一举一动，总能引起公众的好奇与话题。只是这一回，没了猎奇，只有尊敬。

宋宝罗，注定不是一个能够沉寂的人，即使遵从的都是内心的声音，但只要他说了、写了、做了，就势必会热闹起来。

这是一种强大的蝴蝶效应。它只是轻轻地扇动了一下翅膀，便能引起太平洋上的海啸。

左眼看世界

宋宝罗生于1916年，到2008年，已经92岁。

对于那些尘封的故人往事，昔时的繁华坎坷，他似乎并无重谈的兴致。《艺海浮沉》为前面那85年做了小结，此后的生活，自然应当别有洞天，另辟蹊径。

我相信，有很多记者在采访宋宝罗先生时都会感受到一种乘兴而说、尽兴而止的洒脱。宋老会摸摸白胡须，笑着劝你不必再重提旧话：“书上都写了，你自己安排吧。”

亲手为客人沏上一杯茶，这位“菊坛美髯公，梨园不老松”就平和地微笑着与你相对而坐。书房外的阳光洒进来，照着柜子里满满的800枚印章，照着架子上高高低低的水墨油彩，照着书桌上尚未落笔的白色宣纸，照着一张张并未刻意装裱的黑白老照片，照着这个听不见任何喧嚣的小小空间。

他会忽然想起某一桩小事与你细说。对于这位不喜欢啰嗦，不喜欢重复，不喜欢提当年勇的老人来说，这件小事多半就是独家的。

这一回，他说到了他的右眼，开头一句是：“我想起一个小秘密，好像还没有和旁人说起过。”

在《艺海浮沉》里有说到过，在宋宝罗12岁那年，双眼受到劣质油彩的污染，一度不能视物。之后，书里只是提到经过医治，病情逐渐康复，便无下文。

“其实，只治好了左眼，右边的眼睛完全废了”，宋宝罗说到这一句时，神情竟然是轻快无比，让人怀疑他说的是不是“右边的眼睛比病前反而更好了”。

靠着左眼，他学习篆刻，还玩过一段时间的微雕。“我的左眼视力特别好，微雕都不用放大镜。”

我忍不住叫道：“这怎么可能呢？一只眼睛！”

92岁的宋宝罗露出自豪的如孩子般的笑容，他说：“就是一只眼睛，用了80年，现在还可以用。顺应它，习惯它，信赖它，也就用得如意了。”

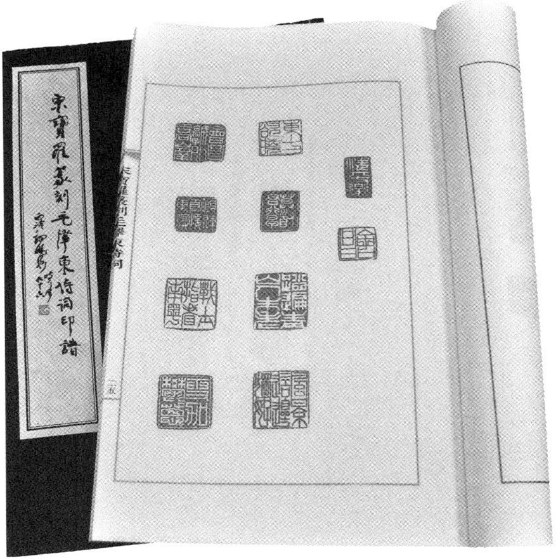

宋宝罗篆刻毛泽东诗词印谱

小过门后的新高潮

1996年，宋宝罗80周岁。浙江博物馆为他举办了个人画展。一切费用全免，展出时间为十天。

画展结束后，因为过分劳累，宋宝罗旧病复发，三叉神经疼痛难忍。

到2006年，弟子们打算再为他筹备九十大寿作品展时，宋宝罗拒绝了。名利不过浮云，何必为俗事伤神。

最后，出了本画册，题为《艺海无边》，很有与《艺海浮沉》相应和的意思。宋宝罗亲写序，弟子赵恩生写的后记。

这本画册并不公开发售，不明码标价，只送亲人、友人、有缘人。

与《艺海浮沉》一样，《艺海无边》仍旧只是一个小结，而非总结。宋宝罗说："关于这本册子的缘由，里面的图文已经足够说明问题了，不必再问。"

那么，问什么，对于这位老人才算得上是一个值得一谈的话题呢？

宋宝罗向杭州图书馆捐赠书画作品

应该问：您接下来打算做什么？

宋宝罗说："我要写一本书，我一直在打腹稿。"关于戏曲发展的起起落落，从它兴盛的晚清开始说起，说到"七七"事变后的时局动荡，说到1945年后美国彩色电影对国人视觉的冲击，说到解放初期的戏越改越没戏唱，说到"文革"中样板戏一统天下，说到当下老百姓看不起戏，演员没心思学好戏：这便是宋宝罗用左眼看到的戏曲150年来的兴衰。

宋宝罗要写的，便是这"戏曲五关"。

舞台上的腾挪辗转，每一个小过门后面都潜伏着新的高潮。少年时学戏，青年时演戏，中年时写戏，在《艺海浮沉》中讲的是人生如戏。这一回，宋宝罗想说的是“戏如人生”。

曾有年轻人向他请教，如何在一周内学完毫无基础的《辕门斩子》，宋宝罗哭笑不得。倘若真的要学，一周时间至多只能学会这出戏里的一段唱腔。任何东西，只要做精了便是艺术，也只有做精才会是艺术。

做人跟做戏一样，要精、要细、要一点固执、要一点创新，才不愧于心，无愧于人。戏要下功夫才做得漂亮，人要用心思才活得有意思。

“我的眼睛还是很好，耳朵也还是很好，最骄傲的是牙齿咬得动东西，我还很健康。”宋宝罗说，“我有力气把戏曲五关写好，我觉得别人会觉得这东西有意思的。”

传奇故事里的变数，总是在常人的意料之外。

谢晋的人格令人敬

——纪念谢晋辞世一周年

—文·沈者寿—

2008年10月18日一早，我应邀匆匆去上虞参加母校春晖中学百年校庆。一路上，想到在母校又能见到同来参加校庆的谢晋导演，心里有一种期盼和快意，尽管在这之前的国庆节那几天里我与他还刚刚聚过三次，相隔还只有一个星期呢！

到了春晖，却未见谢导的人影。奇怪的是连学校领导和上虞市领导一个也看不到。校庆大会终于开始了，主席台上仍没有谢导，我好生疑惑，也许他上海家中忙得离不开吧？大会后，上虞市一位领导才悄悄告诉我，谢导昨晚在上虞国际大饭店因心脏病发作已经去世了。我听后打了一个寒噤，急忙问道："这确实吗？"他说："绝对没错！"此时此刻我已无心等待午宴开场了，想快点去医院瞻仰谢导的遗容，向他做最后的告别，于是焦急地请服务员为我烧点面条以便吃了就走。不一会儿，面条端来了，又有人来告诉我说不要去医院了，因为遗体已封存起来将抓紧运往上海。我感到沮丧虚空，若有所失，又无可奈何。

当年8月23日，谢导心爱的长子谢衍因得肝癌刚刚去世。这对谢导的打击实在太大了，那种白发人送黑发人的心痛苦味是可想而知的。为缓解他的痛苦，浙江省电影家协会在国庆期间把谢导从上海接来杭州会会老朋友，看看西湖新景点，让他散散心、养养身。就在那几天里，我也参加了与谢导相知相交多年、结下了深情厚谊的沈祖伦老省长和孙家贤、罗东、冯根生接连三次举行的聚会。我与谢导又多了一层上虞老同乡、春晖老校友的缘分，当然谢导是我的学长和师长。我们事先约定，不主动谈及他长子早逝的伤心事，多说说让他开心的事儿。

谢导真的衰老了。以前他每次来杭州谈锋甚健，可谓思维敏捷，滔滔不绝，而且说起话来嗓门很高。如今，他话语少了，说话的中气弱了，更令人难过的是讲同一件事他会重复多遍，再没有多少新话了。我有些伤感，他的思维不再活跃了，再要拍新片恐怕不可能了。但是他开朗豪爽的性格犹在，每餐还能喝上半斤白酒，我想他活到九十岁开外是不成问题的。谁知，这次国庆相聚竟成了永别，想到生命之不可预料，竟会那么脆弱与短促，真令人黯然神伤，悲从中来！

谢导走了，我脑海里不时地浮现出他每年春节在老家招待老朋友和他电影圈内的弟子们的轻松、欢快、热闹的场面。他在上虞谢家塘的老家，我已去过多次了。记得1999年的春节，我带着从英国回来的女儿，相约与沈祖伦、孙家贤、梁平波、徐志纯等省

谢晋（右）凭借《红色娘子军》获得最佳电影导演，郭沫若为其颁奖（1962年5月22日）

里的几位领导同去谢导老家做客拜年。谢导拿出热气腾腾的藕粥给大伙分享。他介绍说，这是一种用口小腹大的叫作煨粥甏的陶器，灌进藕、红豆、莲子、糯米、晚米等，用当晚烧柴的余火煨上一夜，既香糯又补身，还节约了能源，这是上虞老百姓俭朴与智慧的印证。一件最普通不过的农家生活小事，在这位大师眼里，就能从历史的、人文的、审美的视角，点出小事不“小”的意义所在。他确实很有思想深度。一次他对我说，“以科学的理论武装人，以正确的舆论引导人，以高尚的精神塑造人，以优秀的作品鼓舞人”这四句话总体上是对的，但最后一句应改作“以优秀的作品激励人”。他以《鸦片战争》为例，说像这种悲壮的作品是难以“鼓舞”人的，但人们可以从挫折、失败中得到“激励”。我想，真正称得上大师级的电影导演，仅有高超的艺术造诣还是不够的，还应该有相当高的哲学的、人文的、政治的素养吧。

许多人知道谢导将电影事业视为生命，他是一个不言退休、不言休息的“工作狂”。我说，与其说他执着地热爱电影事业，不如说他刻骨铭心地热爱祖

谢晋（右三）在《高山下的花环》拍摄现场（1984年12月22日）

国、热爱自由、热爱正义。他的一生就是用高超的电影艺术来说话，把他坚定的信仰、澎湃的激情、深邃的洞察力、卓越的智慧融化于作品之中，向国人世人倾诉、抒发乃至疾呼心中炽烈的爱国爱民、人性人道、公平正义之情。难道不是吗？《红色娘子军》《舞台姐妹》《天云山传奇》《牧马人》《芙蓉镇》《鸦片战争》等等经典之作，就是最好不过的明证。谢导留给世人的许多精品力作，不可复制，不可替代，它们是我国20世纪电影事业一个时代的里程碑。就凭他留下的这么多宝贵遗产，谢导这一生就值，就够了！

谢导，您安息吧，我要给您写下这样的挽联，以寄托我对您的敬仰之意：

一身豪气正气骨气才气，气势如虹，无愧中华真汉子；
满腔激情真情亲情友情，情深似海，真当世间好男儿。

奖掖多年恩永在

——缅怀冯其庸先生

文·吴龙友

冯其庸先生离开我们已经整整五个年头，长期以来，先生的教诲一直都在我的脑海之中。现在回想起来拜识冯其庸先生，已有十几个春秋。

忘不了2004年冬日，我造访启功老。某天上午，在书房聆听先生教诲，恰逢冯其庸先生进门，启老立即介绍：这是冯其庸先生，红学家。后转向冯老说：他是浙江电影制片厂吴龙友同志，为兰亭书法节的事到此。话音刚落，冯先生接着说：有一次去庐山，听讲东林寺边有个池塘，台阶石板是王羲之碑刻，这事你们倒可以去看看……言简意赅，足以让人感受到先生对历史文化的关注。刹那间，又想起华宝斋创始人蒋放年先生曾多次与我说起冯老，还给了我电话，心想没见过面，不敢冒昧打扰。真没想到会在启老家偶遇，一见面就留下难忘印象。告别时，冯其庸先生邀请去通州他家，我深表谢意。因此，当年办完事返杭前，就去了冯老府上拜访，受到先生和夫人夏菉娟老师热情款待，并赠送书籍，我受宠若惊。

这以后，凡逢进京，我必定会去通州芳草园。每次去，老人家总会对我说：人要勤奋，应该努力，要

冯其庸

学会自己找事做。正是这种教导常在耳边回响，所以至今，我还是不舍得让时光白白流走。

先生知道我还在编李锐老的第二本书。记得有一次去看望老人家时，他说："龙友，我与李锐老一起参加过几次会议，但没有个别交流。听说他生病了，我想什么时间去医院看看他。"我说："好的，一定会把您的意思转达。"当李锐老听说冯先生也是《炎黄春秋》的编委时，就欣然应允，2008年4月2日两位老人见面，互赠书作。冯先生送《解梦集》（文化艺术出版社）、《瓜饭楼重校评批红楼梦》（辽宁人民出版社）两本书给李老；李老随手回赠《龙胆紫集》（湖南人民出版社）、《李锐诗词本事》（岳麓书社）两本书给冯先生。接着说了一些有关写作与身体等的话题，看得出两位老人都很投机，谈笑甚欢。

2010年是我进入古稀之年，友人支持，在杭州西泠桥堍的中国印学博物馆，搞了个艺术人生回顾展，并准备出版一本小册子。进京时，我就此向冯老作了汇报。先生称赞后说："需要我做什么事吗?"我说自己从影一生，书画是个爱好，求您老题个签"墨海听涛"，以表示自己喜欢墨海，但只能听听而已。冯老听后笑笑，并说肯学总是好的，说着老人家走进书房，满足了我的请求。"墨海听涛"四个字眼前一亮，既做书名，后又成为展览会会标，给古稀添彩，十分感激。

2012年，在启功先生诞辰一百周年纪念会上，国家画院李延声兄与我约定次日同去拜望冯老。第二天，李延声现场给冯老作了一幅速写像。冯老甚是高兴，并说了一句："画得这么快。"

2014年3月赴京，我将部分书画作品带到冯老家，没想到老人家看后说："龙友，不知道你的书法和绘画都这么好的啊。"我连忙回答："不敢不敢，听您的教导，要勤奋，应努力，自己找事做，不舍得浪费时间空下来就写写画画。"并告诉冯老，计划2015年元旦，在杭州西湖南侧的唐云艺术馆举办"吴龙友书画影视作品展"。还打算将书画、影视、诗文合出一个集子，求冯老题个"龙友书画"签条。先生听后说："好。"由于身体不适，当场没有动笔，是以后寄来的。2015年元旦在西子湖畔唐云艺术馆门外的马路边，"龙友书画"四个大字的会标高高耸立。任晓辉先生（冯老秘书）参加展览开幕式，与我合影留念，并告诉我："去年老人家只写过两幅字，其中就有您这一幅。"听后我激动得无语了，心想冯老啊，我永远感恩您。

2015年5月，我把《李锐墨迹选》修订版书稿送呈冯老，一是烦请指点，二是求其题词。当时冯老行动不便，已有一段时间不能下楼，我进门后，夏老师说："龙友，老爷子身体不行，下不了楼，他叫你

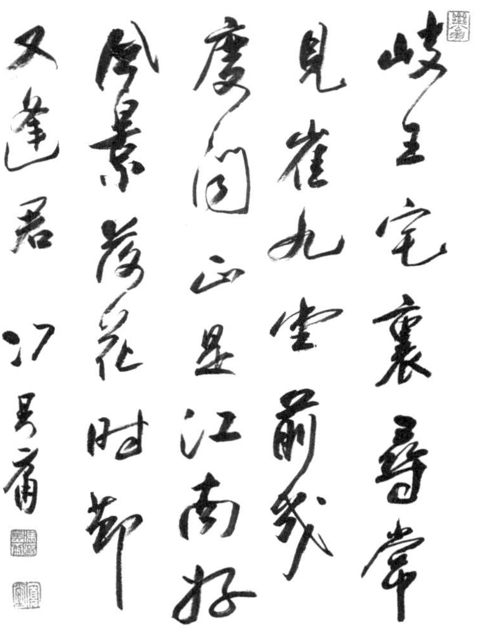

冯其庸书法作品

上去。”听罢我便登楼，见老人家躺卧在床，盖着被子，边上还放有取暖器，已是五月份的天气，可见身体差的程度。当他拿到厚厚的三本书稿时，还是仔细审看，片刻后将书稿放下，开口说：“龙友，书编得好的，只是眼下我体力不行，你下楼将杭州家里的地址写给夏老师，等我题好后寄给你。”遵命，嘱其好好保重，我便下楼。在客厅夏老师与我谈冯老的治疗情况，没说几句话，真是五分钟都不到，老人家下楼来了，手中拿了个旧信封递给我，并说：“龙友你看写这个行不行？”我心想：“您老写的会不行吗？”我对着信封仔细一瞧，就对先生说：“您老身体吃得消吗？”老人家心领神会，手指书房，示意让我随其进去，片刻后，墙上就挂出幅四尺三开的佳作：“阅尽沧桑一百年，铮铮铁骨是神仙。男儿自古英雄气，留得真言万世传。”写完后，老人家眼光也亮了，很高兴的样子。真佩服冯老才思之敏捷，学问之扎实。

2016年4月15日，在参加李锐老百岁寿宴后，我去芳草园看望冯老。这时先生身体极度虚弱，当我将手机上的寿宴照片拿给老人家看时，他依然打起精神，并说了一句：“真好，李老不简单。”这回离开时，我心里有说不出的难受。我与夏老师说：“冯老这样，您担子更重了，这么辛苦，自己也要注意休息。”

在以后的日子里，我常给夏老师去电话。她先是告诉我老爷子住在医院，后又听说回家了，有医生来家诊治。2016年10月30日，我给晓辉发微信，探询老人家近况。晓辉微信回我："谢谢吴老师，冯老不算太好，家中安静地休养。"听到这种信息，我感到十分不安。

真没想到，2017年1月22日，在中央电视台的屏幕上见到冯其庸先生安详离世的噩耗，我悲痛万分，随手捉笔致哀，赋诗两首，并作挽联一副以抒心声：

毓秀钟灵诞锡洲，沧桑半世梦红楼。
暮年问道丝绸路，钻仰弥坚万众讴。

惊闻噩耗寒梅泣，坚净居逢始拜公。
奖掖多年恩永在，仰祈鹤驾列仙蓬。

挽联：
红楼梦梦断，阅尽沧桑百年近。
尺地堂堂宽，吟成痴绝万口传。
愿冯老夫子千古！

冯其庸先生不仅是一位研究红楼梦的权威，而且是一位学识渊博的著名学者、诗人、鉴赏家、摄影家，还是一位传统功力极为深厚的书家，能对我等无名小辈如此关爱，实在不敢当，我发自内心地感激。

当年春天，我去芳草园看望夏老师，她说："知道你要来很高兴，冯老一直对你很好，我特地准备了《风雨平生——冯其庸口述自传》一书。你给冯老的挽诗、挽联都已收到，希望你再写一篇文章，今天就算我向你约稿。"听了夏老师的一席话，我更加感受到二老对我的关爱。

如今，夏老师也已高龄并且身体欠佳，我常与幽若（冯老大女儿）联系，祝愿她老人家早日康复。我内心深处常常鞭策自己，一定继续听冯老的话：要勤奋，应努力，学会自己找事做。

西湖碧波漾越歌 琴韵永在青山间

——记「杭越」创始人张琴娟

文·陈洁行

2010年5月21日凌晨3时，德艺双馨的越剧表演艺术家张琴娟永远离别了人世。

在杭州，张琴娟的名字，总是与杭州越剧团紧紧地联系在一起。她在杭州越剧事业发展的历史上留下了不可或缺的一页。

张琴娟1929年生于江苏丹阳，5岁时随父母到上海。她十多岁就迷上了越剧，常常去剧场看戏，而且看得有滋有味。15岁时，她萌生了报考剧团的想法，但当中医又开中药房的父亲不同意女儿去学戏，一时不能遂愿。报考戏班子是要有人担保的，小小年纪的张琴娟当时灵机一动，想到隔壁邻居有位船长的太太也是一位“越剧迷”，就认她做了干娘，请她来担保，顺利地考进了上海滩著名老生宣月琴的戏班子。后来父亲知道了，发现女儿有志学戏，且“生米煮成熟饭”，也就勉强同意了。由于她学戏刻苦，人又聪慧，学了两年多，就做了头牌花旦，在沪西、南市、闸北、浦东一带演得很红，不久就进了天鹅越剧团，名声已在筱月英之下，开始在上海越剧界崭露头角。

解放初，张琴娟等发起组织了姐妹越剧班子，取

张琴娟剧照

名“更生越剧团”，寓剧团“新生”之意。50年代初，张琴娟充满了改革创新的锐气。

杭州是越剧诞生走上舞台的发源地，往上海输送了顶尖的演员，却没有坚强的地方剧团。1954年9月，杭州市文化局为了发展杭州的越剧事业，特地派人到上海邀请张琴娟、袁惠民等人作为骨干准备成立杭州越剧团，后又从上海天鹅越剧团借用重要小生安素芳来杭加强力量，先加盟江南越剧团，上演了《宝玉与黛玉》《孔雀东南飞》《钗头凤》等剧目。张琴娟的俊美扮相和优雅唱腔立即吸引了杭州的观众，成了众人瞩目的“头牌花旦”。1956年1月，经市政府批准，以张琴娟等著名演员为骨干组建杭州越剧团，由“江南”和“蜜蜂”两个剧团合并，正式成立杭州越剧团，张琴娟即任副团长。

杭州越剧团初建伊始，张琴娟作为剧团艺术负责人，致力于剧目的创新，她召集前辈艺人陶素莲、相朝林等“吐”戏，并创作、改编出《碧玉簪》《春留人间》《玉蜻蜓》《则天皇帝》等大型剧目。1956年10月1日至18日张琴娟饰李秀英，安素芳饰王玉林，《碧玉簪》首演于新中国剧院，一炮打响。该剧结构严谨，人物性格鲜明，唱词雅俗共赏，虽运用大段表达人物内心活动的唱腔，都令人百听不厌，深受观众喜爱。该剧在新中国剧院连演18场，张琴娟从此走红杭州。这一年，她加入了中国共产党。1957年7月，杭州越剧团的《碧玉簪》参加浙江省第二届戏曲观摩演出大会，张琴娟饰演的李秀英，因出色的表演，荣获演员一等奖。1961年，她又被评为杭州市劳动模范。

面对荣誉，面对“又红又专”的光环，张琴娟仍旧坚持勤学苦练，力求在演艺上能够精益求精。她博采众长，寻访名师。1962年10月17日，张琴娟正式拜著名昆曲老艺人姚传芗为师。张琴娟是姚传芗收的第一个门徒。由于从昆曲等艺术中吸取“养料”，她的表演水平又上了一个台阶。

越剧是我国已形成的仅次于京剧的第二大剧种。在这个大舞台上，张琴娟塑造了一系列女性形象，都给广大观众留下了深刻的印象。在越剧新编神话剧《春留人间》、新编古装越剧《苏小小》等剧目中，张琴娟的表演出类拔萃，多次获奖。中国唱片出版社和上海唱片公司专门为《苏小小》灌制了唱片，在全国发行，产生了较大的影响。

张琴娟不但擅演古代女性人物，而且在现代剧演出中也作了大胆的尝试与探索，在《祥林嫂》与《江姐》这两个大戏中塑造的两个截然不同的人物形象，都演得栩栩如生，人物性格鲜明，唱腔珠圆玉润、清新悦耳，唱词雅俗共赏、积极向上，一时间好评如潮。

1968年“文革”中，“女子越剧”受到批判，杭州越剧团一度被解散，张琴娟也被下放到工厂劳动。“文革”结束后，张琴娟立即要找回她所热爱的越剧艺术，当时剧团尚未恢复，她在剧协秘书长陈洁行的撮合下，与著名越剧表演艺术家陈佩卿联袂演出《盘夫》，这是两位艺术家“文革”后首次登台亮相，轰动了杭城，这也是“杭越”重建的前奏。1978年，杭州市文化局决定重建杭州越剧团，由张琴娟任团长。收集旧部、招兵买马的重任落到张琴娟身上。经历“文革”，老艺人心有余悸，人心涣散，要集合起来颇费周折。张琴娟为此呕心沥血。恢复重建后排演的第一个大戏是《祥林嫂》，创造了连演连满近4个月的演出纪录。由于剧团缺少主角小生，为了优化“杭越”演出队伍，张琴娟想方设法特邀上海越剧院的著名小生陈少春，把《庵堂认母》再次推上舞台，在杭州的省人民大会堂演出时场场爆满，轰动了整个杭州城。后来，该剧到上海衡山剧场演出，连续一个多月都座无虚席。张琴娟又设法将陶瑞娟等主力小生调进团内，使“杭越”的演出阵容更为坚强。曾经在“文革”中偃旗息鼓了十年的杭州越剧团，重建后声名大振。

从此，张琴娟更加焕发了艺术青春，在越剧舞台上颇多建树，精彩纷呈。在80年代初，还热衷于新编历史剧的创作，将《兰亭会》和《曹雪芹》两出大戏搬上越剧舞台，其中曾与我省著名编剧陈静一起，参与了《曹雪芹》的剧本创作，一丝不苟、一字一句推敲剧本的每一句台词与唱段，付出了辛勤的劳动。该剧在杭州胜利剧院连演10场，场场客满。当演到曹雪芹晚年失子的悲痛情景时，在场的观众都为之暗暗抽泣。

张琴娟在艺术上锲而不舍，她的敬业精神令人感动，许多名家都愿意和她合作，热情地给予支持。上海越剧院的著名作曲家刘如曾几十年来与张琴娟密切合作，为杭州越剧团演出的《孔雀东南飞》《曹雪芹》等许多剧目作曲，也主要是为张琴娟的艺德所动，两人建立了深厚的友谊。我国著名画家叶浅予一向只为舞蹈演员的表演做速写，很少为戏曲演员的表演做速写。1977年，叶老破例为张琴娟饰演《陈三两》中的陈三两做速写一幅，至今仍挂在张琴娟家的客厅中，极为优美地展现了一位把毕生心血奉献给越剧事业的表演艺术家的形象。

张琴娟德艺双馨，在培养青年演员方面尽心尽力，有口皆碑。自杭州越剧院创建伊始，她作为剧团主要演员和领导，就把培养青年演员放到重要位置，涌现出像王颐玲、王漪德、陈秋月、金培荣、朱心敏等一大批中青年实力派演员，为发展杭州的越剧事业立下了汗马功劳。1961年2月（春节）杭州越剧团青年队在市东剧场演出《杨八姐游春》初露头角。第二年9月去无锡、南京、上海巡回演出《沈清传》《双贵图》《龙凤锁》等，受到了广泛的好评。1958年春节“杭越”青年队下乡演出后，于4月15日进京至6月4日在街头、剧院演出，歌颂新人新事，轰动了京城，受到了周恩来总理的亲切接见。《中国青年报》《光明日报》《北京日报》等报纸刊登了她们在京公演和街头演出的消息。在演出结束时，《人民日报》还就此发表了题为《要创作更多短小的文艺作品》的社论。由此可见，由张琴娟领衔的“杭越”第一代老艺人汪如亚、安素芳、吴月森等人培养青年演员结出了丰硕成果。当年的“师恩”，也使两代“杭越”人至今保持着亲密的情谊。

张琴娟对杭州越剧事业的卓越贡献，得到公众的认可和赞扬，1961年，她被评为杭州市文教方面的先进工作者，当选为省、市政协委员。“文革”以后，在杭州市戏剧工作者第一、二届代表大会上，当选杭州市第一、二届戏剧家协会副主席。

张琴娟71岁时曾经不幸两度中风，但依然神采奕奕，乐观的天性不改。许多同行与弟子去看望她，看到她一如往年，仍童心不泯，依旧眷恋着她过去钟爱的越剧事业，莫不为之肃然起敬，视她如同西子湖中的一枝秋荷，为杭州的艺坛留了一湖芬芳。杭州的越剧观众依然记住她的俊美身段、优雅唱腔，在那西湖悠悠的碧波、葱郁的青山间回荡。

邵燕祥：明天比昨天更长久

—文·徐迅雷—

睁眼看世界，谙熟红尘于外，你引吭你忆往你画蔷，酸辣为文丹青引；

扪心问自己，三省魂魄于内，我死过我幸存我作证，彳亍（chì chù）前行两头真。

这是我为著名诗人、杂文大家邵燕祥先生写下的两句话。邵燕祥先生于2020年8月1日去世，享年八十七岁。8月3日，邵燕祥子女写下对父亲的悼念："父亲前天上午没醒，睡中安然离世。之前读书写作散步如常。清清白白如他所愿，一切圆满。遵嘱后事已简办，待母亲百年后一起树葬回归自然。人散后，夜凉如水，欢声笑语从此在心中。"消息传出，我的微信朋友圈满屏都是邵燕祥。

"当我成为背影时／不用忧伤／不用叹息／请看我步履如此从容／不用问我到哪里去……"这是先生写于1989年11月的《当我成为背影时》一诗中的一段。8月3日上午，三五家人送邵燕祥遗体到八宝山火化，没有任何仪式，没有惊扰一个外人；家中不设灵堂，连遗像都没有。友人安慰邵燕祥先生夫人谢文秀："邵老先生没在医院受罪，多好啊。"她回答："哪怕让我伺候三天也就释怀了。”

邵燕祥先生1933年6月10日生于北平，名字为母亲程瑛所取，燕即燕京，祥祈瑞祥。邵先生是浙江杭州萧山人，几乎他的每一本书，介绍作者时一开始都要说明他是“萧山人”。1982年，邵燕祥在年届半百之时，首次回乡寻根，在浦阳江边的下邵村，披阅了《山阴天乐邵氏宗谱》，找到了他自己在家族历代谱序中的位置。可惜祖居在1943年遭日寇破毁，只留一段残墙和一口井。2006年他再回萧山，写下了“一井独存庐墓灭，于无家处有乡愁”的名句。

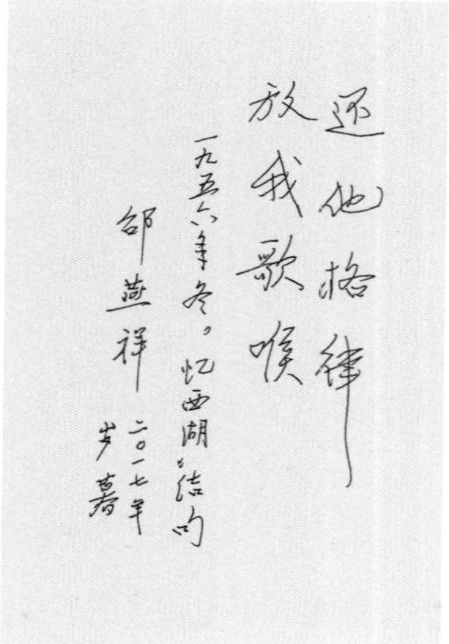

《昏昏灯火话平生》

“百年山色湖光好，秋雁长风度画窗。”邵燕祥很爱家乡杭州，乡愁永远在杭州。他曾经多次回到杭州，参加各种活动。最早是1954年，他作为记者前来采写西湖好风光和杭州新气象，进行外宣报道。“一城一地都有自己的标志，杭州的标志是西湖；一山一水都有流传的吟咏，以西湖为题的诗词何止千百篇，我以为‘山外青山楼外楼’一首，最是写出了历史的杭州，也透出了历史的浩叹。”1998年4月，他在《酸辣文章》（楼外楼书系之一，东方出版社1998年4月第1版）一书的“人烟篇”中，写下了对杭州的感受。

在邵先生生前最后一部自由诗《日神在左，酒神在右：邵燕祥自由诗一百首》（北京出版社2020年4月第1版）中，第一首就是写于1956年的《忆西湖》，节选如下，其中尾句“还他格律，放我歌喉”绝妙：

忽然怀旧——远山近水勾留。
我忆杭州，杭州忆我否？
人在画中，画印心头：
少年脾气，爱赋新诗不说愁。

不是乱花浅草三月，
不是飘香桂子中秋，
雨雪霏霏，冷风穿袖，湖上寻舟，

船娘笑我痴兴浓如酒。

……

白堤依旧，苏堤依旧，

山外青山，楼外又新楼；

西湖歌舞，从今真个永无休。

还他格律，放我歌喉！

邵燕祥属于少年天才，读中学时就开始发表作品——他最早发表的作品，是一篇小品文《鸟语》，1946年4月29日刊发于《新民报》北平版“北海”副刊上，那时他才十三岁。1949年后，他曾担任中央人民广播电台编辑、记者，那时他激情洋溢的诗歌广受传颂。1957年因写作讽刺性诗文，有了众所周知的境遇，被下放劳动，作品发表权也被封杀。在经历蹉跎岁月之后，他在改革开放之初获得平反，复出文坛，曾出任《诗刊》副主编。他还曾担任中国作协第三、第四届理事。

作家靠作品立身，邵燕祥先生一直被公认为鲁迅之后最重要的杂文家之一。长期以来，邵燕祥先生的作品受到上上下下极为广泛的欢迎、喜爱。在改革开放初期，在那个评奖比较公正的时代，他的诗集《在远方》（花城出版社）、《迟开的花》（北京十月文艺出版社），分获第一、二届全国优秀新诗（诗集）奖，杂文集《忧乐百篇》（作家出版社）获第一届全国优秀杂文（集）奖；1998年，《邵燕祥随笔》（四川文艺出版社）获第一届鲁迅文学奖的优秀杂文奖。

20世纪80年代初我读大学中文系时，也是诗歌的酷爱者；我组织大学生诗歌朗诵会，给《诗刊》社邵燕祥先生写信以求签名本，作为朗诵会的奖品和纪念品；邵先生给我复信并寄来十册诗集签名题词本，题词内容为："明天比昨天更长久!"这对青年学子来说，是最好的祝福；后来我买到他的一部诗文集，名称就是《明天比昨天长久》（吉林人民出版社1996年3月第1版）。当年他在给我的信中，特别细心地说，挂号比较慢，怕赶不上诗歌朗诵会，特意直接寄过来——这留给我极为深刻的印象。

一诗一世界，一文一乾坤。邵燕祥先生著作等身，在诗歌、杂文（包括散文随笔）、回忆纪实文学三个领域都取得杰出的成就，他给当代中国文坛建立了三座金字塔，高高耸立。

从诗歌起步，先生一生是诗人。他在50年代初期的诗歌，很抒情也很讴歌，出版的诗集有《歌唱北京城》《到远方去》；改革开放时代的到来，他的诗情再次勃发，出版有新诗集《在远方》《迟开的花》《如花怒放》《岁月与酒》《含笑向七十年代告别》《五十弦》《邵燕祥抒情长诗集》《邵燕祥诗选》《孤独不是生活——邵燕祥自选抒情诗》《日神在左，酒神在右——邵燕祥自由诗一百首》等等；后来还有旧体诗集《三家诗》《七家诗选》（合编）及《邵燕祥诗抄·打油诗》。他的诗歌，有着深广的意境、真挚的情感、朴实的语言，与读者很“贴”，不存在读不懂的问题。同时，他还出版了论及诗歌和诗人的《品诗》《我的诗人词典》《赠给十八岁的诗人》等著作。

“必须有思者在先，诗者的话才有人倾听。”在这些隽永醇厚的诗歌中，你不仅能感受到一位诗人的多愁善感，更能感受到一名知识分子忧国忧民的情怀。“生逢奥斯维辛后，难写风花雪月辞。”邵先生说，“诗的核心价值是自由。离开心智的自由，离开对自由的追求，就没有真正的诗”。

与诗歌的抒情性不同，邵燕祥的杂文针砭时弊，一如银针手术刀，具有鲜明的启蒙理性色彩，能够开启民智官智；在我看来，他的杂文水准属于珠峰，成就超过诗歌。包含杂文随笔散文在内，作品集可谓星罗棋布，其中有：《小蜂房随笔》《蜜和刺》《杂文作坊》《忧郁的力量》《旧时燕子》《乱花浅草》《酸辣文章》《柔日读史》《奥斯维辛之后》《教科书外看历史》《大题小做集》《热话冷说集》《审丑》《痛与痒》《你笑的是你自己》《检阅天安门》《自己的酒杯》《惟知音者倾听》《我的心在乌云上面》《切不可巴望“好皇帝”：邵燕祥杂文自选集》等等；1997年作家出版社出版了《邵燕祥文抄》，其中包含《史外说史》《人间说人》《梦边说梦》三卷；序跋集有《一万句顶一句》，散文集有《昏昏灯火话平

《昏昏灯火话平生》

生》《邵燕祥散文选》《中华散文珍藏本：邵燕祥卷》等，另有游记作品集《出远门》等。对于杂文写作，邵燕祥说："杂文的灵魂是真理的力量，逻辑的力量。"

2013年，《杂文选刊》主编刘成信先生选编出版《中国杂文（百部）》，其中当代杂文家部分选了五十人，出版了五十部个人杂文精选集；非常荣幸的是，我的《徐迅雷集》和《邵燕祥集》一起入选，这个选集后来成为"全国重点中学优秀教师推荐杂文经典"，我的这部先后出了两个版本，五次印刷，至今畅销；相信《邵燕祥集》更受读者欢迎，书中收有《切不可巴望"好皇帝"》《人是有尾巴的吗?》《史无前例和史有前例》《"公仆"之名不能成立论》《臣性》等杂文代表作。这些杂文佳作有事实、有根据、有分析、有理论、有文采，充分体现了作者的公民情怀——一个共和国公民，发自内心地关心国家大事和当下的现实生活，这既是公民应享的权利，更是一个公民应该履行的义务。这是有着生命体验的真话杂文。"说真话的文字不都是杂文，但杂文必须说真话。"邵燕祥说，"杂文不但要说真话，还要尽力揭穿假话——一切虚伪、欺骗的人和事及其在语言文字上的表现。”

“蔷薇有花又有刺，然而花开须有时。”《画蔷》（商务印书馆国际有限公司2000年1月第1版）一书，是邵燕祥的文化随笔精品集，作品思想深刻，不仅发人深省，而且趣味十足。他非常谦逊地说：“邵某画蔷，也只是表明，对于有花又有刺如蔷薇那样的美文，虽不能至，仍然心向往之而已。”

“独立之精神，自由之思想”，成为先生为文之魂。每每遇到公共领域的大是大非，他总是不畏权势，挺身而出，以笔为枪，伸张正义。作为杂文大家，邵燕祥先生极具忧患意识与批评精神。作家章诒和说邵燕祥是“不倦的风，始终呼啸着”“他对人，无论亲疏远近，他对事，无论大小轻重，都有着良好的理解力和判断力。他是把所有的生活挫折和全部的精神磨难，都转变为一种‘体验’，投到作品中，砸进文字里……邵燕祥是有锋芒的，锋芒在他的文字里”。

“刚日读经柔日读史，无酒学佛有酒学仙。”《柔日读史》（作家出版社出版2013年5月第1版）一书，收录了邵燕祥许多读史随笔，其中有《狱中诗》《假如阿Q还活着》《试论知识分子政策没有改变》等名篇。

在人生后期，邵燕祥先生以自传为主的纪实文学奇峰突起，他陆续出版了《沉船》《人生败笔》《找灵魂》《我死过，我幸存，我作证》《一个戴灰帽子的人》等；这些自传性非虚构写作，属于“邵氏反思录”。通过这些作品，他为自己说真话，他为历史说真话，他为他人说真话——真实地叙述，诚恳地表白，深刻地反思，无情地解剖，善意地警示，殷切地期望。“人类有记忆。一个民族共同的记忆是民族的历史。全世界人民共同的记忆是人类史。忘记了历史的民族会遭遇什么命运？世界上总有一些人要掩盖或篡改历史。”邵先生说：我的这些文字，多属感性的记忆，是人到黄昏，检点平生，是“数脚印”，我愿意叫它们“人生实录”。

邵先生经历了“找灵魂”之旅。2004年5月由广西师范大学出版社出版的《找灵魂》一书，是邵燕祥的人生实录之一，有个副标题为“邵燕祥私人卷宗：1945—1976”。邵燕祥谈到《找灵魂》的缘起：“我决心把那些卷宗里带着深刻时代烙印的旧作编成一本书。但它不是一份文学读物，而是一份知识分子改造史的个案。”在“解题”中，他写道：“找灵魂的路，好艰难啊。我愿与一切找灵魂的‘过客’们，一起相扶掖彳亍前行。”他还说：“我也到所谓晚年了吧，这才发现：只有自由思想、自由意志，独立精神、独立人格，才是一个人的灵魂。”2000年出版的《〈找灵魂〉补遗》一书，是《找灵魂》一书的补遗本。即使单看“补遗”本，也能感到一个小知识分子从少不更事到哀乐中年，伴随着思想改造的进程，经历的心路十分曲折复杂。

“文学作品，归根结底是作者个人和社会的记忆。”个人的跌宕经历，折射出国家、时代的风云巨变、沧海桑田。作家出版社在2016年7月出版的《我死过，我幸存，我作证》是邵先生的代表作，该书是他1945至1958年的自传，他用自己的亲身经历，记述了中国社会的履历、奇变，证明了那个时代，既是珍稀的史料，也是深刻的反思，既是中华民族真实、生动的阶段史，也是一代知识分子的命运史、心灵史。

"不是辩诬，不是自恋，更不是怀旧。"邵燕祥说，"历经忧患的生还者也都逐渐老去，这就是我为什么如此急切地写出来，献给健在者和一切敢于直面历史的同时代人，只有他们有权利来审查这一份历史的见证。"

当年邵燕祥历经多少艰难，他都熬过来，活下来，因为有鲁迅先生醍醐灌顶的一句话，让他刻骨铭心："名列于该杀之林则可，悬梁服毒，是不来的。"邵先生曾写过一篇亦诗亦文的《死的意义》，其中说到，死可以"使讨厌的人不再讨厌，使作恶的人不再作恶。使可爱的人永远可爱，并转化为长长的思念。使追求者不再追求。使等待者不再等待。使期望者不再期望，也从此无所谓失望……"经历过艰难时世的人最知道：活下去，才有机会给别人讲历史；否则，你就变成别人讲的历史。

"却顾所来径，苍苍横翠微。"《一个戴灰帽子的人》（江苏文艺出版社2014年7月第1版）所写的，基本上是1960到1965年这六年的个人经历和见闻。个人头上的"帽子"变成了灰色，社会则是"树欲静而风不止”。狂风暴雨惊涛骇浪中颠簸也罢，暂时靠岸避避风浪也罢，人在自然界有时不能完全掌握自己的命运，社会生活中亦不例外。此书是《作家文摘》2014年度十大影响力图书获奖作品。

一个人有一个人的个性，一个人有一个人的历史。邵燕祥人品、文品皆高尚。有人说，“在他的身上，闪耀着理性的光辉、正义的文明，散发着浓烈的人性善的馨香。这是民族复兴、国家富强的灵魂性力量”。邵先生温文尔雅，相貌堂堂。他晚岁耳朵有点背，需要借助助听器。他平常不是太爱说话，但一旦说话往往就是惊醒人事。邵燕祥先生的字也写得很好，比许多高官书法家或书法家高官的字好太多。我大学时的老师樊诗序跟我说，他收藏有好几封邵燕祥的信札，“有一封我印象挺深，是写给好友高尔泰的，说自己在农村劳动改造，化名李德胜；邵的字相当有功底……”

邵燕祥先生的终身伴侣谢文秀是大家闺秀。1953年，她从上海复旦大学新闻系提前毕业，分配到中央台，不久两人成了同组的同事。“左边不到两米远处，就是她的办公桌，而我管不住我的第六感觉，暗里关注着她的一蹙眉，一微笑，一插话……人之相知，更不用说年轻人，在敏感的年龄，人人都‘心有灵犀’……”谢文秀一直非常受人爱戴，她的人生絮语，请见《我死过，我幸存，我作证》一书最后的附录文章《碎片》。

邵燕祥先生，中国文学界的良心！先生不死，明天比昨天更长久！

钱塘书话

文澜选粹

杭州图书馆 编

国家图书馆出版社

序

创刊于2007年9月的《文澜》，是由杭州图书馆主办的传扬本土历史文化、推广全民阅读的人文类内刊，主要内容分成两部分，即与杭州相关的各类文章，以及不限地区的有关读书的文章。该刊设有多个栏目，包括人生、世事思考类的“孤山听雨”，当地典故、史料考证类的“吴山天风”，本地人物访谈、对话类的“湖畔小酌”，诗词歌赋、艺术类的“蕉石鸣琴”，杭州景色随笔、散文类的“天放一角”，杭州风物、美食、老字号类的“笕十八味”，对杭州生活的描述、回忆往事及人物等文章的“仲夏夜梦”，以及书评、读后感等的“文澜书话”。其装帧采用大

十六开，线装竖排本，封面使用双层柿青纸，内页为古籍印刷用纸，显得雅致、古朴。

《文澜》的编辑出版，凝聚着杭图人的智慧和心血，也离不开社会各界的关心支持。从新西兰汉学会到中国外交部，从霍金唯一的华人弟子吴忠超到侨居麻省厉鹗后代厉声树，从百岁老人周有光亲书赞许到书法家沈鹏惠书惠函……稿源越来越丰富，刊物的知晓度逐渐从国内延伸到国外，抵达美国、新西兰、新加坡、日本等。2014年，获评首届“中国图书馆阅读推广类十佳内刊内报”。时至今日，该刊为发挥杭州图书馆的文献优势，反映杭州风土人情和文化掌故，传承独特的地方文脉，推动全民阅读起到了积极的促进作用。

2023年是杭州图书馆建馆65周年，而《文澜》正是在励精图治、开拓进取中诞生并成长起来的。为此，我们特别精选部分优秀作品，分编为“杭垣往事”“武林故影”“钱塘书话”“天城风华”四册，汇辑成《文澜选粹》套书正式出版。其中“杭垣往事”介绍杭州的历史古迹，“武林故影”记载本地的文化

名人，“钱塘书话”收录藏书故事及书评，“天城风华”讲述杭州的风俗民情以及文艺创作等，这也是杭图致力于地方文化传播的实践成果。

六十五载年华流转，岁月如歌；六十五载栉风沐雨，铸就辉煌。希望《文澜选粹》能为杭州图书馆的65周年华诞，增添一片绚丽多彩的人文艺术花苑，也祝愿它在新时代、新征程上赓续奋进，再谱华章！

杭州图书馆馆长

2023年9月

目　录

灵隐书藏话旧

文 · 陈东辉

阮元乃清代中后期号称“三朝（乾隆、嘉庆、道光）元老”的封疆大吏，同时又是一位学识渊博的大师鸿儒。作为清代扬州学派的中坚人物，为我国的学术、文化和教育事业做出了杰出贡献。阮元曾于乾隆六十年（1795）至嘉庆三年（1798）任浙江学政，嘉庆五年至嘉庆十年，嘉庆十二年至嘉庆十四年，两度任浙江巡抚，与浙江特别是杭州关系十分密切。阮元在杭州创办诂经精舍，建立白文公祠和苏公祠，重修岳庙，并疏浚西湖，修筑海塘，在振兴浙江文教事业以及保护杭州名胜古迹方面功不可没，令人缅怀。著名的西湖湖中三岛之一的阮公墩，便是阮元主持治理西湖时，用湖中挖出的2万4千余吨葑泥堆积而成，人们为了铭记阮元的功绩而将该岛称作阮公墩；位于吴山城隍阁南面元宝心60号的阮公祠，则是清代中期为了纪念阮元而在原重阳庵的基础上改建的，现已修葺一新。相对于广为人知的阮公墩和阮公祠而言，阮元在杭州设立的灵隐书藏之名气要小得多，往往容易被忽略，一般介绍杭州和灵隐的读物中也不提及。有鉴于此，笔者下面对灵隐书藏的有关情况略作考述，以纪念阮元在杭州的德政，同时也为园林文物管理部门以及佛教界提供一些可资参考的史料。

地处我国历史文化名城杭州西北郊的灵隐，乃海内外著名的文物古迹和游览胜地，这里有一始建于东晋咸和元年（326）的江南名刹——灵隐寺，秀丽的名山胜水与灿烂的历史文物荟萃于一起，使灵隐充满了诗情画意、禅味古韵。在灵隐悠久的历史上有一段被人们忽略的史实，这就是清代“三朝元老”、杰出学者阮元设立灵隐书藏的始末。

嘉庆十四年，阮元第二次任浙江巡抚时，鉴于“好学之士，半属寒酸。购书既苦无力，借书又难。其人坐此孤陋寡闻无所成就者不知凡几”的状况，为推广教思无穷之意，决定在杭州灵隐寺大悲阁后建立书藏。由于寺庙一般比较幽静、远僻和宽敞，是颇为理想的藏书之所，因此历代都有文人藏书梵宇僧舍的事例，如唐代白居易曾分藏其集于庐山东林诸寺，南宋洪咨夔曾在浙江西天目宝福院闻复阁藏书1万3千卷，而北宋孙洙则曾从佛龛中喜获《古文苑》。作为东南第一名刹的杭州灵隐禅寺，远离市区尘嚣，周围山峦叠翠，古木参天，环境幽雅清静，并且殿宇众多，清规森严，不失为一处难得的庋藏典籍之宝地。关于“书藏”之名称及意旨，阮元在《杭州灵隐书藏记》中云：“《周官》：诸府掌官契以治藏，《史记》：老子为周守藏室之史，藏书曰藏，古矣。古人韵缓，不烦改字，收藏之与藏室，无二音也。汉以后曰观、曰阁、曰库，而不名藏。隋唐释典大备，乃有《开元释藏》之目。释道之名藏，盖亦摭儒家之古名也。明侯官曹学佺谓释道有藏，儒何独无？欲聚书鼎立。其意甚善，而数典未详。”

灵隐书藏的创议人系清代著名学者翁方纲，主其事者为阮元。嘉庆十四年，杭州刻朱文正公、翁覃溪先生、法时帆先生诸集将成，覃溪先生寄书于杭州紫阳书院院长石琢堂状元曰：“《复初斋集》刻成，为我置一部于灵隐。”是年仲春十九日，阮元与顾星桥、陈桂堂、石琢堂、郭频伽、何梦华、刘春桥、顾简塘、赵晋斋等名士同游灵隐，谈及翁方纲藏《复初斋集》于灵隐之事，以为“今《复初斋》一集尚未成箱箧，盍使凡愿以其所著、所刊、所写、所藏之书藏灵隐者，皆裒之，其为藏也大矣”（阮元:《杭州灵隐书藏记》）。阮元当即表示赞同，乃于灵隐寺大悲佛阁后造置木橱，按唐人宋之问《灵隐寺》诗（鹫岭郁岧峣，龙宫锁寂寥。楼观沧海日，门对浙江潮。桂子月中落，天香云外飘。扪萝登塔远，刳木求泉遥。霜薄花更发，冰轻叶未凋。夙龄尚遐异，搜对涤烦嚣。待入天台路，看余度石桥）编号，遴选灵隐寺玉峰、偶然二僧登录所藏书籍，掌管木橱钥匙。另外他还命人刻了一方铜章，用以在藏书上钤印，并大书“灵隐书藏”四字匾额，悬于阁楣。为了加强藏书管理、方便诸生阅读，阮元郑重地制订了较为具体的《书藏条例》，考虑周详，言简意赅，行之有一效，足为范式，故曾先后为江苏镇江焦山书藏（阮元于嘉庆十九年在扬子江口焦山设立）和安徽芜湖中江书院（原名鸠江书院，光绪初更名为中江书院）所采用。

关于灵隐书藏设立之缘由，阮元尚有《诸君子集灵隐置书藏纪事》诗:“《尚书》未百篇，《春秋》疑断烂。列史志艺文，分卷本亿万。传之千百年，存世不及半。近代多书楼，难聚易分散。或者古名山，与俗隔崖岸。岧峣灵隐峰，琳宫敞楼观。共为藏书来，藏室特修建。学人苦著书，难杀竹青汗。若非见著录，何必弄柔翰。舟车易遗亡，水火为患难。子孙重田园，弃此等涂炭。朋友诺黄金，文字任失窜。或以经覆瓿，或以诗投溷。当年无副本，佚后每长叹。岂如香山寺，全集不散乱。名家勒巨帙，精神本注贯。逸民老田间，不见亦无闷。虽不待藏传，得藏亦所愿。我今立藏法，似定禅家案。诸友以书来，收藏持一券。他年七十厨，卷轴积无算。或有访书人，伏阁细披看。古人好事心，试共后人论。既泛西湖舟，旋饱蔬笋饭。出寺夕阳残，鹫岭风泉涣。”

此外，郭麐（lín）撰有《灵隐寺书藏后记》，翁方纲、杨凤苞、李富孙、陈文述、曹言纯对灵隐书藏俱有题咏，洵为佛门韵事、书林佳话。翁方纲之《灵隐书藏歌》作于嘉庆己巳（1809）岁暮，陈述书藏缘起。诗曰：“灵隐书藏事孰始，始自杭刻朱翁诗。朱公未及藏记读，阮元索我书之碑。我诗已愧阮元刻，缘此议藏能毋嗤。同人去夏集湖上，石子镌我禅壁词。佥曰一集未盈筐，盍仿曹氏书仓为。遂启佛阁厨七十，以备续度签装治。主以二僧编以例，匡庐白石宁闻兹。石子书来趣函寄，正我盥写金经时，古称大都与通邑，名山藏副于京师。名山名刹更增重，岂比家刻传其私。苟非悬之免指摘，或且倍甚来瑕疵。往者新城王叟集，青藜刘君隶写之。头藏嵩少果践否？林吉人楷名空驰。呜呼寸心千古事，甚于镜影公妍媸。念此彷徨汗浃背，头缄油素又屡迟。上有灵峰下湖水，鉴我朴拙心无disorders（yí）。继有裹函来寺者，何以助我加箴规。写经微愿那足补，日日斋袚勤三思。”

灵隐书藏虽仍偏重保存，但已略具近代图书馆的性质，为学人阅读提供了方便，对于推动当时文化的传播和学术的发展，是起了积极作用的。令人惋惜的是，灵隐书藏毁于咸丰十年（1860）太平天国的战火之中。其后虽有张大昌等热心之士提议重建（参见张大昌：《重建灵隐书藏募书疏》），但由于种种原因而未能如愿，实为一大憾事。

除了书藏外，灵隐尚有经藏，根据旧时习惯，佛经刻印后，常由施主舍于寺庙、经幢、宝塔等处庋藏。灵隐作为闻名海内的大佛寺，所收藏的经典必定十分丰富，但由于数遭回禄，记载闻如，无从详考，殊为遗憾。现仅就笔者所知略述梗概。

嘉庆戊辰、己巳间，杭州紫阳书院院长石琢堂（韫玉）曾偕同灵隐寺住持若水、品莲整理与编辑灵隐经藏，并撰碑文以纪其事，内中有云：“将执文字以求佛，可乎？曰：文殊问维摩之疾，会意而忘言；达磨安神光之心，迎机而悬解，学佛不可执文字也。将离文字以求佛，可乎？曰：佉卢造字，释伽亦传习；多师博达，多闻庆喜，为总持第一，学佛不可离文字也。是故龙威授简，九流著于艺术；鸠摩译经，千佛标其名义。虽华裔分域，儒墨异流，而问迷涂者必仗神针，游觉海者先寻宝筏。彼大士假圆通说法，非教何宣；中华由声音入观，舍经奚悟？昔之尊宿，六如观幻，四谛征空，入精进之林，则手书贝叶，转华严之藏，则舌吐莲花，非偶然也。灵隐寺者，西湖之上刹也，两峰映带，四众皈依。佛开法会，飞来鹫岭一峰；帝锡嘉名，敕赐‘云林’二字。燃灯座下，习四种之威仪，卓锡山中，受十方之供养。游观者无金狄之讥，受持者有木叉之戒。真东南一大道场也。惟是旧藏经文，不戒于火，珠林秘策，遽化秦灰；石室昙章，无存鲁壁。九译莫详其文，三宝竟阙其一，将何以阐扬圣教，接引学人？余寄公乐土，访道名山，适若水、品莲两禅师，先后主持方丈，每谈斯事，辄为太息。”（石韫玉：《灵隐藏经碑》）鉴于上述情况，石琢堂发愿要恢复灵隐之经藏。当时吴中之会一法师在嘉兴楞严寺修治经版，琢堂与他商议整理经藏之事。经过努力，共汇集大藏经、论等1655种，装成1438册，另外附加贮藏外论疏、语录各书150种，装成456册，综为二柜，藏于灵隐寺之莲灯阁上。此项工作共用去白金340两。通过这次整理与编辑，灵隐经藏遂复昔日之旧。石琢堂期望从此以后，灵隐经藏“典守有司，绍隆无替。琅函万卷，常宣木铎之音；宝历千秋，永绝风轮之劫”（石韫玉：《灵隐藏经碑》）。可惜事与愿违，灵隐经藏与书藏之命运相同，亦遭庚申（1860）兵燹之焚毁，令人唏嘘！

灵隐书藏及经藏，曾经为瑞霭缭绕、梵呗抑扬的灵隐禅寺增添了缕缕书香，在灵隐乃至整个杭州的文化史上留下了独具特色的一页。如今的灵隐寺已经成为海内外著名的文物古迹和游览胜地，充满了诗情画意和禅味古韵，几乎每天游客如潮。近年来，杭州市大力开发人文旅游资源，修复和重建众多古建筑，成绩卓著，有目共睹。灵隐寺也重新建造了藏经楼（即第四殿上层，类似于清代的灵隐经藏）。笔者认为，有关部门可以考虑在原址基础上依照原样重建灵隐书藏（就像清代光绪年间重建文澜阁），重点收藏海内外新版佛教类书刊以及现当代名人佛教类手稿等，与现有的藏经楼形成互补之格局，争取使灵隐寺逐步成为浙江乃至全国佛教类文献的收藏中心之一，同时也可以为灵隐景区增添一处富有意义和特色的人文景观。这一设想应该是可行的，并且难度不算太大，工期不会太长，花费也不会太多，但对于杭州文物古迹的保护，旅游事业的发展乃至生活品质之城的建设，均有一定价值。

陈训慈与文澜阁库书的抗日大转移

文·吕洪年

陈训慈（1901—1991），字叔谅，慈溪官桥村（今属余姚三七市镇）人，陈布雷弟。1924年毕业于国立东南大学，历任上海商务印书馆编译所编译、中央大学史学讲师、浙江大学史地系教授。1932年任浙江省立图书馆馆长，10年任职中，推行普及社会教育与提高学术研究相兼顾的办馆方针，实行通年全日开放制度，又先后创办《文澜学报》《浙江图书馆馆刊》《图书展望》《读书周报》等。1936年主持举办“浙江文献展览会”，参观者8万人次。“七七”事变后，联络浙江大学、浙江博物馆等，创办《抗敌导报》，呼吁抗日。

抗日战争中，为保护浙图藏书，主持组织抢运馆藏《四库全书》及古籍善本，避至富阳、龙泉，又组织抢运宁波天一阁九千多册藏书到浙南。1949年后，历任浙江省政协一至六届委员，民盟浙江省委顾问，浙江省文物管理委员会主任委员，浙江省博物馆图书资料室主任，浙江历史学会理事、顾问，浙江省地方志学会顾问等职。90岁寿辰时捐献《丁丑日记》手稿及148封各界名人信札给浙江图书馆。1991年逝于杭州。工古文辞，尤精历史，著有《五卅惨史》《世界大战史》《晚近浙江文献述概》等。

文澜阁里有国宝

文澜阁始建于1782年，是年清廷四库馆编的《四库全书》（四部）告成，然两者并未联系在一起，而是等到后来乾隆又命续抄三部，方有文澜阁《四库全书》。之后两百余年，阁、书离离合合，久经磨难。

成书于乾隆年间的《四库全书》，共缮写七部，分别藏于七处：故宫文渊阁、沈阳文溯阁、圆明园文源阁、热河文津阁，是为北四阁；镇江金山文宗阁、扬州大观堂文汇阁、杭州西湖文澜阁，是为南三阁。北四阁中，文源阁本毁于1860年英法联军火焚，文渊阁本于20世纪40年代移至台北故宫博物院，文津阁本从承德移藏于国家图书馆，文溯阁本在“文革”中从沈阳故宫移藏于兰州，现存于甘肃省图书馆。南三阁中，文宗、文汇阁本于太平天国战争期间被毁，文澜阁本则另有一番曲折经历。

1861年冬，太平军攻占杭州，文澜阁倒塌，所藏库书散落民间。当时藏书家丁丙、丁申兄弟在街头发现散页后，冒死潜至文澜阁旁，抢救了一部分残籍，后又雇人收购回8689册库书，才使三分之一左右的文澜阁《四库全书》得以劫后余生。战乱稍平，丁氏兄弟为补齐典籍，又招募百人，耗时11年，抄26000余册。1881年，补抄后的《四库全书》重归文澜阁（1880年修复）。

继丁氏兄弟之后，民国时期的浙江省立图书馆首任馆长钱恂开始“乙卯补抄”。考虑到文澜阁北岸山、南临水，四周潮湿不宜藏书，钱恂多方斡旋，终使《四库全书》搬离至孤山路的红楼；稍后，海宁的张宗祥又发起“癸亥补抄”。1937年抗日战争爆发，《四库全书》再临危难，时任浙图馆长的陈训慈奔走呼吁，后经浙江大学协助，将《四库全书》装成139箱，开始西向大转移。1946年7月，《四库全书》重返杭州，再入红楼。1954年4月，《四库全书》再次搬入孤山之巅的青白山居至今。这期间，文澜阁不堪风雨，为妥善保护国宝，多次修缮，仅20世纪70年代以来，就有1974年、1984年、1993年三次维修。

抢在杭州沦陷前

1937年“七七”事变爆发。8月，淞沪战争打响，日机时常袭击杭城。社会上流传着种种小道消息，有的说，东北沦陷后，日本人将沈阳文溯阁《四库全书》运往东京，北京的两套书（文渊阁、文津阁）也快要被日本人抢走了。陈训慈敏锐地觉察到杭州文澜阁的《四库全书》也面临着被掠夺的危险，必须尽快转移！

他想到乾隆年间缮抄的七部库书的不幸遭遇，南三阁中只剩文澜阁了。如果库书毁于日寇，我这个馆长不仅仅上对不起祖宗，下对不起子孙，更有何面目苟活人世。于是他将家属安置慈溪，奔走呼号，甚至背上沉重的债务，也要完成迁移文澜阁库书的艰难任务。

陈训慈，一面动员全馆人员赶制木箱，准备装箱转移，一面积极筹措运费。他向教育厅厅长许绍棣多次报告请拨经费，许绍棣不屑此举，再三拖延，不出运费。这急坏了陈训慈。一急倒是动出了脑筋，他想到浙大，想到恩师，就急忙去找竺可桢校长商量。两人又共同向教育部陈述，终于力争到借用浙大迁校的卡车装运库书的准许，陈训慈非常感动。

11月，日寇登陆金山卫，杭州危在旦夕。11月13日和20日，陈训慈数次到省教育厅求助，只领到三百元。陈训慈四处举债。他在日记中写道："民国二十六年十二月十日……为运书款，绌已向张君晓峰借两百金，自垫两百金，今悉罄。无应挑工的工资，乃往访振公仅借得六十金，应付颇不易……"

对于这段历史，当时负责保管工作的毛春翔在《图书展望》（1947年复刊第三期）的一篇文章中回忆道："馆长陈叔谅先生恐阁书被炸，即命总务组赶制木箱，准备迁移。七月末，情势日益恶劣，乃决定迁运日期及地点。日期，定于八月四日。地点，决定富阳鱼山石马村赵宅，……八月一日，全馆职员麇集孤山分馆，点书装箱，至三日深夜装竣。计阁书140箱，善本书88箱，共二百廿八箱。四日晨阁书离馆，运往江干装一大船……五日午刻，抵达鱼山。”终于在杭州沦陷前将库书全部转移。历史证实，陈训慈的“觉察”是有道理的，据日本学者松本刚在《掠夺了的文化——战争与图书》一书中记述，杭州沦陷后不久，日本的“占领地区图书文献接收委员会”于1938年2月22日派了9人从上海到杭州，寻找文澜阁《四库全书》。

1937年12月3日，库书与善本自富阳向南运抵桐庐。又依靠从浙大借来的卡车，分运3天，继续向南到达建德县，最后运抵浙闽赣三省交界处的浙江省龙泉县。

但龙泉仍非久留之地，将库书运到大后方才是妥善之策。遵照教育部的要求，库书于1938年3月27日从浙江龙泉出发西迁。后就在武夷山和仙霞岭中迂回。所遇到的险情，所克服的困难不计其数。仅从龙泉到福建的浦城，然后再折回浙江的江山，这一段就经过了新岭、王坊、八都、木岱口、供村、花桥、山路、富岭、沙婆桥、十八里、仙阳、杉坊、达坞、力牧、枫岭关、二十八都、保安、峡口、茅坂、石后、淤头、清湖等20余个镇。在经过峡口过江山溪时，由于路况差，人疲惫，天气恶劣，有一车书翻倒在溪水之中。这种书很容易“结饼”或霉烂，必须马上抢救，护书员立即运到江山县城城隍庙的大天井中曝晾，这种工作要求非常细致，需要将书一页页揭开，用毛纸垫上吸水，然后再曝晾。战事紧张，日寇经常轰炸，江山县里也不能久留，他们只好在一路跋山涉水时经常通风或晾晒，防止霉变。

库书在江山上浙赣铁路，过江西，到湖南长沙，从湘北到湘南，至4月底运抵贵阳，先存至西郊张家祠堂。之后便是曝书。由于护书的夏定域和虞佩岚、柳逸仄等的努力，落过水的3000册书被精心照料后终于抢救过来了。只是有些书浸水太严重了，至今还留着渗水的痕迹。

尽管陈训慈在1938年3月应竺校长力邀兼任浙大史地系教授，1940年兼任浙大龙泉分校主任，但是他对文澜阁《四库全书》的安全却一直挂在心上。同时他还采取多种办法和在贵阳的夏定域等取得联系，对库书的安危和各种保护的措施进行了指导。

1938年9月下旬，日寇首次轰炸贵阳。库书还得再次搬迁。1939年2月，文澜阁《四库全书》搬迁到贵阳城北八里的高山上地母洞内。此洞高约四五丈，宽约七八丈，附近极为荒凉，没有人烟，十分安全。竺可桢校长于1939年6月23日下午，偕贵州省教育厅人员，到地母洞查看库书的存放情况。库书只有两名工人看守，他们打开一箱验视，发现其中书已略有潮湿。他们当即商定，屋顶须以瓦代木，箱中书籍须晾晒，看护工作必须有人主持。就将每年一次的暴晒改为春秋两次，全年无停歇之日。历任保管员对民族文化十分热爱与珍惜，恪尽职守，历时6年，保存完好，没有受损。

护书保校功莫大

1940年10月，陈训慈应兄长陈布雷的邀请，辞去浙大教授和浙大龙泉分校主任职务到重庆任国民政府军事委员会第二处秘书。在赴任途中，于10月23日特地赶到地母洞察看文澜阁《四库全书》，提了许多妥善保管库书的建议。到重庆后，蒋介石接见了陈训慈。他要充分利用这次机会，以便获得政府的进一步支持，就在介绍自己治学情况过后，向蒋介石汇报了文澜阁《四库全书》存贵阳地母洞和浙江图书馆馆藏文献南迁的详情。1940年10月15日，陈立夫到陈布雷家访问时，陈训慈又乘机介绍贵阳地母洞内文澜阁《四库全书》的困境。陈立夫当场表示“加费无问题，惟视藏山乡亦不便迁矣”。紧接着陈训慈又在11月26日致函教育部陈逸名司长，要求落实新增预算。同时，他还与贵州省教育厅、贵州省图书馆联系有关保管措施的落实和经费使用等事。由于他做了大量的工作，重庆国民政府更为关注文澜阁库书的安危。1943年春，蒋介石电谕贵州省主席吴鼎昌，嘱“地母洞潮湿，藏书恐霉烂，应另觅安全处所迁藏”。

1944年，日寇从广西北犯贵州，11月黔境告急，日寇长驱直入，贵阳人心惶惶。这时，重庆国民政府特令地母洞库书紧急迁渝，同时电告“浙大就地解散”，称浙大教职员工并入中央大学，动员青年学生开展抗日游击战，将一大批图书资料和仪器设备，在当地隐蔽。此令到达贵阳后，浙大师生群情激愤，上下都处于紧张的临战状态。就在这“生死存亡”的关键时刻，为浙大西迁办学呕心沥血的竺可桢校长当机立断，电告当时正在重庆的陈训慈，要他通过他的兄长陈布雷面谒蒋介石。陈训慈接电后，没有二话，一面筹办“地母洞”库书运抵四川的有关事宜；一面说动陈布雷如此这般的快速行动。据说，当时蒋介石推说“不知此事”，陈布雷要他收回成命，否则便辞职不干了。蒋说：“即使已有命令，也可改回来嘛！”

竺校长在接到重庆的第二次来电之后，深感陈训慈“保校”有功，消息一出，全校师生无不欢呼雀跃，额首称庆。但迫于日寇步步紧逼的时局，浙大将何去何从？竺校长和全校师生的想法便是与“黔土共存亡”。竺在西迁贵州时说过：“昔阳明先生贬窜龙场，遂成知难行易学说……吾辈虽不及阳明先生，但在一千余师生竭尽知能，当可有裨于黔省。”

1944年12月8日至23日，文澜阁库书终于运抵重庆青木关，又保住了浙大西迁的成果，唱响了一曲悲壮的史诗。陈训慈可谓功莫大矣！

回迁路上过雄关

1945年8月，日寇投降，战争结束。重庆方面成立了以陈训慈等三人为常务委员会的“文澜阁《四库全书》保管委员会”。1946年5月15日，在保管会的妥善筹划下，库书取道川南入黔，经湘赣入浙，7月5日安抵杭州，库书重归西湖孤山藏书楼。

库书回迁途中，麻烦之事，困苦之状，一言难尽。据当事者记述：“在衡阳遇匪，警士开枪百余发匪始逸；在邵阳候渡二日夜；在安仁遇一小河，卸书渡河费时一日；在江西永新，余车左轮陷入水坑，几倾覆；在银坑宿露天茶棚；在上饶遇罕有大水，公路桥梁冲毁，停留十余日；在兰溪过渡，卸书，烈日熏灼一日，皮肤若焦炭，凡此皆为令人永远难忘之遭遇。”回迁过程历经50余日，陈训慈是库书内迁全过程的总指挥，举凡事前策划、人事安排、经费请领、协调配合乃至防潮设备之改进、员工生活之维持以及其他有关库书安全的林林总总，均为陈训慈所主持，人称“前丁后陈，永垂不朽”。

文澜阁《四库全书》内迁后期独任保管工作的毛春翔在其《文澜阁〈四库全书〉战时搬迁纪略》文中抒发感言："清咸丰庚申之变，阁书散而复存，阁毁而复建，全赖钱塘先贤丁松生先生倡导之力。此次倭寇入侵，烧杀焚掠，远酷于洪杨，阁书颠沛流离，奔徙数千里，其艰危亦远甚于往昔，八载深锢边陲，卒复完璧归杭，是谁之力与？曰陈叔谅先生之力居多。……凡我浙人皆当同声称谢。"没有亲历此事件的人，是说不出这样感动人的话来的。1938年，陈训慈曾向图书界前辈张宗祥（张比陈大十八岁）求字。张写了一首颂扬陈保护文献、倾心库书的诗，云：

辛苦南征道路长，寿松秘籍在行囊。
护书心血偿全愿，历劫缥湘发奇香。
天一丛残怀甬上，文澜安稳到黔阳。
八千卷已归何处，老友飘零泪数行。

诗中还赞扬陈把宁波天一阁藏书也抢救了出来。

新时期里新乐章

2006年2月15日文澜阁在新时期的修缮开工，2月22日《四库全书》重新印刷开机，前后相隔不过一周。先阁后书，正如百年前一样，这么一个时间上的巧合，却给人留下了一段漫漫遐想。

原来，2005年1月，浙江青年学院青年学者、中国文物学会会员徐敏，出于对祖国文物保护事业的关心与挚爱，调查文澜阁损毁破坏的严重情况，郑重地给中共浙江省委书记、省人大常委会主任习近平写信，提议要求修缮文澜阁。习书记高度重视，作出重要批示，并由国家文物局、浙江省政府拨专款300余万元予以维修，一年后竣工。《人民日报》海外版2005年3月15日还以《文澜阁国宝进行大修》为题作了报道。无独有偶，省民建会员、杭州出版社总编辑徐海荣获知《四库全书》的许多封面业已硬化，部分书页发霉且书线脱落。“文化瑰宝，延传下去，最好的办法是重印”，初步估算光经费就得3000万元。2004年，徐海荣从民间筹得600万元资金。5月，杭州出版社与浙江图书馆达成合作再版文澜阁《四库全书》协议。此时，浙江文化大省建设拉开序幕，重印文澜阁《四库全书》被列为浙江省重大文化工程。

“前人种树，后人培土。”浙江人民为保护民族文化瑰宝，前仆后继、不屈不挠的精神，真可歌可泣！待到2007年，文澜阁修复、《四库全书》出版，阁、书又能再次聚在一起。

黄跋古籍四种过眼存记

—文·褚树青—

西泠印社拍卖有限公司杨柳女史寄来清嘉庆“读未见书斋”版《国语》《梦窗词丙丁稿》《文房四谱》《画鉴》等四种古籍书影，请余鉴赏。此虽非原刻，然因影传清晰，装帧精美，古朴之气仍扑面而来，特别是每书都有黄丕烈等大家的书跋，版刻与法书相映，阅之，使人心神为之漾荡。

黄丕烈，字绍武，又作绍甫，号荛圃，又号荛翁，江苏长洲（今苏州）人。清乾嘉时期著名的藏书家、校勘学家和版本目录学家，其随札式题跋开一代宗风，对后世深具影响。故凡有黄丕烈题跋的古籍，均本呈龙象，籍具凤仪。

《梦窗丙稿》一卷、《丁稿》一卷、《绝笔》一卷、《补遗》一卷，黄丕烈手校本，宋代大词人吴文英撰，明汲古阁刊本。半叶八行十八字，小字双行同，白口，四周单边，一册。有吴湖帆、潘静淑收藏并校跋，及蒋祖怡、徐邦达、叶恭绰等跋。湖帆夫妇出身名门，为现代藏家大佬，书、画、词享有盛誉。此书三美并具：“梦窗制词”“子晋刻词”“荛夫校词”，且众题者也都是一代闻人、一时之选。文献史上，如此赏心悦目之事，确不多见。故湖帆先生曰："余复何言。"诚哉！诚哉！

《国语》是先秦时期的重要典籍，向为学人所重，历代均有新刻。从各大图书馆著录的情况看，仅宋刻本就有五种传世，分别藏于国家图书馆、日本静嘉堂文库、台北"央图"、台北故宫博物院、日本大仓文化财团等。今西泠本《国语二十一卷附校刊明道本韦氏解国语札记一卷》，三国吴韦昭注，是清嘉庆五年（1800）黄氏读未见书斋刻本。半叶十一行二十字，小字双行三十一字，白口，左右双边，二册。对于《国语》的版本及流转情况，现代学人徐佳在其《历代〈国语〉版本著录汇考》和《〈国语〉版本考论》两篇文章中，已有全面叙述，足资参阅。据云：《国语》版刻有"公序"和"明道"两个系列，所谓"公序本"乃因宋庠（字公序）校勘而得名，而"明道本"则是宋天圣七年（1029）初印，明道二年（1033）据此重刊闻世，故又称"天圣明道本"。上述五种宋刻，均属"公序本"体系，而西泠《国语》是黄丕烈影宋雕本，系《士礼居丛书》之一，属"明道”系列，路工先生曾在《访书见闻录》中评价“其几乎和宋刻难于分别”。黄刻艺术性之高，于此可见。从跋文中可知，是书为黄丕烈赠朝鲜使臣朴齐家原物，荛圃先生是否还有赠书外籍友人者，不得而知，但当年朴齐家喜而纳之，携而归之，宝而藏之，也足以印证汉文化流布对周边国家的影响。有趣的是，此书封面是五眼装，而里页却露出原始的四眼，显然此书在辗转的岁月中被改为高丽装了，但“故家乔物，依然无恙”，亦使人为之欣慰。

《画鉴》，一称《古今画鉴》，体例与米芾《画史》相类，内容兼具著录、品鉴、理论，所记始于三国吴，而迄元初。是书系抄本，鉴定为明代之物，从文中“玄”字不避讳的情况看，似也佐证。本馆文献学博士彭喜双，耽于翰海，熟研旧藏，对《画鉴》与《文房四谱》的版本流转作了详细考证，她发现：西泠本跋于辛未（1811）冬至前二日，检《士礼居藏书题跋记》和《荛圃藏书题识》著录有另一“校旧抄本”，时间为辛未冬至后四日，为何仅隔六日，后作之跋不言及前本，是一书？抑或二书？由于后跋之书现藏于国家图书馆，无法对照，语我亦莫之奈何。

《文房四谱》钤有“蒋香生氏秦汉十印斋考藏记”，香生为清代长洲蒋凤藻之号，蒋氏富藏书，商务印书馆2005年出版的《中国著名藏书家书目汇刊》近代卷中所收蒋氏《秦汉十印斋藏书目》卷三子部“谱录类”著录此书。此书应是蒋凤藻得之周星诒处，而周星诒是从陈征芝处购得，西泠本虽无陈征芝藏书印，但阅陈氏《带经堂书目》，此本赫然其中。又据谭献《复堂日记》云：“见陈氏《带经堂书目》多有影宋抄本，盖黄荛圃旧藏，后归王惕甫。陈征芝兰邻官浙江时又得之惕圃，乃入闽。此其流传端绪也。”惕圃者，芑孙之号。据此，喜双博士认为是书流传有序，递藏情况应该是明确的，大致为黄丕烈——王芑孙——陈征芝——周星诒——蒋凤藻。信不诬也。

前人谓书有十厄，藏书实难。上述四种古籍，历久而不毁，使人不能不抚书而慨。

江南六月，暑湿交并，常使人惆怅，披阅书影，神游古今，想两百来年前，黄丕烈先生“闲窗枯坐，虽浓云密布，天意酿寒，清冷之致，然校书自得”，内中之南山心境，林下之乐，又岂是“窗竹萧森烛影孤”所能述也。

李叔同出家九十周年祭

——从弘一法师「结夏」虎跑「敬诵」的一部佛学书说起

—文·王用钧—

1918年，李叔同虎跑出家，这是辛亥革命推翻清王朝，结束数千载封建统治后，建立中华民国的第七个年头，发生在杭州神奇而惊世骇俗的一件大事情。

所有的大名人，都有诞辰和逝日的纪念，20世纪新文化运动的先驱者、文艺全才、著名教育家李叔同则多一个——那就是他在39岁的盛年，毅然决然地在杭州虎跑定慧寺出家，而后成为现代佛学律宗文化高僧弘一法师。2008年8月13日（阴历七月十三日），是李叔同在杭州虎跑出家九十周年的日子，值得人们尤其是杭州僧俗两界纪念之。

九十年来，随着历史车轮的滚滚向前，20世纪初新文化运动的先驱者李叔同、现代爱国高僧弘一法师，为后人留下了巨大的物质和精神上的财富。因此，他在僧俗两界已经越来越影响广泛而深远。李叔同、弘一法师这两个（也是一个）不朽的名字永志典籍，与祖国的锦绣江山一起，在人类文明史上有着永久的魅力！

当年，李叔同以觅得人迹罕至、清寂幽雅的虎跑断食出家为幸；而今，虎跑以李叔同弘一法师如“雨中棉花，日重一日”的声誉为荣！

一、虎跑

虎跑，是二十世纪“艺术全能”的文化名人和教育家李叔同经过“断食”（不断水）后，跨进佛门为僧，取名演音，号弘一，由儒转释的地方；进而也是弘一大师步入法海，不畏艰难，扬帆起航，成就为中兴失传700年的第十一代律宗的地方。

虎跑因泉而名，泉水与龙井茶被誉为杭州西湖双绝；是旅游胜境，为人们心向往之的地方。

虎跑有幸，留住两位得道高僧；一古一今，一俗一雅；古、俗者“哪里不平那有我”的济公人人喜爱，今、雅者1915年在杭州，创作出风靡全国的“长亭外，古道边，芳草碧连天”（《送别》）的弘一法师被僧俗两界所崇敬！

李叔同1880年生于天津，1918年在杭州虎跑定慧寺出家，1942年圆寂于福建泉州——距2008年已66周年。2007年，杭州市政府拨重金扩（改）建好包括“李叔同纪念馆”在内的虎跑公园，新建接水处(杭州市民从早到晚排队接水)、“华严经”石塔、六角“双绝亭”，以巨石雕“跑虎”二只，并辟“虎跑史陈列室”，可谓大手笔也。同时，将20世纪80年代改革开放初期建馆因受历史局限而定名的“李叔同纪念馆”，于2007年10月1日重新开放时更名为“李叔同弘一法师纪念馆”。这既区别于他的出生地天津“李叔同纪念馆”和圆寂地泉州“弘一法师纪念馆”，而又更能确切地体现区域特色——他的出家地杭州的意义。

杭州园林文物部门做虎跑名泉和名人的文章，两首交响曲将会在杭州建设大都市中演奏出美妙乐章。

二、镇馆之宝

2007年7月20日的《都市快报·杭州新闻》，以大标题登载：李叔同纪念馆征求镇馆之宝——最好是大师出家前写的《断食日记》(亦称《断食日志》)真迹。

笔者没有“最好……的《断食日记》真迹”，倒是有当年弘一法师经手过眼的研究著律的书。这部二册（16×25cm）线装书（上册封面、下册封底有残缺，并水渍、虫蛀），弘一法师在泛黄的棉麻纸封面左上边以扁形隶体浓墨重笔直写书名四个大字：法海观澜。书名下直书并排三行小字：禅宗要旨／密咒圆因／净土玄门。书之封面右下方，亦以小字记之：己未（1919）闰七月大慈弘一近住演音敬诵，并于书脚用朱笔（字体同封面）横写“法海观澜上”（册）和“法海观澜下”（册），为平放（叠）架（柜）而取之方便。

这是弘一法师为僧一年后，在其出家地留下的具有历史、文化价值的珍贵实物“真迹”，虽不可与《断食日记》相提并论作为镇馆之宝，但当成“重量级的文物”回到产生它的地方，想是适得其所吧！

翻开林子青先生编著，宗教文化出版社1995年8月出版的《弘一法师年谱》第105页，1919年（民国八年己未）记载：“是年春，居杭州玉泉寺，……初夏自玉泉致书杨白民……夏居虎跑结夏”此可确切地佐证当年弘一法师行踪的记时（己未）、记地（大慈——山名），只是"敬诵"的《法海观澜》没有如《安士全书》《楞严经》《赞颂》诸书那样入谱。但是它流传有序（见笔者1994年7月7日发表在《衢州日报》"弘一衢州有弟子"一文和收入上海文艺出版社2000年10月出版的《弘一大师温州踪迹》书中"弘一法师圈点过的一本律著"）。

弘一法师在《法海观澜》书上留下的墨宝，承袭"张猛龙碑"，书风在原有的碑体基础上进行转换，用笔点画凌厉；从书法角度，很值得品赏、研究之。

三、《法海观澜》

《法海观澜》内封书名旁印有：丁酉（1897）年春三月陶经周敬题，并篆"文林"印。是书为扬州藏经禅院重刻，上册署"甲午重九后一日，北天目蕅（ǒu）益沙门释智旭撰"的《序》和"甲辰年濑水弟子汤学绅撰"的《又序》；两序后为第一、二卷，下册收三、四、五卷，末附"刻法海观澜梵宝偶谈功德人名"，后署"光绪二十三年（1897）六月十九日观音圣诞之期圆满/板存扬州藏经禅院微尘宝”。光绪年间重刻的这部《法海观澜》以极薄的竹纸木版精印，计155页，折页两面，共310面；每面10行，行20字；多处圈点①，一处冠科（内容“二阿合指增益与长阿合”，朱色）②。就版本而论，已存世111年之久；它逃兵燹（xiǎn），避水火，躲浩劫，可谓是弥足珍贵的文物。

是书每卷均有“目录”，又每卷下均署“古吴蕅益比丘智旭辑/中山汤学绅康民阅梓”。“辑”者，为明末清初之高僧大德蕅益；“梓”（印刷）者，何人？待查。

蕅益之名，又作藕益，智旭为其字。明万历二十七年（1599）五月三日生，初学儒，出家时发愿“绝不收徒众，不登高座”；后见律学颓废，又发愿以兴律为己任，长住灵峰，著述合计40余种，尝曰：“生

①圈点：著名作家张爱玲在《名人笔下的胡适》一书中说：“加圈点似是两用的；有时候最好的句子加圈加点，有时候是语气加重。”弘一法师在阅读书的时候有圈点的习惯；笔者经手过眼弘一法师阅（研）读过的佛学书中多有留痕。

②冠科：弘一法师一向谦逊，他留在佛经书籍上的笔墨文字，只能说是“句读、校注”，位于“天头”的则称为“冠科”，即我们常人在一般书上（天）写下的订正误和见解类，所称的“眉批”是也。

在杭州虎跑寺出家的弘一法师

平百无一长，独有大菩提心，忘身为人，舍己从人。"清顺治十一年（1654）正月二十一日圆寂。从其署"甲午重九后一日……"[1]写的序断定《法海观澜》初刊本当在其圆寂之后的清朝初年。

法海，譬喻佛法广大难测；蕅益之《序》说："大藏法海，甚深无量。不得其术，何以观之哉？……欲

①"甲午正月二十一日圆寂"与"甲午重九后一日……"写的序，为同一个"甲午"年；但写序不能在"圆寂"七八个月之后，又不能是上一个甲午（1594），因为蕅益生于万历二十七年，他只活到56岁，不到一个甲子年。有误？待考。

游佛海，先资戒航。……释不受戒，不许听教参禅。”

汤学绅《序》曰：“藕益大师续千圣之灯。踞毗卢之顶。出光明镜，转法藏轮。集从前教乘诸典，选择精要，接引入门，读其综举之旨。夫约以戒行为第一……法海观澜之意。……大师数十年之苦心。”阅此两序，则知十分尊崇蕅益的弘一法师为何在1919年“结夏”虎跑时选择《法海观澜》“敬诵”之了。

研究弘一法师的佛学之路，要从虎跑开始，这就是“振裘者必携其领，汲水者必探其源”的道理。1919年，弘一法师会晤南来的同乡佛教学者（时任财政部司长）徐文霨（字蔚如）。徐居士对弘一法师说：“自古至今，出家的法师们，讲经的多，讲律的少，尤其是近几百年来，没有专门研究律学的，就是有也不彻底。你出家后可以研究律学，把中国的律宗重振起来。”（见天津人民出版社2000年10月出版的《李叔同——弘一法师纪念集》第268—269页）初出家的弘一，寻师求法，“敬诵”《法海观澜》后，遍考中外律丛，以心仪中的蕅益大师为楷模，立誓不收徒众、不主寺刹，严守“穿不过三衣，食不逾午时”；本着佛教“视富贵如浮云，目权位似粪土”的信念，而摆脱和超越政治倾向。同时，他接受徐蔚如的建议，选定持戒，以律为专治，在温州完成《四分律比丘戒相表记》等律学著作。他的挚友国学大师马一浮总结性地说：“弘一法师一生用功，乃在于律。”

四、“一条龙”活动

李叔同是中国近现代文化史、教育史上一位传奇式的人物，他的前半生在开拓中国现代艺术上取得了惊人业绩；后半生为佛学律宗做出了巨大贡献。因此，近百年来僧俗两界对他产生了极大的关注。每当李叔同诞辰、弘一法师圆寂逢五遇十，天津、泉州等地都会举行隆重的纪念活动。杭州是研究李叔同弘一法师至关重要的地方，十多年前杭州一位主管部门的领导在一次研讨会上倡议：待2000年李叔同诞辰120周年时，发起“一条龙”纪念活动，即从天津开幕，经杭州学术交流，再到泉州结束。为此，他动员杭州的李叔同弘一法师研究者，要像天津已结集出版多部研究成果的书和泉州已出版《弘一大师全集》那样，尽我们的努力。可惜，2000年没能实现“一条龙”活动……2008年是李叔同出家90周年，2010年是李叔同弘一法师诞辰130周年，如何呼应天津、泉州？这是杭州“李叔同弘一法师纪念馆”和研究者们应该考虑的事情。

—文·楼奕林—

《鲁迅日记》及许钦文

一

1977年，“四人帮”刚粉碎不久，“揭、批、查”“四人帮余孽”的运动如火如荼。单位里每个星期二、五上午的政治学习雷打不动，领导说完了群众发言，群众发言完了领导总结。到中午吃饭时候了，有时会还没完。我们年轻人早就饿得肚子咕咕叫，脑子里只想着食堂里那块红烧肉会不会卖完。那时候，物资十分匮乏，糕饼都像是砖瓦厂里出来的，还要凭票；能吃到红烧肉是非常不错了，要早早地去排队才能买得到。好不容易等到领导宣布今天会议到此结束，急切切要站起来拿饭碗时，一个苍老的声音从角落里响起，一口纯正的绍兴话：“我来话两声！鲁迅手里个辰光——”“完了，完了！又吃不到红烧肉了。”我们在心里直叫苦。开会的时候，明明看他低垂着头在角落里打瞌睡，一副啤酒瓶底似的近视镜片像眼罩，怎么一下子会醒过来？这个老人名叫许钦文，他不说个一刻钟半小时是不会完的。这个许钦文，就是在《鲁迅日记》和书信集中出现过二百五十多次的人。鲁迅先生与各种人交往都会记在日记中，但如此高频率出现在鲁迅日记中的人微乎其微。私下里，我们年轻人常开玩笑："最怕黄源说新四军，最怕许钦文说鲁迅。"他们说起自己钟爱的事和人会没完没了。

当时，我和许钦文先生同一办公室。许老已经八十多岁，老态龙钟，颈部、下巴的肌肉都已松弛下垂，走路需用拐杖，关节像硬化了似的。他每次来上班，都是步行来的，从来没车子接他。他是副厅级干部，"文革"前是省文化局副局长。"文革"后没有了职务，是个闲置人员，但仍享受副厅待遇，不过没有了自己专门的办公室，在我们《浙江文艺》诗歌组最角落搭一个座位。不知为什么，八十多岁了还没退休。他不太跟别人说话，来了就拿一面放大镜看书或看报纸，深度近视眼镜一圈一圈的，眼睛贴着纸面，十分专注。我从来没有听他说起过自己的创作，只是常常在会上听他不厌其烦地说鲁迅如何如何，我对他的了解也仅仅是知道他曾与鲁迅有过来往而已。许老也会送我东西，记得一次他到北京开会，回来后送给我两支中华铅笔，告诉我铅笔是在人民大会堂里买的。这让我很是崇敬，那年月，人民大会堂不是等闲之辈能随便进去的。我想，一定是他头上有鲁迅光环的缘故。

1979年9月的一天，许老拿出浙江人民出版社准备出的他的《〈鲁迅日记〉中的我》，要我给他再校对一遍。因他视力极差，左目失明，右目只有0.1的视力，看字很吃力。这本书由出版社包办校对，他自己没有校，所以有点不放心，怕送给别人，影响不好，也损害出版社的声誉。我当然满口答应，我很愿意为许老做些力所能及的事。同时，许老将这本《〈鲁迅日记〉中的我》送给了我，他摘下眼镜，几乎是眼睛贴着书摸着在扉页上写下："奕林同志指正／许钦文1979"，字迹清晰端正。他没有问过我的姓名，不知是怎么知道的。

我立即开始校对《〈鲁迅日记〉中的我》，同时，也怀着一分好奇，很想知道许老年轻时是怎么跟鲁迅交往的。

《〈鲁迅日记〉中的我》1979年9月第一次印刷，共八万字，十篇文章，这些文章都是他——一个八十多岁高龄的老人，近乎于零视力的眼睛，摸着稿纸一个字一个字写下来的。1982年许老住在浙江医院里写的总结他一生文学创作的文章“卖文六十年志感”中深情地说：“生我者父母，教我者鲁迅先生也，从牢监里营救我出虎口者亦鲁迅先生也。鲁迅先生给我的恩情永远说不尽。”1936年鲁迅先生逝世后，许老曾写过好几篇回忆鲁迅的文章，结集为《祝福书》，交给北新书局，但由于战乱，在上海沦陷前被烧毁。因年月隔得远了，许多事情会记忆有误，因此许老一直没有重写回忆鲁迅先生的文章。1977年春，我所在的《浙江文艺》杂志向他约稿。也正好，一个朋友送了他一些稿纸，他就挤出时间来写了书中的第一篇文章《〈鲁迅日记〉中的我》。那段时间，毛泽东主席正号召全国人民学习鲁迅，读点鲁迅，各省高校中文系都在注释鲁迅著作。我在大学读书的时候，也参与过这工作。许老很忙，白天接待来访者，晚上审阅高校的鲁迅著作注释。在查找《鲁迅日记》的过程中，“开辟了一条便于写回忆录的道路”。当年，鲁迅先生接到许钦文的信，不但记载在日记上，而且注明发信的日期和地点，成了他回忆往事的线索。

《〈鲁迅日记〉中的我》，似乎主要是写“我”，其实只是以在《鲁迅日记》中出现的“我”为引子，以朴素平实的语言，怀着知恩图报的心情，写如何与鲁迅认识，鲁迅如何培养、教育、帮助“我”和许多文学青年的回忆文章，一件一件，娓娓道来。当然，也“是写自己接受鲁迅先生的教育，改变了思想，懂得了点反封建的道理，学会了点写作的方法”。文章中没有一丝一毫地吹嘘和炫耀。他不像当今的有些评论家，将一个名家捧着作为自己获取功名利禄的聚宝盆，“狐假虎威”，自己本来什么也不是，却用名家的光辉把自己秀得比名家还绚丽。那个时候，在我们心目中，鲁迅先生是无产阶级革命文化的旗手，他已经被政治捧得伟大到有点不食人间烟火，冷峻到似乎不近人情，让人高不可攀的地步。而在许老的文章里，鲁迅是一个活生生的人，勤奋好客，不遗余力地帮助和培养年轻作者，并且平易近人，风趣幽默。但他也有脾气，爱憎分明，不喜欢看的人就不愿交往，并且他是一个坚决的反封建主义者。在这本回忆鲁迅的书里，我能深切地感受到许老对鲁迅的一片深情。许老在这本书的小引上写道：“我在写这些的时候，是觉得好像是仍然和鲁迅先生在一起的。”从1936到1979年，四十三年漫长的岁月，丝毫冲淡不了许老对鲁迅先生的情意和怀念。

一生中最重要的人物：鲁迅

许钦文是上个世纪20年代的“北漂族”。

1922年5月，由于受直奉战争的影响，许钦文工作的江苏铁路职工学校被迫停办，他再度失业。家中处于无米之炊的境地，十一个兄弟姐妹和一双老父母生活困顿。他是次子，因第一个儿子已死，要承担长子的责任，有义务赡养家人，所以必须找到工作。当年10月份，二十五岁的他毅然再一次离开故乡绍兴，来到北京，住进宣武门外半截胡同的绍兴会馆藤花馆西屋。鲁迅当年刚到北京时也住过这里，不用付房租。

由于受“五四”新思潮的影响，在许钦文的心目中，北京是光明的所在地，充满了希望。但是，不久，兴致勃勃的许钦文就感到了“外面的世界很精彩，外面的世界也很无奈”。他急于要找到一份工作，可以寄钱给家里买米。在北京凛冽的寒风中，衣着单薄的许钦文四处奔走相求，找有地位有权势的亲戚、熟人、老乡、以前的老师，却处处碰壁。他看够了有钱有势人的冷酷势利，深受刺激。有一段时间，他除了和同学孙福熙的哥哥孙伏园等几个穷朋友来往外，怕见生人。在北京《晨报》工作的孙伏园见许钦文走投无路，就对他说：“你何妨写些文章，到我那副刊上去发表呢?”孙伏园编的副刊《副镌》是当时全国四大著名副刊之一，鲁迅、周作人等名家都经常在上面发表文章。

在江苏浦镇铁路职工学校教书时，许钦文看了许多《新青年》杂志，也曾和同事办过一个“艺文社”，并试着写过小说。但那时只是玩玩而已，从没想到这将成为他一辈子谋生的手段。许钦文像被打了一针强心剂，“我受到启发和鼓励，似乎已经僵了的心又跳动起来”，马上写了一篇《参观女高师第十四周纪念游艺会记》杂谈类文章。三天后，文章登了出来，他拿到了第一笔稿费，解了“燃眉之急”。孙伏园让他继续写稿，他也只有这条写稿卖钱的生路。许钦文从杂谈类文章转到短篇小说，走上文学之路，成了《副镌》的主要撰稿人。

鲁迅多次在《晨报》上看到署名钦文的小说，就问孙伏园：“钦文是谁?”孙伏园是鲁迅的学生，常去鲁迅处。“是许小姐的哥哥。”孙伏园回答。许钦文的妹妹许羡苏是周建人在绍兴明道女子师范的学生，1920年只身前来报考北京女子高等师范，就寄宿在鲁迅家。为了许羡苏的入学、转学，鲁迅还特地为她去看榜，周作人还为她作保人。但许钦文从不因为妹妹和孙伏园、鲁迅相熟，就想要结识鲁迅，去攀高枝。那时，鲁迅可是文学界的一个“大腕”。许钦文一边写小说，一边到由孙伏园介绍的北京大学旁听鲁迅和周作人的课，提高自己的文学修养和文学技巧。

知道许钦文是许小姐的哥哥后，鲁迅就随时让孙伏园转告他对许钦文作品的看法，存在什么问题，要注意些什么，使许钦文得益匪浅。许钦文每次听到孙伏园的转告，都非常激动，也非常感动，很想去当面求教，却一直迟迟没去拜访。因为，一则鲁迅是大名人，许钦文心里胆怯；二则也跟他的境遇和心情有关，心中孤愤而怕见生人。

一直到1923年的8月25日晚，在孙伏园的陪同下，许钦文才第一次去砖塔胡同看望鲁迅。许钦文显得很拘束，“好像有着说不出的满肚子的愤懑，心里是紧紧打着几个结”。而孙伏园在鲁迅家里很熟，走到这边谈一下，笑几声，再到那边谈一下，笑几声，跟许钦文形成鲜明的对比。鲁迅见许钦文很拘谨，就故意跟他多说话，谈他发表在《副镌》上的小说。

第二次去鲁迅家，是孙伏园要给鲁迅去送戏票。鲁迅请他俩在附近的菜馆里吃了晚饭，然后一起去看戏，这是许钦文第一次和鲁迅一起吃饭。戏是一个新戏，鲁迅喜欢和重视新戏。那晚，鲁迅显得很高兴，开演不久，对许钦文轻声说：“今天这剧场里的空气倒不坏！”他一边看戏，一边轻声告诉许钦文编剧本的许多方法。戏散后，鲁迅先生仍一边走一边对许钦文说：“把没有什么价值的东西，当众毁掉的算作喜剧，把有价值的东西当众毁掉是悲剧。在悲剧的戏剧里，还可以划出一部分算作惨剧的。惨剧和悲剧的区别，在于闹成悲惨的结局，是否由于主角自己的玩弄？比如《祝福》，祥林嫂的痛苦并不是她自己找寻的，祥林并非她害死，再嫁本非她所愿，阿毛是狼拖去的，都出于无可奈何，所以是惨剧。”许钦文第一次听到如此深刻精辟的戏剧理论，真是受益匪浅。孙伏园对许钦文说：“大先生讲的关于戏剧的这许多话，其中一大部分，我以前也还没有听到过。今天他特别高兴，戏也看得满意，说了这样多的话，也可见他是有意多多帮助你的了！”

鲁迅当时正在造阜内西三条胡同21号的房子，向许寿裳借了四百元，还向另外人也借了钱，经济上很窘迫，但他仍常请许钦文和孙伏园吃饭，有时在家里，有时在饭馆。每次，他都有意多跟许钦文讲话，谈反对封建思想和写作的方法。他说，现在需要的是行，不是言。什么孔孟之道、封建礼教，都非反掉不可。旧象越摧破，人类便越进步。《中国小说史》讲得烂熟有什么用？所以要讲作法，培养一大批能够写的青年作家，这才可以向旧社会多方面地进攻。

1924年5月30日，《鲁迅日记》上记着：“遇许钦文，邀之至中央公园饮茗。”那天，许钦文到北大旁听鲁迅的课，下课后在东华门遇到鲁迅，鲁迅邀他到中央公园“来今雨轩”喝茶。鲁迅让茶房送来一盘包子，自己拿了一只，然后将盘子推到许钦文面前，微笑着说：“我一个就够了，钦文，这些就由你包办吃完罢！”鲁迅知道许钦文没钱，有了钱就要寄给家里，是从来不会买包子吃的。

见许钦文狼吞虎咽下一盘包子后，他缓缓地对许钦文说起他自己当初在日本写稿时，常常被退稿，但不灰心，仍然继续写，写了寄，寄了退，退了再写的事。“为什么鲁迅先生要对我讲这些事呢？”许钦文正在纳闷，鲁迅又说：“钦文，你那两篇稿子我看看是都可以的，可是只用了一篇。”这两篇稿子是许钦文拿给鲁迅先生看看的，鲁迅看后，就给寄到上海。稿子采用了一篇，另一篇退还。原来，鲁迅先生把许钦文邀到中央公园喝茶，是特地要安慰和鼓励他继续写稿。许钦文内心真是非常感动：“鲁迅先生给我的温暖，好像是春天的和风，渐渐地，把我心底里的冰块吹烊了，也把我满脑子的忿懑吹散了。使我觉得，我已不再处于绝境，并非手无寸铁；我有笔，也是可以有所作为的。”一个异乡的游子有了家的感觉。每次去鲁迅家，许钦文在门外叫一声“大先生”，鲁迅先生就应声“请进来”，接着出来开门。星期六、星期天晚上，许钦文大多在鲁迅家里过。鲁迅的母亲和许钦文的四妹等一批女孩子在东屋里用绍兴话说着高兴的事，许钦文则和其他青年人坐在鲁迅的房间里，听鲁迅讲话。当别人告辞时，鲁迅总是将许钦文拦住：“你还要给她们当卫兵呢！”因为从西三条胡同出宫门口，长长的一条路，高低不平，路灯光如豆，小姐们深夜走动，是要防意外的。

1924年初春的一天，许钦文独自去鲁迅先生家，鲁迅拿出他刚写好的小说《幸福的家庭》原稿给许钦文看。不久，《幸福的家庭》在《妇女杂志》上发表，在小说的题目下，多了“拟许钦文”四个字和附记：“我于去年在《晨报副刊》上看到许钦文君的《理想的伴侣》的时候，就忽而想到这一篇的大意……”

许钦文曾在1923年写过一篇小说《理想的伴侣》，用讽刺的手法写一个青年的幻想和自私的婚姻爱情观。鲁迅先生看了这篇小说后，萌生了写《幸福的家庭》的想法，他对许钦文说："首先是拟你轻松的讽刺笔调。""我是从你那里学来的呀！你在讲《儒林外史》的时候，不是强调这个方法，叫我们好好利用的吗？"许钦文有点不解。"我拟的就是你轻松的讽刺笔调，我也常常写讽刺文章，可是往往弄得很沉闷。我那《幸福的家庭》，写到后面，也就渐渐地沉闷起来。"鲁迅说。

"拟许钦文"四个字和附记在文坛掀起了轩然大波，有的说是鲁迅为许钦文做广告，有的说因为许钦文和鲁迅是同乡的缘故。有一天，鲁迅气愤地对许钦文说起这事："说是我那小标题，是给你做广告的。广告就广告，这算不得什么。可是不久又起来一种同乡论，这就很是无聊了。""拟许钦文"和附记确实也给许钦文做了广告，使他的名声大振。

1926年6月的一天，许钦文从台州回北京，去看望鲁迅先生。鲁迅先生从书桌抽屉里拿出一本许钦文的小说集《故乡》和一叠编余的稿子，指着《大红袍》封面说："你这一本小说集，是有点厚的了，希望你以后出书，要比这一本更加厚实。"许钦文这本处女作，是鲁迅用他自己《呐喊》的版税在北新书局给出版的，封面用的是陶元庆画的《大红袍》。书一出后，就卖得很好。后来，许钦文听四妹告诉他，鲁迅先生是睡在医院的水门汀上给这本书校对的。

在鲁迅先生的关心帮助和扶持下，许钦文的人生观发生了彻底地改变，创作上取得非常大的成绩。从1922年11月在北京开始写作，到1927年离开北京，短短的几年中，许钦文写了九十多个短篇和三个中篇，惊人的数量，在当时的文坛很少见。北京《晨报》出纪念专刊，在小说栏一大排目录下的署名，都是两个字的笔名钦文，约占小说目录总数的三分之二。鲁迅先生看见后，高兴地对许钦文的妹妹许羡苏说："你阿哥，我扶了几阵，就自己会走了。"

去台州教书之前（1925年8月18日或19日）许钦文去西三条胡同与鲁迅告别。鲁迅的母亲坐在饭桌前，连灯也没点，说："老大到女师大维持会去了，听说红楼的门口站满了巡警，好像是把女学生包围起来了。”许钦文立即赶到女师大红楼。果然，铁门紧闭，门口站满了白绑腿黑制服的巡警，还有宪兵。鲁迅从里面走出来，远远地看见许钦文，向他点了点头，“从从容容地，态度很自然，一点也没有感到紧张的神情”。许钦文大步跨向前去，走近铁门。两人用绍兴话说了一些事，临走时，鲁迅嘱咐许钦文：“你初次到中学里去教书，如果有什么困难，随时写信来告诉我。”在那道铁门里，鲁迅先生护着卫女师大学生们，一起与黑暗的封建势力作斗争。在这样的时刻，还不忘关心许钦文，这怎么不让许钦文感动？

1927年4月，许钦文再次离开北京，来到杭州。后来，鲁迅先生从广州来到上海，许钦文常常去上海看望鲁迅先生。这期间，鲁迅先生还带着许广平由许钦文陪着到杭州游玩了五天。1928年7月12日，《鲁迅日记》中记载：“晚同钦文、广平赴杭州。”这次，许钦文竟然是跟鲁迅先生和许广平同住一个房间。鲁迅对许钦文说：“钦文，你日里有事情，尽管跑开去做；可是夜里，一定要回到这里来睡，每天夜里一定都要到这里来，一直到我们回到上海去！”

1933年夏，许钦文因在他家发生了凶杀案而被牵连入狱，幸亏鲁迅先生托人营救，才虎口余生。以后，因为这官司的牵累，工作无着落，生活窘迫，弄得贫病交加，困守家中，就很少去看鲁迅先生。这段时间，也是从1923年以来通信最少的。

1936年7月14日的《鲁迅日记》中记载：“晚钦文来并赠火腿一只，红茶一盒。”鲁迅一见到许钦文，就说：“你已经很久没有来，我以为见不到你了！”“我有病。”许钦文说。“所以，几乎不见了！”鲁迅先生亲昵地说。天气很热，鲁迅只穿着短裤，露出两条瘦细得像丝瓜一样的小腿。许钦文看了不由得心中发酸。鲁迅告诉许钦文：“这一回实在病得厉害，和以前的几回都很不同。”

回到旅馆，许钦文苦思冥想了一天，怎么也想不出使鲁迅先生迅速恢复健康的方法和安慰的话。第二天傍晚，许钦文去药房买了一瓶Apetin，说是可以助消化，又来看望鲁迅先生。鲁迅先生立即打开瓶子吃了几片，表示接受他的好意。鲁迅先生叫许钦文挨近他坐，轻声说："钦文，我写了整整三十年，约略算起来，创作的已有三百万字，翻译的也有三百万字，出起全集来，有点像样了。"这像是在交代后事，许钦文的心被揪了起来。鲁迅在日记写着："晚广平治馔为悄吟饯行，钦文来并赠Apetin一瓶。"

这一次的见面，是许钦文与鲁迅先生的永诀。在鲁迅先生的葬礼上，许钦文正病得厉害，他只担任在灵前拉幕的工作：有人来瞻仰遗容了，就拉起幕来。但他觉得仍然在鲁迅先生身边，他在心中喊着"大先生"，可再也听不到大先生的回音。

二

三天后，我校对完《〈鲁迅日记〉中的我》。那天许老没来上班，在食堂里吃完晚饭，我把校对好的书给许老送去。许老家住在保俶路51号，离西湖很近。天下着毛毛细雨，九月中旬的杭州，暑气已悄悄在退去。从龙游路出来，沿着西湖走一段路，穿过昭庆寺广场，就到了保俶路，这条路因保俶山命名。保俶山脚下有许仙和白娘子相会的断桥，经久不衰地演绎着神怪与人的旷古爱情；山上有一座有年头的砖塔，是五代十国的钱镠王建造的；保俶路上还有南宋抗金名将韩世忠的别业梅冈园……许老好像就住在历史博物馆里。

许老家就在路边，约一人高的石灰剥落的矮泥墙围起了一个院子，有一亩多地。院子里种着各种花草、树木，多是果树，桃、李、枇杷等，还有蔬菜。许老八十来岁的人，还自己莳弄院子，他说："看着小孩子到菜地里去摘红红的番茄、绿油油的沙瓜来吃，看着妻量好了饭米，提着篮子去割青菜来煎炒的情况，也是一种快慰。我们拿笔杆的，清晨傍晚捏捏锄头，无碍于工作，可以借此锻炼身体。像我上了年纪，时常在菜地里弯弯腰，动动四肢，出些微汗，还可以免患中风。譬如打太极拳，也是保健一法。"后来听他女儿许品琴说，他爸经常将刚摘下的葡萄等水果拿到单位去给同事们吃。她问我有没有吃到过，我好像没这记忆，但清楚地记得吃到过他从北京给我买来的柿子。

院子里有两处房子，一座灰色的小洋房和一排小平房。那灰楼就是“陶元庆纪念堂”，现做许老的书房兼卧室，小平房家里人住。我进去的时候，许老还没吃饭，正在“陶元庆纪念堂”看书。房间约有三十多平米，四周架子上搁着一包包用牛皮纸包好的书籍和杂志，陈旧的牛皮纸上结满了灰尘。墙壁斑驳，有大块大块的水迹霉迹。昏黄的灯光下，一个耄耋老人被满壁的故纸旧书包围着，像一个被时代遗忘了的角落。许老有三个孩子，大儿子许品庚十一岁起就开始住校，北京大学毕业后分配到东北工作。二儿子许品云，就是许老在文章中写到的那个不叫“爸爸”叫“比比”的云儿，他有高血压病，不适合高原生活，但还是被分到那里工作，三十四岁时死在了云贵高原。小女儿许品琴，浙江大学毕业，分配到北京工作。只有一个读小学一二年级的外孙女由他和老伴养着，每天早上，许老要出去取牛奶，送外孙女上学。

我把校对好的书交给许老，他很感激，站起来从大衣橱抽屉里拿出一盒月饼，一定要我吃。我说我刚吃过饭，吃不下了。他说：“鲁迅说过，一同消化，这是卫生的，如果半途吃东西，对胃不好。鲁迅就喜欢饭后吃点甜食。”许老自己也喜欢在饭后吃点甜食，大概是向鲁迅先生学的，或者是经常在鲁迅家吃饭，也养成了这习惯。许老拿出饼盒的时候，让我想起齐白石先生给新凤霞吃点心的事，齐白石拿出的蛋糕已长满了霉斑，他自己还不知道，一个劲地要新凤霞吃。幸亏是中秋前，月饼很新鲜。我拗不过他的盛情，只好拿了一块月饼，体验体验“一同消化”的生活。

我一边吃着月饼，一边听许老谈鲁迅。我问他书中提到的朱安夫人是谁，许老告诉我，那是鲁迅的原配夫人，照鲁迅的话是“母亲给我的惠赠物”。鲁迅是个很孝顺的人，父母之命，媒妁之言，没有办法。当时鲁迅在日本，一次，跟邻居的一个女人，一起牵着个小孩在街上走。这事不知怎么传到了他母亲的耳里。鲁迅母亲很是惊慌，以为老大（鲁迅为长子）讨了个日本婆，就马上写信给鲁迅，说自己病重，要他赶快回来。鲁迅回来，母亲就送给了他这位夫人。不过，虽然住在一个屋檐下，母亲住东屋，朱安夫人住西屋，鲁迅住“老虎尾巴”。那时，研究鲁迅的，一直对朱安讳莫如深，这有损于鲁迅的光辉形象。一个无产阶级革命文化的旗手，怎么可以同时有两个老婆！我第一次听到这样的事，觉得非常新鲜，原来鲁迅也是一个有七情六欲的人。

我对鲁迅与周作人不和的事也很感兴趣，问许老是否因为观点不同。许老说，观点当然不同，但主要还是因为周作人的妻子是日本人，有点精神病，跟鲁迅母亲合不拢。因而，鲁迅希望早点搬出。

正谈得起劲，许老的小外孙女来叫他吃面条了，我只得告辞。

一天，许老来上班，又送了我两本书。为了上次《〈鲁迅日记〉中的我》里一篇文章中，是“曲院风荷”还是“曲院荷风”确定不了，许老翻了一个晚上的书，总算找到了陶元庆的诗，上为“曲院荷风”。在一屋子的书堆里查找这四个字，对于高度近视的许老来说，真是难如大海捞针。可见许老治学的认真。

许老是个非常刻苦用功的人，因为眼睛不好，医生不让他看书写字，但他仍然每天要写两千字。夏天到莫干山疗养，他又写成了《做小说——鲁迅先生教导回忆录》。那次去许老家，许老托我再给他校对一下。他想在有生之年再多写些纪念鲁迅先生的文章，他说："朝握笔，夕死可矣！"

这次许老交给我的是原稿，稿子非常清楚，一个字一个字，端端正正，无一处涂改，我以为许老已誊写过。他告诉我，他写文章都是一遍头。每天晚饭后，在院子里散步，就一边走一边想，打好腹稿，第二天将想好的东西写在纸上。换了我，不知要浪费多少稿纸呢。

许老用的稿纸基本上都是自己买的，写《〈鲁迅日记〉中的我》这篇文章的稿纸还是别人送的。我问他为什么不到局里拿？我们一刀刀稿纸都是编辑部领的。他指了指四壁一包包书籍说："就是因为这样，'文革'中才没有被抄家，这些书也就幸存下来了。他们没有可抓我的，我是很世故的，文化局二十三年，就这样过来，这是向鲁迅先生学的。鲁迅先生在教育部十四年，不升也不降。降，凭他的资格也不会；升，鲁迅也不要。一升上去，必然要跟着上级的升跌而起落。"

“文革”中，像他这样的身份——作家、省文化局副局长，没一个不被批斗抄家贴“大字报”的，而他却逃过了这一劫。曾经听人说，许钦文解放后和“文革”都没吃到苦头，是因为头上有鲁迅的光圈的缘故。我想，与他的为人也是很有关系的。他在1955年从杭州高级中学调到省文化局任副局长，有小车可坐，但他仍坚持徒步上下班。上任的第一天，就是穿着膝盖上补着两个大膏药一样补丁的裤子去的（鲁迅先生住在北京西三条胡同21号老虎尾巴时也是穿着“两个膝头上都是缀着大膏药一般的补丁”的裤子）。他没有一点官架子，对任何人都和善带笑，轻声细语，一看，就是个慈祥的长者。他自己种地、做霉干菜、酿葡萄酒、提篮上菜场买菜，素衣淡食，过着普通老百姓的日子。对待工作，他又非常认真，一丝不苟，上班从不迟到早退。熟悉他的人都对他交口称赞。这样的人，还真难抓到小辫子呢。当然，有鲁迅先生这把保护伞在，就不会把他二三十年代写的小说拿出来批了。不然，那可是有许多东西可批判的。

一生中最辛苦的事：卖文

许钦文在《卖文六十年志感》一文中说：“我开始卖文时，只求暂且不饿死，老母有所终，幼妹有所养。”1922年，在北京走投无路的许钦文，在孙伏园的鼓励下，在北京《晨报》副刊发表了第一篇文章《参观女高师第十四周纪念游艺会记》，从此，开始了他的卖文生涯。他活了八十七年（1897—1984），写了六十多年的文章，先后出版过三十多种书。从20年代到抗战期间，以小说为主（有三百五十几个短篇和七个中篇），以后散文为多。1949年后，他主要撰写有关回忆、研究鲁迅的文章，出过七本有关鲁迅的书，共计500多万字。

许钦文1897年出生在浙江水乡绍兴东浦，出绍兴黄酒的地方。祖父以酿酒为业，家境富裕。父亲琴棋书画样样都会，是个书生，开私塾，不会经商。到父亲这一代，家境日渐衰微，家里所有值钱的东西都陆续卖光，有时就靠赊账度日。最难过的是逢年过节，父亲常常要出门去“躲债”。许钦文很小就知道生活的艰难。但是家里仍然其乐融融。夏日的夜晚，一家人坐在院子里纳凉。祖父手拨三弦，父亲吹箫相和。三弦多变的节奏和箫的舒缓组合成无比美妙的旋律。祖父还一只脚踏着拍子，嘴里轻声地唱。这在许钦文幼小的心中留下了永远抹不去的美好印象。

许钦文开始写的小说和散文大多以他熟悉的故乡——绍兴为背景，他自己的亲身经历为素材，如《父亲的花园》《上学去》《怀大桂》等，他带着深深的乡愁怀念故乡的一切。《父亲的花园》1923年12月1日发表在《晨报·五周年纪念增刊》上。这是一篇散文式的小说，写父亲曾经有过一个花园，种满了芍药、牡丹、月季、菊花、建兰、荷花等各种花。红的白的牡丹、芍药开了，全家人都去看。母亲抱着槐弟；蕊姐、芳姐和娟姐相互手挽着手；梅弟跟着乳母。“这是小姐，那是丫头。”乳母用手指点了点牡丹，又点了点芍药说。梅弟拍一拍他肥胖的小手，点着一朵红牡丹嚷：“我要那朵小姐！”一幅多么快乐的全家福。但花园最后因家道中落，父亲出外谋生而衰败，只剩下一张照片挂在父亲的书房。鲁迅在《中国新文学大系·小说二集》小说二集序中曾深刻地剖析了许钦文当时的深层心理："在还未开手来写乡土文学之前，他却已被故乡所放逐，生活驱逐他到异地去了，他只好回忆《父亲的花园》，而且是已不存在的花园，因为回忆故乡的已不存在的事物，是比明明存在，而只有自己不能接近的事物较为舒适，也更能自慰的。"鲁迅先生对许钦文的内心真是看得入木三分。

当然，故乡对许钦文而言，并不都是美好的。故乡的落后愚昧，父辈乡亲们的贫苦，封建势力的黑暗，都让他记忆犹新。他也写了许多反映社会底层人的苦难生活，如《疯妇》《石宕》《老泪》等。

鲁迅先生写信给许钦文，要他给《莽原》杂志写稿。《莽原》是没有稿费的，鲁迅过去从没叫许钦文写过，他知道这时的许钦文已在中学教书，生活有了着落。许钦文就根据一件真事，经过艺术加工，写了《石宕》。小说是写石工的悲惨命运。在绍兴，有许多靠凿石生活的人。凿好的石板铺路、造房子、做墓碑。因长久的凿石，山被凿完了，就向地底下凿，满地都是一个个坑，也就是石宕。石宕里常常会发生石崩，工人都是十有九死。但是，饥饿的威胁比死亡更让人恐怖，即使常有死人的事发生，石工们还是不顾一切地冒险去干。小说的结尾非常惊心动魄："两天过去了，石宕里面仍然不绝地发出求救的呼声。这呼声已经变得这样悲惨，村中的人再也没有勇气走到那里去了……但是，过了不过半个多月，铎铎铎的用铁锤打击铁锥凿石的声音又从山的另一面响起来。"

鲁迅看了这篇小说，称赞道："他也能活泼的写出民间生活来。"后来，鲁迅先生将《石宕》和《父亲的花园》都收进了他编的《中国新文学大系·小说二集》，并称许钦文为乡土作家。这些乡土小说由鲁迅结集成《故乡》出版。许钦文在总结自已这一段时期的乡土文学创作时说："有人把我算作乡土文学作家，这是事实。我一开始卖文，就经常用故乡的事情做题材，创作要写熟悉的事情，我的所爱在故乡，我的所恨也在故乡。"

许钦文除了写乡土小说外，还写了不少描写青年男女恋爱的小说，主要是采取讽刺的笔法，反映当时的男女青年在恋爱结婚中发生的种种可笑的事情。也有的写追求个性解放，如庐隐的小说。许钦文的小说独辟蹊径，非常有个性。鲁迅先生在看了他的《理想的伴侣》后，说是“轻松的讽刺”。既有讽刺，还能达到轻松，怪不得连鲁迅都要“拟许钦文”了。

这些小说都是短篇，一二千字一篇，“故意写得短些，是为了便于发表”，许钦文说，“读者喜欢一次看完的多，编者要迎合读者的心理。我为了救穷，也只好利用这种心理，经常把一篇稿子的字数尽力控制在一千左右”。鲁迅先生说，穷和忙都不利写作，而许钦文是越穷越写，他是为了卖文救穷。鲁迅先生在《南腔北调集·我怎么做起小说来》的文章中说：“做不出的时候，我也决不硬做。”但许钦文说，他在穷困的时候却是硬做，越穷困，越是埋头硬做。因为他不写，就活不了命。

1926年7月，许钦文从台州回北京，就专心从事创作。因有台州教书时积蓄下的钱，他的生活比较安定，不用为钱急于卖文写短文章，有了充分的时间写作，这期间写了好几个中篇，如《回家》《赵先生的烦恼》《鼻涕阿二》等，艺术上逐渐成熟。《鼻涕阿二》中的主人公是家中第二个女孩，家里人都叫她“鼻涕阿二”，这就能看出，她自打出生起就不受欢迎。在重男轻女的社会里，不管她多么聪明能干，仍注定地位低下，因此也注定了她一生悲惨的命运。她从小在家中受歧视，从祖母到弟弟，谁都可以欺侮她，过着丫头一样的日子。长大后，青年龚阿龙爱上了她，本来可以借此从家的牢笼里逃出来，但因为“父母之命，媒妁之言”的观念，她拒绝了龚阿龙的亲吻。因为这亲吻事件，她成了“贱小娘”，只好嫁给了寿头呆子阿三，被村里所有的人取笑。但是，她并不觉得自己的不幸是别人给她带来的，而是理所当然的事。她的麻木和愚昧让人可怜。更可悲的是，呆头阿三死后她嫁给钱少英做姨太太，仗着丈夫对她的宠爱，她千方百计虐待大太太，从一个被奴役的人成为奴役人的人。当然，她的结局必定是不得好死。鼻涕阿二是一个被封建主义思想摧残和毒害的女人，许钦文在谈到《鼻涕阿二》时说：“《鼻涕阿二》里写一个女性的模型，是地位卑下的女性，我在这里攻击的是养成鼻涕阿二的环境，并非她的本身。”许钦文这时期的小说，反封建主义和人道主义的意识非常强烈，特别是向鲁迅先生学习反封建主义和揭露国民的劣根性。

1933年8月，许钦文因为在家中发生了凶杀事件而被牵连入狱，使他更深刻地体会到国民党政府的腐败。在监狱里，他忍受住了常人难以想象的非人生活，并努力使自己适应这种环境。他学习日语，学习世界语，并写了二十多万字的作品，其中有一部分还是用新学的世界语写的。他将一些作品想办法托人秘密带到监狱外，让别人取一个笔名发表。如《神经病》一文，就是鲁迅先生代为取名“蜀宾”发表的。

在监狱里，许钦文看到了他本来不知道的别样的人生。狱中有各种各样的人，有革命者，有冤枉者，也有真正的罪犯，这些人物以后都出现在了他的作品中。与他同牢房的有好几个革命者，小说《无聊的哭》写的是他们每个人的被捕过程：一个是在旅馆里被抓的；一个是在去当铺的路上被侦探认出而抓来的；另一个本来已经要离开杭州，但为了再看一眼西湖，在湖滨被捕；还有一个是被“老同学”出卖；小说里写了十二个难友的被捕经过。有一个难友的事让许钦文很是感动，这是一个地下党员，老在外东奔西跑，老婆见他神出鬼没，总不着家，以为他在外面“讨小老婆”，常纠缠着要他交代。但做秘密工作得有原则，不能跟任何人说，连自己的老婆也不能说。这些革命者让许钦文非常佩服，他在小说《第三种政治犯》中对他们大加歌颂：“很多人成了共产党。他们在法庭上，从不招认，自己做错了事，开展批评。对当局，进行各种各样的斗争。他们团结得很紧。一齐都打军棍是常事，屁股打烂也不叫痛。”许钦文入狱的罪名是窝藏共产党、组织共产党，当时，他很不服，觉得自己是一个清白之人，没有犯过这种罪，而蹲了一年不到的监狱后，他却用文字公开赞扬共产党人。对当权者来说，这不能不说是一种深刻的讽刺；但对于许钦文，却是一次脱胎换骨的转变。许钦文以后说，他从监狱出来是“满载而归”，应该说是他从思想到创作上得到了双丰收。1934年出狱后，他曾向全国二十多个报刊投过稿，仅在《自由谈》上就发表过二十五篇作品。

1937年，抗日战争爆发，许钦文由郁达夫介绍到福建师范教书。1937年10月，福州文化界救亡协会成立时，郁达夫任理事长，许钦文是宣传部部长。他们的爱国行动受到国民党特务的监视，被列入了黑名单。后来，福建师范一部分搬迁到山区永安，永安作福建的临时省会。许多文化名人会聚到永安，如许钦文、邵荃麟、楼适夷、聂绀弩、王西彦、章靳以、公刘等，邵荃麟以党的领导身份组织大家抗日救亡。日本帝国主义的残暴，激起了全国人民的愤怒，也使许钦文的爱国主义热情空前高涨，这是他从1923年开始写作卖文以来最自觉、最没有私心的时期。他用手中的笔写了大量的文章揭露日本帝国主义的罪行和讴歌中国人民反对日本侵略者的英勇斗争，有三十多个短篇和两个中篇，还有大量的散文、随笔、杂记。

当年，许钦文在鲁迅先生的教导和培养下，自觉与不自觉地反对封建主义；又是生活，是祖国的命运，让许钦文走上了自觉的反帝反封建的道路。巴尔扎克一辈子被债务紧逼而写作，写出了煌煌巨著《人间喜剧》；许钦文为了救穷、活命、还债而一生辛苦卖文，成了现代文学史上很有成就的作家。

三

许老是为救穷、活命、还债而写作，不能说他的写作目的是如何崇高。为了赚钱，在那个年代，可以去写色情小说，可以去为“紫罗兰小报”写无聊文字，卖的钱更多，也更快，但许老“天天搜索枯肠，日日夜夜绞脑汁”，二十四岁就有了白头发，写的却都是反封建主义、反国民党白色恐怖、反映民间疾苦的作品，并自觉地走上了革命的道路，这不能不让我钦佩。一个作家，必须像许老一样守住自己最起码的道德底线，并在创作和生活中不断地提升自己的精神。

为了寻找有关许钦文先生的资料，前些日子我又去了保俶路。从1979年到现在，已是物是人非。许老家的宅院在20世纪80年代初就被侨联征用（可惜了，不然杭州可多两个文化名人的故居），一亩多地上造起了一幢华侨大厦，大厦旁有一幢三层的住宅楼，许老的儿子许品庚和女儿许品琴都住在里面。许品庚在门口等着我。一眼看，他跟许老有几分像，一个十分忠厚老实木讷的人。许品庚家三室一厅的房子里没有一本许老的书，“陶元庆纪念室”里那么多的书和杂志都到哪里去了？许品庚告诉我：“都捐给了绍兴鲁迅纪念馆，现在，馆里设有专门的许钦文纪念室。放在家里，会当废纸卖掉的。”

今年，浙江文学艺术界为三位百岁文学老人召开隆重的纪念会。这三位老人是：黄源、林淡秋、陈学昭。这是三位革命的文学老人，一生为革命文学呕心沥血。他们三位都曾做过我的领导，都是省文联的主席、副主席，许钦文先生也曾当过副主席。黄源的热情，林淡秋的谦和，陈学昭的儒雅，都让我记忆犹新。想想那时候的浙江文学界有这么多有威望、有成就、又有好人品的老作家做领导，也真是浙江文学工作者的福气。

但是，我在寻找许钦文先生资料的过程中，深深感到作家许钦文似乎渐渐在被遗忘。我们现在很多年岁不大成就也不怎么样的作家，都在用各种办法大套大套地出全集、文集，可许老从来没有谁张罗着为他出全集或文集，杭州图书馆也只有他“文革”后出的三本书。许老百岁时没有任何的纪念活动，甚至，连他原来工作的单位管人事的也不知道曾经有他这个人。论文学成就，我觉得许老应该在三位老人之上；论人品，许老也不亚于三位老人。这是为何？是因为鲁迅的光辉在日渐淡去，罩在他头上的光圈也随之淡去？是因为他骨子里的平民意识和平民气质？还是……可他的作品是留在现代文学史上的呀！

记得在许老逝世几年后，有一天我在传达室看到一封寄给许钦文先生的信。他的朋友和熟人应该都知道他已去世多年，想必是读者的信。一个作家，只要读者记着就够了。而我，永远记着另一个镜头：每逢星期六，晚饭后，八十多岁的许老拄着拐杖，蹒跚着步履，从保俶路斜坡上走来，穿过昭庆寺广场，到环城西路上的电影公司。电影公司每周六都放映内部电影，许老喜欢看电影，这也是他一周唯一的娱乐活动。许老摸黑坐到第一排，饶有兴味地看完每一场好看或不好看的电影。十点左右，电影散场，年纪大的年纪轻的在职厅局级头头脑脑们都坐着小车走了。许老一手拿着拐杖，一手反背在后，拿着手电筒。在漆黑的夜色里，一束手电光缓缓地移动，一个耄耋老人一步一步蹒跚地走着。坐在车里的人谁也不会想到停下车来捎带上他，而他也绝对没有这种要求。

《余绍宋论方志》序

—文·魏桥—

2008年百花盛开之际，我有幸看到鄢卫建同志编纂的《余绍宋论方志》书稿，思绪起伏，往事涌上心头。1986年初冬在龙游余绍宋研究会成立大会上，我曾建议研究余绍宋的方志理论，认真研读他写的《龙游县志》和《重修浙江通志稿》的“凡例”“绪言”等等，以便借鉴、指导当下的修志工作。时隔20余年，现在《[民国]龙游县志》已经标点重印，社会主义时期首轮《龙游县志》也已出版问世，如今正在聚精会神编修第二轮《龙游县志》，志苑兴旺，令人心喜。可是平心而论，时至今日，我们对余绍宋的方志理论究竟了解多少，研究多深，恐怕还是一个值得注意的问题。

余绍宋的一生，东渡扶桑，宦游京师，山居云和，住近西湖，诗书作画，编史修志，硕果累累。遗憾的是，无完整系统的方志学专著问世，因此，他丰厚的方志理论常为人们所忽视，可是我们不应该忘记他研读过大量传统方志后亲自动手编修的《龙游县志》和《重修浙江通志稿》。他好学深思，在实践中积累了极其丰富的经验和教训。凡此种种，都一一表

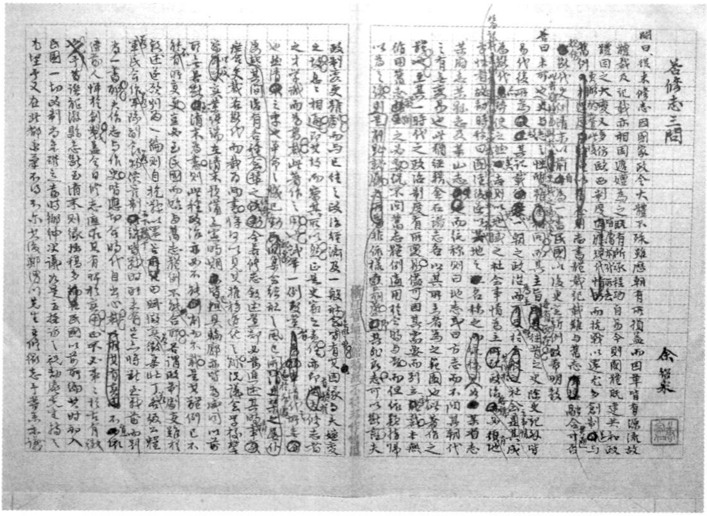

余绍宋文稿

现在志书的序言、凡例、绪言、论文以及书信、答问之中，这些论说凝聚着他渊博的知识、执着的追求和修志的真知灼见，值得人们学习、领会、琢磨。

余氏生活的时代虽然距今不太远，但是由于长期忽视和其他种种原因，余绍宋已被人们所淡忘，他遗留的文献不少已鲜为人知。如今，鄢卫建同志出于对乡邦文献的珍爱和对编史修志的真情实感，经过多年孜孜以求，广泛征集，潜心钻研，终于裒然成册，这无疑是保存史料、服务修志、体现浙江文化的一件实实在在的大好事。

从余绍宋的这些文稿中可以看出他善于从实际出发，关注修志的若干重大问题和某些不可忽视的细节问题，略举几例如下：

一、关于修志的“因”和“创”

修志是中华文化的一项优良传统，代代相传，相沿成习，余绍宋出自书香门第、方志世家，其曾祖父余恩（荣）对修志研究有素，曾倡言因循旧志，所谓“贵因不贵创”。余绍宋在《龙游县志·叙例》的“总例”一开头就开宗明义提出“修志有两法，一为别出心裁全部改撰，一为因仍前志，但纂续编”。余绍宋从实用出发指出：“时异世殊，新兴事业，至为繁赜，尤不能不更易体例以求实用。”譬如传统方法有“诏谕”“圣制”卷，体现皇权，力主删去；“首例分野，盖通例也”。他认为星野之说荒谬无凭，应该“削而不载”。纵观《[民国]龙游县志》确有不少创新之处，故被梁启超称之为“方志新纪元”。修志究竟是“贵因”还是“贵创”，这是历代修志人碰到的一个永恒的话题。

二、关于前志的“得”和“失”

修志既是一项优秀的文化传统，就应该认真细读，钻研前志，余绍宋在修纂《龙游县志》时并不匆匆上阵，而是大量探索、阅读有关的传统方志，搜得一册“为之狂喜不寐”。他对照、研读明万历年间《龙游县志》的丙子本和壬子本，相互校勘，下了极大功夫。他认真校注《[万历] 龙游县志辑佚》以示里人，关于“建置”，《[康熙] 龙游县志》分官署、书院、社学、仓廒、城郭、坊亭、古迹等十二目，他认为是“繁琐无当”，应该进行改造，将这十二个目分别列入有关门类之中，如“仓廒”归入“食货”，“坊亭”“古迹”归入“丛载”等。当然，方志分类并无完例，更无标准答案，始终是历代修志值得研究的一个课题。

三、关于“盛世修志”和“乱世修志”

“盛世修志”已经成为方志界的一句行话，事实也确实如此，毋庸多加说明，“乱世修志”却不多见。余绍宋于1943年艰苦的抗日战争期间担任浙江省通志馆馆长，这不是挂名差使，而是实干岗位。在当时极其困难的环境中，十分艰苦的条件下他坚持修通志。他领导的修志人的足迹遍及永康方岩山洞、云和大坪偏僻的乡村，孜孜矻矻，修志不懈。这是基于何种原因，这位年过六旬的老人如此执着，从这本书中可以窥见他的心志：越是乱世越容易使文献散佚，史料不存，就越应该重视对史料的积累，文献的保存。余绍宋主持的“民国浙江通志”虽未成书，却留下大量稿本，对当今修志和参考仍有很大的实用价值。

四、在方志编纂的具体方法上余绍宋有不少精辟之见，迄今仍有实际指导意义

如一般方志都选录有关本地的不少诗文，余绍宋

力主每文之后都要注明出处，以便查核，不是简单地在“凡例”中说明“一般不注明出处”了事。他主张以第三人称的视角来客观公正地对待历史人物，《答修志三问》中余绍宋对早年编纂《龙游县志》行文中称太平军“贼”“匪”进行反思，认为不当。他认为用官名必须用当时原有之名，不能以后世官名施于前代；主张志书行文“但冀雅驯，不求高古”；志书文字应“防止卷帙过多，则书值难廉，难以广传”。

书中还有不少闪光之点，可以借鉴之处这里不一一列举。

余绍宋的修志方法、观点，显示其深厚的学术功底，也反映了当时的时代背景和要求。但也难免存在一些历史局限性，相信读者会取其精华，善于借鉴，与时俱进，做好当今的史志工作。

少年壮志留青史

——读《徐志摩未刊日记》

文·庄月江

徐志摩（留学美国时摄）

对于诗人徐志摩，在20世纪50年代批判“民主个人主义者”和批判胡适的“知识分子思想改造运动”中，被妖魔化为“颓废末落”“爱情至上”的“资产阶级诗人”和“反动文人”。他对于中国新诗的贡献，则一笔抹杀。即使在80年代之后，大多论者在肯定其诗坛地位和诗作成就的同时，又被冠名为“风流诗人”。轰动一时的《人间四月天》，就是按“风流诗人”的路子演绎出来的。

自从前几年托人从北京买到《徐志摩未刊日记》之后，我已读了两遍。每当掩卷遐思，总有一位清秀端庄、风度翩翩、看似文弱却满怀爱国热情的青年学子，站在我的面前。

日记是写给自己看的。除了那些特殊岁月里为达到某一政治目的而炮制的“日记”之外，人们在日记中所写的，都是真话，都是心里话，没有半点虚假。要研究一个作家，最直接、最可靠的第一手资料，就是日记（还有书信）。

《徐志摩未刊日记》由写于清末民初的《府中日记》和写于“五四”运动前后的《留美日记》两部组成（尽管只是一个阶段），是他学生时代生活、学习、交游、所见所闻、所思所想、所作所为的真实记录。

徐志摩写《府中日记》时，只是一个14岁的少年，刚刚从故乡硖石的开智学堂毕业，考入杭州府中读一年级。虽然《府中日记》只记了一个学期，五个月零二天（1911年2月18日至7月17日），但读者已经可以了解少年徐志摩的为人：爱好广泛，喜欢交友，严于律己，虽为富家子弟却注意节俭，胸怀大志，关心国事，用现在的话说，称得上是“德智体美”全面发展的好学生。除了读书，课余时间他下围棋、踢毽子、看小说、游西湖、进出茶园、与同学论剧说文，还和所有少年人一样喜欢听侠客和鬼怪故事，虽然“膳后与钱君谈鬼，颇觉毛竖”。在班级里，他还是组织足球队的活跃分子。4月20日：“今日一年级中亦拟招股，组织一球会，以余与徐元琳、徐钟琳、张士章诸君为发起人……拟礼拜六往购。”

尤为可贵的是，徐志摩关心国事，且对国事有自己的独立看法，如5月2日记述盛宣怀向日本借款一千万，以兴办东三省实业一事后，他认为，日本财政“未见充裕”，而欲借钱给中国，只不过“见英德美法均有借款而彼独无，恐为人后，出于好胜之举也”，对中国来说，并无坏处，“惟吾国所借之巨款，苟能兴办各实业，不致为政府含糊侵吞，则全国人民之幸已”。

1911年，正是反清斗争此起彼伏之时，徐志摩4月30日记有广东革命军起事焚毁督署，水师大败。5月3日记有革命军失败及作者“吾惟愿有血性、有义气之同胞，奋其神武，灭彼胡儿，则中国其庶几乎有称雄于世界之一日矣”之感言。此后几天的日记中，徐志摩抄录了《时报》上钱泠先生吊唁广州起义烈士的《仿韩文公祭田横墓文赠健儿》。5月11日的日记则是一篇350字的随笔，“读史至义帝流江被弑，未尝不为之三叹也”，也是有感而发。5月19日抄录了岳飞的《满江红》。5月20日记自己写的词：“进进进，家破国亡不堪问，生斯世兮男儿幸，手执大刀兮，誓将敌杀尽，尽尽尽，也难消扬州十日、嘉定屠城恨，进进进。追追追，血溅战衣金刀挥，头可断兮决不归。誓将锦绣江山一鼓夺回，追追追。死死死，不死疆场男儿耻，抛却美妻及爱子，披衣上马去如矢，不得自由毋宁死，死死死。”5月21日也是自己写的词：“小丑亡，大汉昌。天生老子来主张，双手扭转南北极，两脚踏破东西洋，白铁有灵剑比光，杀尽胡儿复祖邦。一杯酒，洒大荒。”从以上摘引的文字看，徐志摩年仅14岁，就如此心系国家命运，如此英雄气概，为革命军焚毁广州督署而歌，为革命军惨遭失败而哭，与腐败的满清政府势不两立，“誓将锦绣江山一鼓夺回”“不得自由毋宁死”，这正是作者和当时众多“血性少年”的肺腑之言啊！

徐志摩的文学才华，《府中日记》已初露端倪。日记用词精当，文笔优雅，试作的诗词声情并茂，即使假日里到风景区游玩写下的文字，也情景交融。如5月22日的《游灵隐、玉泉日记》中写飞来峰：“景自天然，迥非俗地。又数武，则奇峰突峙，怪石峥嵘，石佛数百尊，随山上下，斯真奇景。山之下，石室辟焉，入内则凉风侵骨，迥非初夏之候，寒气袭人，竟有衣单之虞。台顶小孔，微露光芒，所谓‘一线天’者是也。更数武而冷泉至，泉出石罅，声隆如也，涉手其中，寒若冰雪。上有小孔二三，以口就之，嗡然作响。其山谷之回音欤……”其观察和感觉之细微，令人钦佩。接下去写玉泉的“鱼乐园”和珍珠泉，都写得惟妙惟肖，特别是写到作者“市馒头投池中，群鱼奔赴，相争不下”时，自然而然地从笔端流出了一句“有若世人之趋利者然”，让今天的读者感觉到了少年徐志摩对人间“趋利者”的厌恶和鞭挞。

《府中日记》还有今天可供参考的中学教学方式。当时杭州府中很注重学生的思想自由和结社自由，教书不是“填鸭式”，考试很少非此即彼注解式的问答题，而是一些可以各抒己见的题目，如4月28日的国文考题“西湖风景多矣，春日晏游，更饶乐趣试各举其最赏心者”或“茅容杀鸡供母而与客以蔬食论”，选其一；6月20日的历史考题“秦启岭南至汉初而绝，武帝收复入版图，试综举而著之篇”、算术题“自某国输入货物一宗，按则例应纳税25%，但其中已损坏

20%免税，尚须纳银四百六十二元，问原价若干”；6月22日的修身考题“《易》言保身，《孟》言守身，孔子则言仁人志士无求生以害仁，能通其义欤”等，博物、地理等试题也比较活，都留给考生自由发挥的余地。

《留美日记》写于1919年1月26日至12月21日，是徐志摩在美国留学一年间学习、生活、思想、行为的忠实记录。当时，正值巴黎和会召开、五四运动爆发和新文化运动兴起，徐志摩也进入了青年时代，从写《府中日记》时的一个中学一年级学生，变成了一个思想更加成熟，对国家大事和世界大事更有主见的“洋学生”。因此，《留美日记》对于深层次地研究徐志摩的人品和思想脉络，更有启发。

毫无疑问，徐志摩是一位爱国者。他不但关心巴黎和会的进展，参加留美学生的各种集会，对国难中的捐躯者无比敬重。例如，6月22日：“五月四日以来全国蜂起情事。国内学生已结有极坚固、极致密之全国学生联合会，专诚援盾外交，鼓吹民气，一面提倡国货抵制敌货。吾属在美同学要当有所表示，此职任所在不容含糊过去也”；8月12日：“这一番国难，大学生郭钦光呕血死，周瑞琦蹈水死，清华徐日哲积劳死，湖北陈开泰受殴死——可敬亦可伤哉”；10月30日：“《密勒评论报》有一篇赞扬马骏。此次天津风潮领袖。此人果有英雄气”；10月22日：“某日郝廷凌为言上海罢学罢市事……予挽其笔述之以饷留学界”；8月2日：“老张狠是一个血性的男子，近来格外受了刺激，立意要结合同志，共相砥砺……他同我谈了多时，彼此狠为契合。我觉得非常高兴，因为又觅到了一个至诚的同志”。从这些引文中，可见徐志摩清楚地意识到作为一个中国留美学生的责任之所在。

正因为如此，徐志摩时时注意自己的品行修养。7月8日：“人家说我好，到要估量估量是真好不是；人家说我坏，十有九分是有怎么一回事——况且是我知己朋友，批点出来，难道说他们还无中生有，来咒我不成。”接着，在7月12日，花千余字的篇幅，在日记里解剖自己的思想情况，以加强自我修养，告诫自己“从今以后，总要见得到做得到才好。这明知故犯是意志不强的一种征示。有理性人，决不如此”。留美学生中，鱼龙混杂，对于一些以留学为镀金的纨绔子弟，徐志摩看不惯："晋惠帝闻天下饥，诧曰何不食肉糜；今日留学生中，惠帝不少。"（8月12日）一年一度的留美学生夏令营期间，更有甚者，"从前听说夏令营的特色，一是运动职位，二是做爱。弄得会墙上花花绿绿异常好看，异常腥臭，异常鬼祟……"（10月总记）

期间，有两件事情值得一提。一是8月6日："昨晚有女子唱极荡亵，心为一动，但立时正襟危坐，只觉得一点性灵上与明月繁星遥相照应，这耳目前一派笙歌色相，顿化浮云。那时候有两种心理上感动：第一是领悟到自负有作为的人，必定要庄敦立身，苦难生活，Take Life Serious！决计不可随众逐流，贬损威信；第二是想到心地光明，决计不可为外诱所笼罩，盖渎神明"；二是12月2日接到家信，说家中失窃，志摩在日记里写道："一晚新宅有穿窬(yú)入室，大骇母氏，失物尽衣几件，纯云疑是客贼，本地贼不敢。高警长曾言，徐宅如有失物，照赔。此君炎凉百态，似闻其声。"其实，从《府中日记》中，已经可看出徐志摩对自己的修身养性要求很严，如4月4日："竟日除上班外，无所事事……余与赵乃抟、蔡春元戏顽，为学监所见，幸不见责。此后宜加检束，倘被记过，于名誉殊有关碍也。燕群之言曰：'活泼固人之常情，嬉戏而无节制，则于名誉卫生皆有损害'斯言诚确论，余其谨志勿忘。"4月11日："乘湖船至刘庄，不得入，腼腆而出。"4月17日："惟日丁巳，又申惊贪睡之害，侵晨即起。"同时，他看不惯并谴责友人的行为不检点，如3月23日："阅《西湖报》，见载有蔡连生与其兄在拱宸桥狂嫖，险致流寓无归事，殊堪骇咤。乃知前者蔡君所以乞贷于我者，即此故也。荣生君亦太昧于事，导弟于不经，是岂兄之天职乎。"

《留美日记》中，徐志摩提到了很多留美同学，还为不少人写了简要的小传，其中有一些是此后中国政界、学界、军界的重要人物，如胡适、吴宓、蒋廷黻、洪煨莲、蒋百里、张君励、冯友兰、杨振声、曹麟生、杨荫瑜等，特别是对杨荫瑜这位学监在留学生中的活动与影响，写得很多、很细，复原了她在美国的这一段重要经历。

此外，7月20日日记中对“社会卫生问题”的思考，提出“水是第一难题”这一命题，可能还是我国第一人。也许是受到美国人保护河水清洁的影响，徐志摩想到“就家乡来说，常年的疾病疫疠，大半是水的缘故”。接着，他回顾了家乡市河被动物尸体、工厂废水污染，便桶与米菜同洗的“千年一贯制”。而人们却愚昧无知，认为患传染病是由于“上天示罚”，以至像他父亲那样有知识的士绅“也免不得要上山去住几天，斋戒礼拜，替合镇袚除不祥”。徐志摩在87年前提出重视水污染的问题，难能可贵。

硖石镇干河街徐志摩故居

《府中日记》和《留美日记》的发现，说来有趣。这两部日记，徐志摩放在故乡海宁县硖石镇干河街小洋房里。海宁沦陷后，日本人占据了徐家这座小洋房办公。一个叫冈崎国光的日军文职人员拿走了徐志摩的这两部日记。他回国后，将这两部日记送给了“日本中国文学研究会”的松枝茂夫。后来，松枝茂夫又将这两部日记送给专修大学的教授斋藤先生。20世纪70年代中日建交后，斋藤以日本社会科学家友好访华团副团长的身份访华时，将这两部在日本保存了三十多年的徐志摩日记归还给了中国对外友协。此后，徐志摩这两部日记由国家文物管理局外事处交还了在美国的徐志摩之子徐积锴先生。徐积锴先生又将日记的复印件寄给徐志摩的表妹夫陈从周教授。陈从周教授逝世后，这两部日记由长女陈胜吾女士保管。2001年，海宁虞坤林先生征得陈女士同意，复印了一份，通过一年多时间的整理，校勘，终于2003年由北京图书馆出版社出版，为徐志摩的研究者提供了一份极有价值的资料，也为徐志摩青少年时代的经历填补了空白。

一部忧患之书：杭人李一冰的《苏东坡新传》

文·周晓音

李一冰

苏轼“一蓑烟雨任平生”的传奇经历，一直为人们探寻和乐道。林语堂先生说：“元气淋漓富有生机的人总是不容易理解的。像苏东坡这样的人物，是人间不可无一难能有二的。”（林语堂《苏东坡传》原序）因此，每个人心中都有一个自己的东坡，书写苏东坡的传记不断出现。

杭人李一冰先生的《苏东坡新传》在台湾由联经出版社出版，四版十三印次，在大陆2013年由江苏文艺出版社出版，2020年5月又由四川人民出版社出版，已经第五次印刷。在文学大师林语堂《苏东坡传》、学者王水照先生《苏轼传稿》（还有王水照与弟子崔铭合作的《苏轼传》）已经深为大家接受的情形下，李一冰的《苏东坡新传》以其独特的魅力，吸引了广大读者。

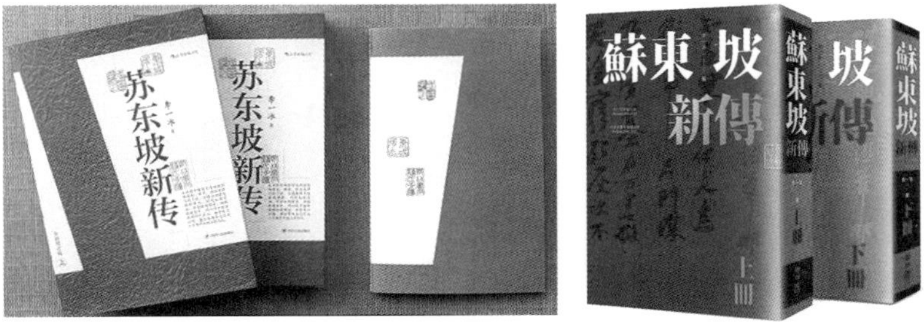

《苏东坡新传》

一、为苏东坡写生传神

为苏东坡写传记，好写。苏轼天生一支健笔，著述颇丰，留下了文集、诗集、词集，它是探寻人物一生的最好资料，而且还有同时代的史著、笔记，后人的评价。为苏东坡写传记，也难写。理由有三：一是苏轼人生太丰富：三次在朝，三次外任，三次贬谪，入为翰林侍读学士（哲宗皇帝的老师），贬为一介罪人。二是苏轼涉及的领域广大，一身多“职”：官员、学者、诗人、画家、书法家、哲学家，所到领域博大精深。三是时代风云诡谲：先是王安石熙宁变法，苏轼与一批元老旧臣成为反对派；再是卷入元祐之后的党争。前者是国家的政治，后者是朝廷的权力风波，苏轼一生在宦海风波中跌宕起伏，随缘任运却不改操守。要把这样一位传奇人物写得兴发感动，需要识见、功力和妙悟。

李一冰不仅用他雍容典雅的文字展开了对苏轼一生的描写，熔铸文学、政治、历史、哲学、艺术、生活，灵活调度笔墨，开阖有度，形成了一部展示苏轼波澜起伏的一生、又“全景式”地描绘当时社会生活的文学巨著；而且更为独特的是他为心灵而写作，用生命的经验书写历经忧患而充满非凡活力的东坡。

1. 用精纯的诗歌构建人物

“人之有诗，犹国之有史。国虽板荡，不可无史；人虽流离，不可无诗。”（沈瑜庆《题崦楼遗稿》）苏轼是一位诗人，从走出眉山在嘉陵江上与弟弟苏辙相互酬唱开始，一直到投荒置闲从儋州返回，一生都在用诗歌歌唱，写了二千七百多首诗。李一冰认为：“东坡自己的文字，当然是其传记之第一手好材料。不过，做文章的目的，总是以写给别人看的为多……与纯粹发挥个人性情、抒写内心情感的诗歌，就塑造人物形象的资料价值而言，其质地精纯的程度，文不如诗，显然可见”，“在塑造人物形象这一工作上，此是血肉材料的无上宝库。”确实独具慧眼。因此，作者写东坡传记，取材于苏轼的诗作者，十之七八。诗歌（包括词）是心灵的声音，苏轼将喜怒哀乐发之于诗，胸中之郁勃也好，超越凄苦趋向平和也好，真实、饱满、酣畅。作者熟读苏诗，用心体会，获得了不同一般的见解。我们看作者写苏轼于北宋元丰三年（1080）初到黄州贬所，居住在定惠院的一段文字：

> 更有一天，他漫步走到定惠院东的土山边，在某家杂花满开的篱落间，忽然发现花丛中竟有一株海棠，在春风中嫣然含笑，使他非常诧异。苏轼当年，海棠是西蜀濯锦江独有的名卉，成都燕王宫碧鸡坊的海棠尤为繁盛，范石湖词所谓“碧鸡坊里花如屋，只为海棠，也合来西蜀”，别地向无此花，像黄州这样偏僻的地方，土人又不知此花的名贵，怎么会有呢？这样想看，不知不觉就从海棠花的溷落黄州，移情到

> 自己的身世上来了。他好像做梦一样，以为一定是天上的鸿鹄把海棠花的种子从西蜀衔到了黄州，遂使这空谷佳人，落入江城瘴地里，自苦幽独了。不轻易伤感的苏轼，“忽逢绝艳照衰朽，叹息无言揩病目”。海棠的艳影，一一化作自己的身形，对此不免流露了天涯流落的悲哀。据说，日后苏轼常常书写这首“海棠”诗来送人，先后不下数十本之多，可见这首诗中蕴藏着他深邃的感情（李一冰《苏东坡新传》，四川人民出版社，2020年5月第1版，第302页）。

苏轼以诗写情记事，读苏轼的诗，就是读他的生命历程与心路历程。作者这一段诠释《寓居定惠院之东，杂花满山，有海棠一株，土人不知贵也》诗歌的文字融入了海棠花的相关知识，显得博雅丰美。最为可贵的是，作者从苏轼诗中读出了悲苦的滋味，而且还让读者知道苏轼对这首诗的独特情感。李一冰因为国民党冤狱咀嚼了人生的苦难，苏轼的诗歌最能引起他的共鸣，他也能够深细地体察苏轼初贬黄州时的心境。苏轼被宋仁宗看作“储相”，却在神宗朝因为反对王安石变法，不得已自请外放为官，又遭遇“乌台诗案”被贬谪黄州。一个有强烈用世之心的人，受到政治的无情迫害，不能主宰自己的生命，投荒置闲，如黄州的这一株海棠。人与海棠相互映照，真有剜心之痛。

《卜算子·黄州定慧院寓居作》（缺月挂疏桐）是苏轼的代表作之一，诗歌的形象大于思维，“孤鸿”隐喻什么？不同的人会有不同的答案。作者是这样写的：

> 前举这阕《卜算子》，为苏轼初到黄州，寓居定惠院时所作。黄山谷论为：“语意高妙，似非吃烟火食人语，非胸中有万卷书，笔下无一点尘俗气，孰能至此。”推美虽然绝至，但非真正知音，此作实是苏轼的“忧患之词”。当他寄居定惠院时，心理状态尚未恢复平静，每天必须等到夜晚，才独自溜出寺门，到附近走走，心如惊弓之鸟一样的惶惑和孤独。
>
> ……
>
> 忠于自己观念的人，不肯苟与人同，才能“拣尽

寒枝不肯栖”，在一片诺诺声中，有“虽千万人，吾往矣”的勇气，遭遇排斥和放逐，几乎是必然的命运，这命运，就是“寂寞沙洲冷”（李一冰《苏东坡新传》，第306页）。

黄庭坚看到了词的高妙、脱俗、洁净，李一冰看到惶惑、孤独与坚忍。这是一首写“孤鸿”的咏物之词，咏物词往往借物言志抒怀，寄寓作者的情思。作者把这首词放到苏轼贬谪黄州的独特环境中，苏轼差点遭遇杀身之祸后贬到荒城，此时他还没有达到随缘任运的境界，需要时间去安定，也需要心灵的修炼。但苏轼有坚持知识分子的良心和操守的勇气，他认同和甘守这份寂寞幽冷。作者自己有着冤狱的生命体验，所以，他以敏锐善感之心探求蕴藏在苏轼诗歌中的情感。

2. 用小说笔法演绎故事

传记毕竟不是历史，它是文学，要好读、吸引并打动读者，因此作者在追求真实的前提下，要有高超的艺术技巧。作者写苏轼在凤翔，演绎成一个又一个故事，这些故事皆是有来历的，“以上诸游，各有诗篇”（李一冰《苏东坡新传》，第79页）。作者知道，要完成对苏轼形象的塑造，需要把苏轼的经历、诗文进行运作、裁剪，融合成一部有生命、有情感、有血肉、有深度的传记。

王安石与苏轼在熙宁变法中，政见完全不同，甚至到了水火不容的程度，尤其是王安石，为了变法的实施，打压司马光、苏轼等保守政治人物，苏轼因此贬谪黄州。经过五年黄州生活的磨难，苏轼终于有机会“量移”汝州，而王安石也因为变法的争议，被罢宰相，闲居金陵。作者这样描写苏轼与王安石的金陵之会：

> 苏轼一到金陵，即遭殇子之痛，还来不及去晋谒荆公，荆公却已野服乘驴，到江边来看他了。
>
> 苏轼不及冠带，出船迎揖道：“轼今日敢以野服见大丞相。”
>
> “礼岂为我辈设者！”安石洒然笑答。
>
> 这两位个性不同，但是一样伟大的人物，不论从

前身在政治漩涡中，曾经有过若干是非，多少摩擦，而今事过境迁，金陵重见，则两人都已退出了那个混乱而又充满喧嚣的政治舞台，彼此皆是台下的闲人了，回首前尘，恍如噩梦。现在，悠游林下的王安石，得以一代才人来看待苏轼，苏轼则以前辈敬视荆公，无拘无束地晤言一室之内，不觉都有快慰平生的喜悦（李一冰《苏东坡新传》，第405页）。

作者用小说的笔法，把一段史事写活了。苏轼与王安石在经历了政治的风雨和人生的跌宕以后，心境都变得平和、宽广。他们当初为“国是”而争，出于对国家的忠诚，经过岁月的检验，已经过滤了偏见。相逢一笑，相互尊重，这是伟人的胸怀，君子的品格。我们读这段文字，会觉得十分畅意。

梁启超先生在《中国历史研究法补编》提出“人的专史”的写作“不但要留心他的大事，即小事亦当注意。大事看环境、社会、风俗、时代，小事看性格、家世、地方、嗜好，平常的言语行动乃至小端末节，概不放松。最要紧的是看历史人物为什么有那种力量”（梁启超《中国历史研究法 中国历史研究法补编》，四川人民出版社，2018年2月第1版，第207页）。这一观点也适用于传记的写作。苏轼是一位真人，在风云变幻的时代和宏大的政治事件中，立身处世体现至大至刚的人格力量；在平常的生活中，又是一个情感丰富、谐趣横生的人。《苏东坡新传》有这样一个细节：

> 苏轼北归，有人问他迁谪中艰苦如何？苏轼说，这是骨相招来的灾难。少年初到京师时，有个看相的人说：“一双学士眼，半个配军头。他日文章虽当名世，但有迁徙不测之祸。”苏轼眼形秀挺，炯炯有光，即使在画像中也还看得出来；“配军头”者，犯人被断“配”而隶军籍，审诸东坡一生的命运，术者所言不虚（李一冰《苏东坡新传》，第918页）。

作者善于讲故事，把笔记《瑞桂堂暇录》中的记载发掘出来，形诸笔端，显得颇为风趣。苏轼自道生平，至老都保留着兴味盎然的生命力，只有在经历了坎坷又超越了坎坷，胸怀洒脱的人才会有这样的幽默。作者把这个看似迷信的说法写进去，增加了阅读的趣味性，能让我们记住苏轼，更能让我们理解苏轼的超旷乐观。

写作传记，从某种角度说是“戴着镣铐跳舞”。作者对现实有所取舍，用一支妙笔为人物写“真”，塑造有血有肉的传主，挖掘主人身上独具魅力的个性，把人物性格写活了。

3.用司马迁笔法展现不凡见解

司马迁作《史记》，是实录精神的第一人，记写历史不虚美、不隐恶，而且创造了“太史公曰”的体例，对史传人物作出有见地的评价。“真实”是人物传记文学的生命，人们从司马迁的“实录”精神汲取营养，“成一家之言”也成为传记文学写作的最高理想。传记是历史的真实与艺术的结合，不是历史资料的堆砌，往往以记叙为主，或者夹叙夹议，或者在传末专做议论，阐述作者不凡的见解。

李一冰由于人生的磨难，阅读的穿透力、看问题的见识力都很强。他在传记中记叙事实，详其曲折之后，常常插入自己的评价，有不同一般的识见：

> 王氏的《三经新义》，本自有学术上的价值，但不该颁之学官，使科举变成一种统治思想的工具。(李一冰《苏东坡新传》，第124—125页)
>
> 而宋至元祐时，内忧外患，病已甚深，司马光实在不是一个救时的国手。
>
> 至于苏轼之为中书舍人，也很难适应严格的官僚制度。从来文人都不适于从政，搞政治的人，首重实际利害，而文人只管发挥自己的理想。做官的人要用传统的典常来约束一切，而文人则重视自由意志的考虑，不屑规例。苏轼生有极为坚强的个性，其不适于从政，尤其如操持中书省这样需要最高幕僚技术的实际政务，就处处露出破绽来了(李一冰《苏东坡新传》，第451—452页)。
>
> 苏轼的伟大，在于他有与权力社会对立的勇气与决心，一则得之于知识力量的支持，二则出于“虽千万人，吾往矣”那份天赋的豪气。这两种气质合起来，造成他“薄富贵，藐生死”的大丈夫气概。这

气概，虽然使他拥有至高无上的精神财产，然而，自古以来，幸福和伟大，常不两得，自由与安全，亦无法两全，苏轼之必须成为悲剧人物，几乎是必然的命运，但他也和苏格拉底一样："果是天意如此，我很乐意接受。"（李一冰《苏东坡新传》，第945—946页）

作者的这些观点发人之所未发，新颖犀利，深刻中肯。余秋雨曾评论此书："是文字较为典雅的学术著作，大抵让苏轼以其诗文来自道生平，作者的归结甚有见地。"（转见于张辉诚《寻找李一冰》，李一冰《苏东坡新传》）作者喜爱自己的传主这是肯定的，但不能只述其善的、美的，而忽略其弱点甚至缺点。没有十全十美的完人，每个人都会受到时代、文化、人性的局限，否则就是"神仙"而不是"真人"。作者秉笔直书，为苏东坡作传，并没有在情感上偏爱苏东坡，贬抑王安石等人，能够平心静气、理性客观地评价历史事件、历史人物，十分难能可贵。这能够让我们读者对发生在九百多年前的王安石变法这一宏大的改革运动和事件中的人物有更好的把握。

二、一部厚重的忧患之书

苏轼的传记很多，在我自己的阅读感观里，认为林语堂的《苏东坡传》、王水照的《苏轼传稿》（还有王水照与弟子崔铭合作的《苏轼传》）和李一冰的《苏东坡新传》影响最大，它们各有所长，都是值得一读的好书。“文章如精金美玉，市有定价”，这是苏轼的恩师欧阳修告诉我们的。

林语堂的《苏东坡传》，原名*The gay genius*，用英文写作，被称为“中国现代文学史上长篇传记开标立范之作”“二十世纪四大传记之一”。林语堂先生的这部书，是他第二次旅美的时候写作的，1936年开始构思，1947年出版，向外国的读者介绍潇洒乐天的苏东坡，颇见性情。我们现在读到的，有宋碧云女士翻译的和张振玉先生翻译的。

王水照先生关于苏轼的传记，有《苏轼传稿》，还有与门人分别合作的《苏轼传：智者在苦难中的超越》（天津人民出版社，2000年初版，2008年再版）和《苏轼评传》（南京大学出版社，2004年版）。《苏轼传稿》是“以苏轼一生的文学道路为叙述的中心线索”（总序），有日文、韩文两种译本，王水照先生的传记建立在他对苏轼的多年研究的基础上，以一位很有建树的学者，做着一件普及的工作，能够帮助我们读懂苏轼的一些重要诗文。《苏轼传》则着力写作奋厉有当世之志的苏轼，超越苦难，睿智强健。

李一冰的《苏东坡新传》，是历时八年写成的七十余万字传记文学，李一冰的幼子李雍说：“父亲的苏传是一本忧患之书，一场冤狱使他的生命进入苏东坡的内心世界，苏传由是诞生。”（李雍《缥缈孤鸿影：父亲与〈苏东坡新传〉》，见李一冰《苏东坡新传》）李一冰是熔铸了他自己的生命进行写作，全面展现苏东坡跌宕起伏又丰富多彩的人生和北宋历史的一部大书。“因为他读东坡的入手处不与人同，父亲有他自己心中的东坡。他的东坡要比这个大得多，是‘成固欣然，败亦可喜’的东坡，是‘瘴海炎陬，去若清凉之地’的东坡，是‘九死南荒吾不悔，兹游奇绝冠平生’的东坡”（李雍《缥缈孤鸿影：父亲与〈苏东坡新传〉》）。他要把苏东坡的歌与哭、人性的优点与弱点、痛苦与豁达统统写出来，写一个历经忧患，又归于“也无风雨也无晴”的从容处世的东坡。

黄州时期，是苏轼人生与思想变化的重要时期，以下几段文摘，来自李一冰《苏东坡新传》的第六章《黄州五年》，作者发现了苏轼“尘封的灵性，渐渐醒觉”：

> 临皋亭外呼啸不停的涛声，赤鼻矶畔郁郁苍苍的山容林相，原来看似没有生命的一山一水，一木一石，只因有时间与他接近，日夕相见，不觉产生了意想不及的感情，……一个在人生旅途中漂泊的灵魂，被大自然慈祥的母性容纳了，则与朝阳夜雨、春花秋月，同为有情天地里的一分子，就如庄子《齐物论》所说的“三籁相应”。天籁与地籁相应，地籁与人籁相应，如此就可以达到“丧我”（去除偏执的我）的境界，则人与自然构成一个和谐的整体世界，即与天地精神合一，使本是局促的生命，即能无限扩大，无限超升，脱出现实世界时空的限制，获得“游于万化”的自由（李一冰《苏东坡新传》，第352页）。

一个有着辩证观念的人，能够汲取各种人生智慧的营养，生命也会变得奇特。这种变化除了个体自身的强大作用，还有大自然运化的力量。正是这种物我天地的融合，苏轼思考宇宙、人生，才能获得精神的自由强大，使他在黄州创造出《念奴娇·赤壁怀古》和前、后《赤壁赋》等不朽的篇章。

> 知识分子为实现理想而生活，他们可以不在乎现实世界中的得失荣辱，不在乎物质生活的贫乏，但却无法忍受被现实社会排斥、废弃的命运。知识分子怀着一片对国家和生民奉献的热情，具有不可压制的观察与批评的精神，一旦遭逢政治势力的压抑和阻截，无异彻底冲毁了他们赖以安身立命的“道”，这种摧残生命意义的打击，使士君子者人生庄严的使命感完全丧失，残存这个苍白的生命，不能不落入自我迷失的彷徨，而造成无可奈何地忧戚。
>
> 朋友赵昶（晦之）来信劝苏轼：“处患难，不戚戚。”苏轼大不为然，凛然复书道：
>
> 示谕“处患难，不戚戚”，只是愚人无心肝耳，

与鹿豕木石何异！所谓道者，何曾梦见？……

知识分子的淑世精神，是生命中的长明灯，不论发生何等残酷的遭遇，生命存在，此火不灭。苏轼《与李公择（常）书》，正可以作前函的正面批注：

兄虽怀坎壈于时，遇事有可尊主泽民者，便忘躯为之，祸福得丧，付与造物（李一冰《苏东坡新传》，第363页）。

人生，有追求就必有失落，人如不能忘情得失，他的心便永远平衡不了，心理不能平衡，痛苦便如风雨一样，四面八方地包围了你。惟有这饱经世患的诗人，在雨中举步轻行时，他心中根本没有晴明，所以也就无所谓风雨。人间一切变幻无常，唯有超脱物外，才能一尘不染；唯有安步徐行于大雨中的人，才能“回首向来萧瑟处，也无风雨也无晴”地坦然归去；有这样任天而动的襟怀，才令人望之如神仙（李一冰《苏东坡新传》，第368—369页）。

这是体验过苦难、独具识力，又继以精思的人才会有的见解，不能不佩服作者思想的独到与深邃。李一冰在狱中读苏轼诗，有一种感同身受的体悟，与苏轼进行心灵的对话，更能设身处地地深入苏轼诗歌。东坡并非生来潇洒，命运颠簸，劫后余生，他也感觉到孤独、幽冷、惶恐、痛苦、凄怆，人在遭遇忧患的时候，不戚戚，那是假的，抑或是没有心肝的，因为人是有情感、有性灵、有追求的人。淑世才是真正的知识分子的情怀，为理想奋斗才能使生命富有生气。从痛苦中超拔出来，进入旷达乐观、泰然自适的境界，是对生命、对社会的感悟。作者能够洞察苏轼幽微复杂的思想情感，懂得苏轼的心境。

作者在苏传中呈现苏轼在艰危困苦中思想情感的转折与升华，变化的是内心从痛苦焦虑转向豁达，不变的是坚持对人生理想的执着和追求，揭示出苏轼哲人的思想，充沛的生命活力。

三、杭人李一冰《苏东坡新传》的创作

“杭人李一冰自记于美国新泽西州”，这是《苏东坡新传》后记的署名。由此我们知道，《苏东坡新传》

的作者是杭州人。李一冰原名李振华，“一冰”是其笔名，取自王昌龄“洛阳亲友如相问，一片冰心在玉壶”诗句，以此言明自己的心志。

1.《苏东坡新传》的创作缘起

李一冰（1912—1991）出生在杭州菜市桥“怡生号”李家典当铺一个殷实的家庭里，作为李家的唯一男儿，走读书经济之道，他“自幼在家受自聘塾师之古文启蒙教育，奠基旧学基础，十五岁接触现代教育，毕业于浙江私立之江大学经济系，后留学日本明治大学经济系”（张辉诚《寻找李一冰》）。日军侵华，李一冰辍学返杭，抗日战争胜利后到台湾工作。1947年，他的叔叔为他在台湾地区物资调节委员会谋得科员一职，却因为一起贪腐案，他这个曾经记录、盖章的低阶科员充当了替罪羊的角色被判刑，但从未收到拘禁通知，也没有强制拘监。为了生活，早年打下的文学功底帮助他安身立命，他开始鬻文为生，在生活困窘艰难的时候，“西湖三杰”之一的“张苍水就变成了一冰先生心情的最佳投照对象”，写作《明末孤臣张苍水传》，后来又增补成《张苍水传》于1967年出版。我们难以相信，一位书写民族英雄张苍水故事的人，他的行为是不干净的。十六年以后，作者因为旧友授意儿子向他借贷而不能，被旧友告发，入监服刑。“人生真有命运这样东西，挡在前面，引领人懵懂前行吗？尽管有人不肯承认它，以为人自有力主宰一切，不幸有更多的经验事实，使人们不得不承认：人，实在很脆弱，常被命运所捉弄。”（李一冰《苏东坡新传》，第140页）这段话是李一冰在写苏轼熙宁年间因为反对新法，遭遇打击、诬告，终于出为杭州通判时写的，移之于李一冰自己也是合适的，人生无奈。

李一冰一定要经历磨难，才能与苏轼相遇。作者为了修复心灵，找到精神的支撑，在狱中与幼子李雍见面的时候，提出购买苏东坡诗集。李雍到台北书店购得《施注苏诗》，把它送给了身心煎熬的父亲。他开始每天阅读苏东坡诗，从苏轼的诗歌中获得了生存的智慧。1971年，作者出狱，当他带着“止于至善”蓝印、写有“252李一冰”（252系囚犯号码）、做着红笔眉批的《施注苏诗》回家的时候，他已将苏轼的两千多首诗熟记于心，并且融入自己的生命中。李一冰在狱中捧读苏诗，他不会知道，他日后要写一部关于苏东坡的传记。当他放不下给予他生命滋润的“心中的东坡”的时候，写作成为内心的需要。六十岁时，他“开始到图书馆抄写各种原始资料，同时整理《东坡事类》《苏轼年谱》等重要书籍，加之狱中熟背东坡诗，相辅相成，下足死工夫”（张辉诚《寻找李一冰》）。终于在1979年的冬天，他完成了《苏东坡新传》的写作。

“一本好的传记作者和传主之间必定会有血肉相连的关系。”（李雍《缥缈孤鸿影：父亲与〈苏东坡新传〉》）李一冰的幼子李雍说。经历忧患、超越忧患，意志坚强而心归平和，这是真正有大智慧的人。“竹杖芒鞋轻胜马，谁怕？一蓑烟雨任平生”“回首向来萧瑟处。归去，也无风雨也无晴”，这是苏轼在黄州道上的歌唱，苏轼的精神已经深入李一冰的骨髓。

2.杭人李一冰对杭州的描写

传记的作者会对苏轼的功绩、情感、创作、仕宦或贬谪之地等进行书写。杭州是苏轼两次从京城外放地方做官的地方，一次是熙宁年间做杭州通判，一次是元祐年间任杭州知州，是他生命转折升华的重要时期，苏轼也自言“居杭积五岁，自意本杭人”（《送襄阳从事李友谅归钱塘》）。苏轼仕杭的经历都在传记中得到比较详细的描写。作为杭人的李一冰，对杭州的自然、风俗、物品更是熟悉，会写到一些很少为他人关注的细节，杭人读这本书，更有一种亲切感。以下是杭人李一冰笔下关于杭州描写的部分文字：

> 但至出知杭州，他发现杭州笔工程奕所制，十分称手。他说：“近世笔工，不经师匠，妄生新意，择毫虽精，但是形制诡异，不与人手相谋。”意谓不能得心应手，只有钱塘（杭州）程奕所制鼠须笔，却仍保持着三十年前的意味，“使人作字，不知有笔”。这是他最大的痛快。到他离杭北上时，还买了一批带去使用[①]（李一冰《苏东坡新传》，第576—577页）。

今天“鼠须笔”制法已经失传了，但我们从苏

---

①〔宋〕苏轼：《东坡志林》。

轼的《东坡志林》的文字中知道，他当年对钱塘程奕所制鼠须笔特别珍爱，用笔到了“使人作字，不知有笔”的最高境界。作者对杭州的这个笔也是颇关注的，把它写入传记中，令我们想象，苏轼知杭，政务之余对于书法艺术的倾心，鼠须笔是他成为宋代书法四大家之首的辅助。

> 做知州的有官邸称“州宅”者可居，但在州宅之东，消暑堂之后，另有一座为屋五间的建筑，系熙宁年间赵清献公抃知杭州时所造，以钱塘旧城的城闉为基地，所以房屋虽然并不高大，但因建地高，特别超出在州宅及园圃之上，可以俯瞰虚白堂，历来为州者多居之，称为“高斋”。苏轼用以招待他的宾客居住，和黄州的雪堂一样（李一冰《苏东坡新传》，第597页）。

作者对“州宅”的地理位置描写详细，可见他对历史资料下了一番工夫，让我们有身临其境之感。

> 不久，季孙因苏轼的推荐，得换文官资历，除知

隰州，他便有机会到颍州来访苏了。

一听说刘景文来了，苏轼欣喜欲狂。不但是诗酒好友到了，恍如杭州的西湖也藏在他的袖筒里给带来了，作《喜刘景文至》诗，充分表现这位老人不甘寂寞、热爱朋友的性格以及他和杭州的感情：

天明小儿更传呼，髯刘已到城南隅。尺书真是髯手迹，起坐熨眼知有无。今人不作古人事，今世有此古丈夫。我闻其来喜欲舞，病自能起不用扶。江淮旱久尘土恶，朝来清雨濯鬓须。相看握手了无事，千里一笑毋乃迂。平生所乐在吴会，老死欲葬杭与苏。过江西来二百日，冷落山水愁吴姝。新堤旧井各无恙，参寥六一岂念吾？[①]别后新诗巧摹写，袖中知有钱塘湖（李一冰《苏东坡新传》，第681—682页）。

苏轼做杭州知州时，刘季孙（字景文）任两浙兵马都监，也在杭州。两人交谊很深，苏轼对刘季孙的才气、人品颇为看重，在杭时曾向朝廷举荐，写

①新堤指西湖苏公堤，旧井为杭州六井；参寥、六一均西湖智果寺及孤山泉名。

了《乞擢用刘季孙状》。刘季孙知隰州时，苏轼已改任颍州知州。作者这段文字的描写，把握了苏轼对于好友、对于杭州的情感，此时的苏轼，已经超越苦难而旷达乐观，个性显见。作者是杭州人，对杭州的地名、河流湖泉都很熟悉，能够特别准确地进行书写，如数家珍，实实在在，又特别有味。他不是用评价，而是用叙述，用注释，这是他的长处。

杭人李一冰接触苏轼诗歌，本无意写书，一场人生意外的不幸，使作者的生命完成了一次沉淀。在如巉（chán）岩的岁月里，东坡与他同行，成为写作本书的缘起。以后还会有人为东坡作传，但是《苏东坡新传》的偶然与独特，将是唯一的。李一冰的《苏传》用生命的经验孕育而成，既见性情，更显厚重。

《文澜阁上说书事》序

——文·来新夏——

我和袁逸君相识多年，我们曾一起到台湾参加地方文献学术研讨会，也常在一些藏书研究和文献学学术会上见面。他总是快快乐乐地与各方朋友笑谈，甚至开些无伤大雅的玩笑，行为上也似乎有些懒散，颇有点不拘小节的才子气。大家也很愿意和他一起说笑，所以他到哪里，哪里就热闹一片，博得很大的人望。我也很喜欢和他谈天说地，谈学问、谈人、谈事，在这些交谈中不时会出现些机锋，让我感到他腹笥颇丰而见识独到。他是一位以“玩世不恭”面貌包裹住自己才学与学识的文人学者。我对他的文章不如对他的为人熟悉，他也很少经营张扬他的文章，我只看过几篇他发表过的文章和报道中的篇名。近来读书界的领军人物南京徐雁先生亲下临安，向袁逸下了一道军令状，要他在三个月内，搜集他关于书的散篇为一集，把袁逸君逼得浮出水面。因为这是套丛书，袁逸君不敢拖各位贤达的后腿，于是东爬西梳，翻箱倒

* 《文澜阁上说书事》，后改名为《书色斑斓》，收录于《观澜文丛》，由岳麓书社出版。

《书色斑斓》

柜，终得30余篇。合为一集，题作《文澜阁上说书事》，函我作序。

我接到文稿，一看书名，不觉悚然一惊。我恍惚看到袁逸君峨冠博带，口讲指画地在文澜阁上大谈古往今来，很有气派。文澜阁是何地？是清乾隆帝在浙江藏《四库全书》之所，是江南学子仰望、求学问学的圣地，无论文献记载或口碑流传，都没有听说过有人在文澜阁上临风说事，像八千卷楼主人丁申、丁丙那样的人物，也只能为文澜阁做些搜求散失、抄补订正的琐事；不意百余年后，竟有袁逸其人敢于在文澜阁上昌言书事。可称“有胆有识”。这种胆识也是一种魅力，我竟然坠入袁逸君的陷阱，被他书稿淹没者兼旬。

袁逸君的这部文稿所收各篇，篇名都很有吸引力。全稿以书为中心，分三部分。一是“书林捭阖”，对书史各有关问题作纵横谈，如于版权、稿酬、书价、遗迹、剽窃等事，均有论述；二是书楼探幽，说与藏书有关诸事如天一、嘉业的兴衰，抄书、换书、买书的聚书经历；三是书生意气，述与读书人有关诸事，如苦乐、仕途、婚姻、烟酒等行为。本意读他二十多篇，即可操笔作序，不意读来颇有滋味，篇名像一只玉手在召唤，我不能自已地掉进袁逸君的第二口陷阱，把全部文稿读完！

我从来没有读过袁逸君这么多文章，如今有幸，几窥珍秘，自以为已得其大要，老言无忌，见仁见智，可以略说一二。

其一，袁文有“汇通”精神，“汇”是尽量汇集所有资料，“通”就是通古今事务的源流发展。如《古代民间借书：历史的二十六个瞬间》一文可为“汇”的代表，他在这篇几千字的文章中，搜集了从晋到清，中国古代民间借书活动多样姿态的资料，写出了借书的作用与贡献，汇集了自晋范蔚到清黄丕烈

来新夏与袁逸

古今有名的数十位读书人以及各种与借书有关的事迹，引证的典籍有正史、杂史、杂记、书约、小说、题跋、文集、诗文等数十种。这就是袁文的“汇”。在《历代书价考》名下的《唐宋元书籍价格考》《明代书籍价格考》《清代书籍价格考》三篇，历述唐前、唐、宋、元、明、清几代书价的钱物标准和价格的演变，上下贯通，演绎之广，文史随笔中尚不多见。如果袁逸君能稍加增益，略事铺张，则可成《中国书籍价格考》一书，填补中国书史的空白。其他如《中国稿酬史考略》以及讲历代抄书、买书、换书的几篇，都是通贯古今之作。这就是袁文的“通”。袁文的好看，就在于他用了“汇通之法”。

其二，袁文有充足的信息量。全稿各文无一空话连篇。没有花前月下的呢喃，更没有哀时悲秋之呻吟。而是实打实地把自己掌握的古今信息，无私地反哺给读者，没有伪说，没有戏说，如《一行白鹭上青天》《美酒相佐好读书》《气象万千的书房风景》等篇全都是言之有物的笔墨，有根有据的事实。他把艰深难懂的信息，化作明晓易懂的话语，给读者正确的知识。也许有人说如此掉书袋不像随笔，我说不然，这正是文史随笔的正路。没有几年寒窗苦，是掉不动这些书袋的。把正确的东西，用民众能接受的笔墨传达出来，难道这不是有良知的文人学者该做的事吗？

其三，袁文有不少独到的见解。剽窃是阻碍原创作品的毒瘤，但人多熟视无睹，有口诛而少笔伐，唯袁逸君独标《中国古代剽窃史论（先秦至宋篇）》一文，分析剽窃的起因、定说、文献记载、理论探索及思考，虽尚不完备，但首揭其事，有启发后来者深入探求之功。读书之苦乐境界，历来众说纷纭，莫衷一是，有主“学海无涯苦作舟”者，有主“读书之乐乐无穷”者。我素来主“学海无涯乐作舟”，要快快乐乐地读书，不能愁眉苦脸去读书。袁逸君那篇《东边日出西边雨》一文，根据大量的文献资料，体察读书的苦乐，而得出读书有苦有乐的结论，令人思考。《钦点天下第一楼：乾隆与天一阁独特关系探析》一文，跳出人们对天一阁本身的大量探讨，而抉出这样一个题目，亦以见袁逸君视角之独异。一般都提到乾隆对天一阁建筑的欣赏，而袁逸君则探索了乾隆对天一阁的认知轨迹是“从一无所知到有所闻知；从知之肤浅到知之较多，了解渐深；从一律看待，例行褒奖到另眼看待，青睐有加，由衷推举，备极恩宠”。这是对天一阁的一种新评价，也启发读者对一位封建皇帝的别样认识。嘉业堂是中国藏书史上最后和最壮丽的一道界碑，评价不一。袁逸君亲历其事，毅然作出铿锵有力的结论说：“开明、通达，是嘉业堂藏书的主体形象；弘扬传统文化，福泽社会公众，是嘉业堂藏书的实际效果；传播典籍，心存公益，是刘氏藏书最大的亮点。”嘉业堂主人刘承幹是有争议的人物，但袁逸君断言：“刘先生赢了，赢得历史美名，也赢得了人民莫大的敬意。顺应历史潮流，与时俱进，傻公子其实一点不傻。”这就是文史随笔的史笔。

其四，袁逸君性情疏放，时有情趣，作文亦复如此，随手拈来，都成妙谛。他有些篇名很能吸引读者，如《传奇的面食铺》一文的题目，乍看似乎是讲面食铺的传奇故事，让人要知道个究竟，看不了几行，即已转入书商搜求散佚，得北宋本《后汉书》缺册的故事上来。由面食铺包点心的善本书页，延引到丁申兄弟在留下镇收集文澜阁《四库全书》散册的故事，都源起于店铺的包装纸，用以警示世人，敬惜字纸，经常留心散失，拾遗补阙。袁逸君把这种关注总结为“这就是传统中国崇文敬学，珍惜典籍的人文精神”。

从袁逸君各文的内容看，他读了不少书，至少使我很瞠目。我读书八十年自以为看了不少书，但袁逸君所读各书，有很多是我未经眼的，他的读书有得和引证应用，多很准确，可见其“博闻强识”之功力。袁逸君好交游，白天夜间，时有朋友相聚；他又好出游，仅以浙江为例，巡行几遍全省。我真难想象他何时读这么多书，是天资聪颖，过目不忘？还是他背地里暗下苦功，用“偷着乐”的读书法，遮掩众人的耳目。他从不张扬自己的读书积累，这次曝光，实令人羡慕。我历来感到读书界一批中青年咄咄逼人之势有压力。他们读书多，又勤于笔耕，一年出一书是他们的底线。我常称南京徐雁、苏州王稼句、海南伍立扬……众多读书人为“后来者（必）居上”；今又得袁逸君，能不欣喜？我既羡慕他们百尺竿头，来日方长；又以此激励自己，蹒跚追踪，不要落后太远。心怀激奋，信笔抒怀，不知得主人意否？是为之序！

2009年春日写于南开大学邃谷，行年八十七岁

「神秘木心」的生命流水账

——读夏春锦著《木心先生编年事辑》

—文·子张—

一

在我有幸为夏春锦一本读书随笔集撰写“小引”时，就曾经怀着期待，预告过一部“木心年谱”即将诞生。同是木心的敬慕者，交流多是自然而然的，春锦操持桐乡梧桐阅社时，承他信任，曾约我去桐乡图书馆与书友们讨论木心先生在现代文学中的位置问题。“编年事辑”的最初稿本我大概也是先睹为快者，虽说由于我孤陋寡闻，并未贡献什么建设性意见，但说到这部年谱的编撰过程，我总算是最早的读者之一，亲切感自然就更强烈些。

谢泳、陈丹青为本书所作的序言，各有侧重地褒扬了这部首创之作，言之凿凿，我亦同感，兹不赘述。但对于序言中讲到的艺术家自身与艺术作品之间令他“痛感”的矛盾，我还想提供点私见。

按照新批评派的说法，文本一旦形成，便已自足自立，从此可与作者无关，钱锺书先生“鸡蛋与母鸡”的妙喻似乎就脱胎于此派观点。就文本自身作为一件圆满的艺术品而言，当然是说得通的，而且由此及彼，哪一件音乐的、美术的、文字的成熟艺术品不是圆满自足的呢？

可是，这仅仅是就文本谈文本，并不意味着文本跟其"母体"就不再有任何关联，也不意味着那个生产文本的"母体"（作者）就失去了任何意义。同样不意味着文本隐藏着一切，甚至比"母体"更真实体现"母体"的本质。

很多时候，文本可以自足圆满，但却未必可以通过文本去求所写之"真"，认为文本中必包含最真实、全面的"母体"，或者把艺术家的作品等同于艺术家的自传，这往往只是一种幻觉。

也许比较可靠的说法应该是：文本自是文本，作者自是作者，两者血肉相连，却又各自独立。

二

普通的鸡自然只会生出普通的蛋，若是一颗非凡之"蛋"，猜想那鸡也总应该有些不同寻常。如此，蛋既是一件完美的成品，鸡也应该是非凡的母体。钱锺书先生婉谢慕名来访者，要么是冷然于自己的不同一般，要么是性情如此，如其改古人诗句戏言自己“不好诣人憎客过，太忙作答畏书来”。或许还有一种可能：孤高。

孤高毕竟也还是高，高，在某种意义上就是一种价值，如珠穆朗玛，如“莎士比亚只有一个”。

除了最孤高的，其他的高都在比较中呈现，如鲁迅，如钱锺书，如木心。

木心名言“呈现艺术，退隐艺术家”的含义，并非只为推崇艺术而取消艺术家，他是佩服古代那些不留名的艺术家，同时批评当代商业文化、明星文化重“名”轻“艺”甚至为了求名不惜糟践艺术的病态追求。

不然，怎么解释木心如数家珍地把尼采、塞尚、纪德时时挂在嘴上，又把他们的照片挂在房间里呢？木心也毫不隐瞒他学生时代通过艺术家传记走近艺术的成长历程。

并非不需要传记，只是如何把传记写好的问题。好的传记与人为善，见识高，处处讲究；不好的传记

木心

没有灵魂，唯名利是求，既不会对传主负责，也不会对读者负责。20世纪80年代，我读过三本女作家萧红的传记，我认为只有一本是好的；90年代，我读过三种沈从文传记，我也认为只有一本是好的；钱锺书的传记，似乎也是如此，我买过一本好的也是外国人所写，被一个学生借去没有还我——或许他也觉得这本写得好。

以故，我想，以丹青先生的洞达，他未必真的“不认为谁能写谁的传记”，而只是“不指望世人了解他”罢了。但木心不也曾殷殷属望那个台湾女孩20年后回来写一本《木心评传》吗？

女孩子并没来，来了个80后的男孩子。

柳暗花明又一村。

三

“编年事辑”，从前没有这个说法，也不能算一种正式文体，勉强说，只能视为年谱的一个别名。而年谱却又是传记的一种形式，或者属于传记的初级形式，特点是以编年方式记录传主（谱主）的生平事迹。

不过“编年事辑”既已流行，自然在采用者看来与正式的年谱存有某些差异。但这种差异是个体性的，只是因作者不同观念和操作方式的不同而产生，或体现于体例，或体现于行文，而主要并不体现于名称本身。叫年谱还是叫编年事辑并不重要，重要的是，写得比较得好还是比较得不理想。

《木心先生编年事辑》作为木心研究的年谱类学术成果，目前还只有夏春锦写的这一本，无从比较，或许只能根据体现于该书中作者实际的编撰内容和体例，在年谱撰写的一般要求与该书所达到的程度之间作一些衡量。我并非最合适的评议人，但出于对作者信任的答谢，也只好勉力表达点个人意见。

首先，我理解作者何以避开"年谱"而取"编年事辑"的书名，可能有两方面考虑：一是如前所言，在作者的理解里，两个名称的不同也意味着撰写要求甚至层次上的不同，他从自谦的角度取了"事辑"的名义；二是我的确也注意到由于木心传记资料的相对匮乏，从"年谱"以编年记录谱主生平事迹的要求看，在"已有"和"需有"二者之间仍然存在距离，木心生命线索中需要填充的空白还有不少，"神秘木心"的形象还有待于进一步寻找更丰富、更可信的资讯去破解。令人称赏的是，在面对某些空白点时，作者并不强作解人，也并未盲目自信，而是清醒地意识到此点又坦然向读者交了底。他在后记中诚恳地讲出了自己走近木心的不易，更有"只是在个人从事木心生平研究漫漫长途中迈出的一小步""目前自己掌握的资料实在只是冰山之一角"这样的坦诚。尤其当面对如木心这样虔诚的艺术家时，我以为研究态度的诚恳与谦逊简直就是第一位的要求。而夏春锦这些话和书中那些毫不夸大其词、有一说一的条目，让我对他不能不有所信任，让我直觉到"今后能持续完善"的目标有了一个坚实的基础。

其次又不得不说，透过现有条目所征引的木心自述和其他文献资料，可以感觉到作者斟酌选材的谨严细致。所谓以编年方式记录传主（谱主）生平事迹，并非只有干巴巴的抽象概述，这些概述虽说体现编撰者的个人见解，但“事辑”最好是丰富的、鲜活的史料，这史料既包括传主（谱主）自述，也该有靠得住的见证或旁证。“靠得住”就需要编撰者的眼光，并非任何材料皆可不加辨析予以收拢。就这本木心的“编年事辑”，可以说，在目前能够找得到的资讯中，作者摘引的一个个片段抓住了木心生平的不少“关键词”，如果阅读者肯用心，能够理解编撰者用此不用彼或对某些资讯有而不用的出发点，是可以有所会心、有所收获的。譬如关于老年木心身边那个类似忘年交的漂亮男孩，我记得不少人、不少文章都提到，但这本“编年事辑”只采用了一段相关见证人的话给予记录，显然是经过一番比较与斟酌才如此做的，我也觉得相比较而言，这段话对此事的解释比较符合实际。

不管怎么说，作为第一部木心年谱类研究成果，夏著“编年事辑”做到目前程度已属难能可贵。因为它仿佛已有了持续成长的基础——如同一棵树，虽说尚未高大健硕到圆满之境，但已然长成的树干、枝条、叶片给了人们希望：总有一天，它会真正完成自己。

读夏春锦著《木心先生编年事辑》，2021年7月1日至6日断续写成，子张于杭州朝晖楼。

天城风华

文澜选粹

杭州图书馆 编

国家图书馆出版社

序

创刊于2007年9月的《文澜》，是由杭州图书馆主办的传扬本土历史文化、推广全民阅读的人文类内刊，主要内容分成两部分，即与杭州相关的各类文章，以及不限地区的有关读书的文章。该刊设有多个栏目，包括人生、世事思考类的“孤山听雨”，当地典故、史料考证类的“吴山天风”，本地人物访谈、对话类的“湖畔小酌”，诗词歌赋、艺术类的“蕉石鸣琴”，杭州景色随笔、散文类的“天放一角”，杭州风物、美食、老字号类的“筦十八味”，对杭州生活的描述、回忆往事及人物等文章的“仲夏夜梦”，以及书评、读后感等的“文澜书话”。其装帧采用大十六开，线装竖排本，封面使用双层柿青纸，内页为古籍印刷用纸，显得雅致、古朴。

《文澜》的编辑出版，凝聚着杭图人的智慧和心血，也离不开社会各界的关心支持。从新西兰汉学会到中国外交部，从霍金唯一的华人弟子吴忠超到侨居麻省厉鹗后代厉声树，从百岁老人周有光亲书赞许到书法家沈鹏惠书惠函……稿源越来越丰富，刊物的知晓度逐渐从国内延伸到国外，抵达美国、新西兰、新加坡、日本等。2014年，获评首届“中国图书馆阅读推广类十佳内刊内报”。时至今日，该刊为发挥杭州图书馆的文献优势，反映杭州风土人情和文化掌故，传承独特的地方文脉，推动全民阅读起到了积极的促进作用。

2023年是杭州图书馆建馆65周年，而《文澜》正是在励精图治、开拓进取中诞生并成长起来的。为此，我们特别精选部分优秀作品，分编为“杭垣往事”“武林故影”“钱塘书话”“天城风华”四册，汇辑成《文澜选粹》套书正式出版。其中“杭垣往事”介绍杭州的历史古迹，“武林故影”记载本地的文化

名人，“钱塘书话”收录藏书故事及书评，“天城风华”讲述杭州的风俗民情以及文艺创作等，这也是杭图致力于地方文化传播的实践成果。

六十五载年华流转，岁月如歌；六十五载栉风沐雨，铸就辉煌。希望《文澜选粹》能为杭州图书馆的65周年华诞，增添一片绚丽多彩的人文艺术花苑，也祝愿它在新时代、新征程上赓续奋进，再谱华章！

杭州图书馆馆长

2023年9月

目　录

历代名人诗文赞杭州

—文·孙旭升—

一、李白

从前有人在课堂上讲李白的《梦游天姥吟留别》，在讲到“一夜飞度镜湖月”时，有同学就提出疑问：“李白为什么不说‘一夜飞度西湖月’呢？”他的意思我很能够理解，他想使大诗人与西湖发生关系，以增加自己作为一个杭州人的光荣。正像有的人把白堤说成是白居易所筑，心情是完全相同的。

其实，李白不仅到过杭州，还写过一首《与从侄杭州刺史良游天竺寺》的诗。诗云：

挂席凌蓬丘，观涛憩樟楼。
三山动逸兴，五马同遨游。
天竺森在眼，松风飒惊秋。
览云测变化，弄水穷清幽。
叠嶂隔遥海，当轩写归流。
诗成傲云月，佳趣满吴洲。

李白从海道来到杭州，时间正好是秋天；在堂侄杭州刺史良的陪同下，游览了各个风景点。可是只字不提西湖。为什么呢？因为西湖还未形成。山边虽然有一湾水，但那只是一个与钱塘江相通的港湾而已。清黄仲则《大佛石》诗上半云：

旧说明湖是海边，人民城郭总茫然。

却余精卫未衔石，遂有祖龙来系船。

如果不是与钱塘江相通，秦始皇的船又怎么能以大佛石系缆呢？

李白游杭州是在哪一年？《全唐文》有孙逖的《授李良等诸州刺史制》一篇。孙逖在唐开元二十四年（736）至唐天宝三年（744）为中书舍人，所以李良之任杭州刺史，也应当在这段时间。这也就是李白到杭州的大致年份。

二、杜甫

自古李杜并称，何况他们又是好朋友。可惜那一次李白到江南来，杜甫不能一起。那么，杜甫到过杭州吗？可以说到过，也可以说不曾到过。此话怎讲？

据杜甫晚年的回忆，他年轻时到过萧山的西陵，登过那里的古驿楼。他在《解闷》十二首之一云：

商胡离别下扬州，忆上西陵故驿楼。
为问淮南米贵贱，老夫乘兴欲东流。

从这首诗看，杜甫是到过杭州的。因为西陵的古渡头一边就在杭州。冯至在《杜甫传》里也说："现在到了江南，……他也起过这样的念头，想登上浮海的航船，去看一看人间传述的海外'扶桑'到底是什么景象，因为顺着扬子江可以驶入通往日本的海道。但他并没有能够东去大海，只是渡过钱塘江，登西陵（萧山市西）古驿台，在会稽体会了勾践的仇恨……"

其实，杜甫的江南之游比李白还要早几年，因为他要参加开元二十三年（735）的进士考试，就不得不在此之前回到故乡巩县去。不过他既然到了"屋边"，为什么不多走几步，"登堂入室"，像李白那样一游天竺寺呢？这也怪不得杜甫，杭州虽然有天竺寺等古迹，但是名气还不及浙东的稽山镜水。

唐代有大批诗人拥到浙东去，就形成了后世所谓的“唐诗之路”。这条路的始发点就是西陵。在春秋时期，西陵属于越国所有，有一个时期与吴国划江而守，这里就成了前沿阵地。在战争时期，这里是兵家必争之地；在和平年代，它又成了交通枢纽。杜甫的江南之游是在开元盛世，所谓“忆昔开元全盛日，小邑犹藏万家室”，所以在杜甫的记忆里，江南总是那么的美丽和富庶。

三、白居易

白居易原是京官，拜左拾遗，因为忠于职守，论执强硬，为皇帝所不喜。先贬为江州司马，又累迁杭州、苏州刺史。据说杭州是他自己选定的。杭州为东南重镇，近旁又有天然的西湖，宜为诗人所喜欢。后来他在《春题湖上》诗云：“未能抛得杭州去，一半勾留是此湖。”可以为证。

白居易在杭州那几年，并没有坐享其成，而是一边赏玩西湖的美景，一边利用西湖为民办实事，如疏浚六井，为市民改善饮水问题；筑高堤岸，多蓄湖水以灌溉农田。后来他调离杭州，老百姓依依不舍，所谓“耆老遮归路，壶浆满别筵”。但白居易还认为自己未能尽到责任，所以有“无政在人口”之叹。

用现在的话说，白居易不仅为杭州增添了硬件，也为西湖设置了软件。所谓软件，就是利用他的一手好诗词，把西湖的美描绘出来，让世人知道杭州好比人间天堂。这样的诗篇不胜枚举，单是一篇《忆江南》，就已经让世人美不胜收，向往不止：

江南忆，最忆是杭州。
山寺月中寻桂子，
郡亭枕上看潮头。
何日更重游。

总之，西湖有今日的美丽，杭州能达到如此之繁荣，都与白居易的开创基业分不开。诚如朱偰在《西泠游记》中说：“西湖在唐以前，寂然无闻，自白居易刺杭州，往来湖上，宴饮赋诗，艺林重之，西湖之名乃彰。”后人称白居易为“开山古佛”，看来是很有道理的。

四、苏轼

水光潋滟晴方好，山色空蒙雨亦奇。

欲把西湖比西子，淡妆浓抹总相宜。

苏轼在杭州刺史任内，写下无数赞美西湖的诗歌，这《饮湖上初晴后雨》是其中最脍炙人口的一首。

苏东坡在杭州刺史任内，还为杭州的水利建设动过不少脑筋，疏浚西湖是人尽皆知的。另外，他为了改善杭州的航运，也曾有过新开两条运河的计划。据南宋何薳的《春渚纪闻》记载，具体办法如下：

> 一自富阳新桥港至小岭开凿，以通闲林港。或费用不给，则置山不凿，而令往来之舟搬运度岭，由余杭女儿桥港至郡北关江涨桥以通运河。一自龙山闸而出，循江道过六和寺，由南荡朱桥港开石门平田，至庙山，然后复出江道，二十里至富阳。

可惜这计划并没有实现，主要是因为东坡调离了杭州，而后任者又懦弱无能。按照现在的情况看，

“南河”可以不必再开，因为浮山早已不复存在，钱塘江与富春江的航运也畅通无阻。“北河”却还有开凿的必要，因为如果此河一开，不仅使大运河与富春江连成一线，对杭州的航运是一大促进，而且对旅游业的发展也极为有利。且不说运河与富春江的美丽风光，单是篆岭南北那一段，山容水貌，就决不在苕溪或天目溪之下。

五、秦观

西湖夜景也是十分美丽的，苏轼就写过一些夜游西湖的诗歌。而他的忘年交秦观，在夜访龙井后写下了名篇《龙井题名记》，勾画出夜杭州的又一绝妙佳景。全文如下：

元丰二年，中秋后一日，余自吴兴来杭，东还会稽。龙井有辨才大师，以书邀余入山。比出郭，日已夕，航湖至普宁，遇道人参寥，问龙井所遣篮舆，则曰：“以不时至，去矣。”是夕，天宇开霁，林间月明，可数毫发。遂弃舟，从参寥策杖并湖而行。出雷峰，度南屏，濯足于惠因涧，入灵石坞，得支径，上风篁岭，憩于龙井亭，酌泉据石而饮之。自普宁凡经佛寺十五，皆寂不闻人声。道旁庐舍，灯火隐显，草木深郁，流水激激悲鸣，殆非人间之境。行二鼓，始至寿圣院，谒辨才于朝音堂，明日乃还。

这样的好文章不仅在杭州绝无仅有，历来也不多见。明人张大复在其《梅花草堂笔谈》中认为只有王维的《山中与裴秀才迪书》才可与之相媲美。他说："二境澹宕凄清，真文中画也。"这是很高的评价。白天在日光的照射下，一切都看得清清楚楚，所谓万物无可遁形。但见到的未必一定很多，至少有不少美丽的夜景就看不到。譬如佛寺、庐舍等等，在白天固然也都存在，但在月光下看起来就大不一样；还有风声、水声、虫声，在夜里听也要比在白天听有趣得多。再说那远村的灯光、江上的渔火，甚至草丛中一闪一闪的萤火虫，看上去就跟在童话世界里一样地富于诗情画意！

六、杨万里

白居易《余杭形胜》诗云:“绕廓荷花三十里。”可见西湖种荷花的范围很广，并不限于岳湖与里湖。譬如净寺前面的雷峰港，也是以盛产莲叶藕花闻名的。徐梦吉《西湖竹枝词》云:

雷峰港口晚凉天，相唤相呼去采莲。

莫为采莲忘却藕，月明风定好回船。

雷峰港在雷峰山东北边，一湾静谧的荷港，到夏天挤满了莲叶藕花。农民坐着小船，一边劳动，一边唱歌;收工时月亮从东山升起，“偏照婵娟色最浓”，这才是名副其实的“荷塘月色”呢。

大家都爱读杨万里的《晓出净慈送林子方》诗，尤其是“接天莲叶无穷碧，映日荷花别样红”两句，但却未必知道他写的是什么地方。他写的就是雷峰港。从题目看，他俩昨晚上是宿在寺里的。不然，何以那么早就从寺里面出来?寺在南屏山下，地势较高，开门见景，特别是“寺前莲沼，香红万点，白鸥沙鸟，往来飞啄”。不过，杨万里写的并不是这个莲沼，而是更为鲜艳夺目的雷峰港。

杨万里与林子方从寺里出来，往东走，又折而向北，不久就到雷峰港口。因为无论坐船或步行，这里都是必经之地。坐船且不说，如果步行，也得在此过长桥（并非现在的长桥）。上面我说过，秦观那一次上龙井去，在白莲洲上岸，走的也是这一条路，不同的是时间与方向。秦观傍晚从城里出来，杨万里却一早要回到城里去。但都在雷峰港留下过足迹。足迹是容易消失的，笔迹就不那么容易被抹杀。历来不知道有过多少人在这里上岸落船过桥，可是都“前不见古人，后不见来者”——消失了！唯有秦观和杨万里，只要我们一念及他们的文章，他们就会似曾相识地出现在我们面前，出现在雷峰港口。

七、陆游

南宋时期，现在的竹竿巷小区，包括竹竿巷、孩儿巷、白泽弄、山子巷，都是“御街”西侧的“寻常巷陌”，也留下了不少古迹，如陆游听雨的小楼就是很有名的。

陆游曾在孩儿巷（那时叫砖街巷）居住过。这可以拿他的一首《夜归砖街巷书事》诗为证。这首诗写于宋淳熙十六年（1189）春天。但从同年他在《跋松陵集》那篇文章来看，他住的不是砖街巷，而是“砖街巷街南小宅之南楼”。换句话说，小楼是在山子巷而非砖街巷。近人钟毓龙在《说杭州》中也这么说：

> 山子巷：南出竹竿巷，北出孩儿巷。旧名灯笼巷。宋时为吴王府，乃宋高宗之妻舅所居，据传有古井石栏遗留，上刻“吴兴井”“康熙四年修”，今收藏于西泠印社。诗人陆放翁“深巷明朝卖杏花”之句，传即作于此巷也。

陆游在杭州写过不少诗，但顶有名的恐怕要算《临安春雨初霁》，尤其是“小楼一夜听春雨，深巷明朝卖杏花”两句，更脍炙人口。陆游这首诗写于淳熙十三年（1186）春天，当时皇帝召见他，还给了他一个严州知府的官做。皇帝说：严陵，山水胜处，职事之暇，可以赋咏自适。但是陆游并不满意，因为他志在恢复，不想过这种“赋咏自适”的生活。懊丧的情绪是完全可以从诗里看出来的。

不过古人说，诗有作诗者之谊与读诗者之谊，对一首诗的看法，两者是可以有不同的。譬如陆游所说的“小楼”或“南楼”，实在都只是元人郭天锡在《客杭日记》中所说的“寓楼”——普通市民所居。不过经诗人一写，就觉得格外诗意盎然。同时，杭州本来有卖花者清晓歌叫于市的风俗，所以就更觉得有意思了。清陈璨在《西湖竹枝词》中写道：“十里画楼临水次，卖花声里卷珠帘。”这不就是陆游在诗中所写的那种情境吗？

八、郭畀

郭畀，字天锡，元代京口（今属江苏镇江）人，能诗会画，又擅长书法。他于元至大戊申（1308）九月下旬到杭州，对杭州做为期四十余天的旅游，并写有《客杭日记》。日记本来是极个人的东西，或曰备忘录。但是许多人都喜欢读，因为从那里可以发现不少有用的材料。郭畀在日记中详细记录了他在杭州的生活，最多的是会客——吃饭，似乎跟别人毫无关系。但是有一件事却是例外，这就是关于南宋故宫的记载，如戊申九月廿七日项下云：

> 晚，晴，登吴山。下视杭城，烟瓦鳞鳞，莫辨处所。左顾西湖，右俯浙江，望故宫苍莽，独见白塔屹立耳。

但请注意：这白塔不是现在还屹立在钱塘江边的那座建于唐五代的白塔，而是元代胡僧杨琏真伽所造，也就是下面引文中所说的“西番佛塔”。还有，这一次他是站在吴山上远眺，所以看不太清楚；但是过了半个多月，他又特地跑到故宫遗址上去看，那才是真实的故宫的面貌：

> 是日，游大般若寺。寺在凤凰山之左，即旧宫地也。地势高下，不可辨其处所。次观杨总统所建西番佛塔，突兀三十丈余，下以碑石甃（zhòu）之，有

先朝进士题名，并故宫诸样花石，亦有镌刻龙凤者，皆乱砌在地。山峻风寒，不欲细看而下。次游万寿尊胜塔，亦杨其姓者所建。正殿佛皆西番形象，赤体侍立，虽用金装，无自然意。门立四青石柱，镌凿盘龙，甚精致。上犹有金铜钟一口，上铸“淳熙改元，曾觌篆字”铭在，皆故物也。行至左廊，记得壁上一诗，云：“玉辇成尘事已空，惟余草木对春风。凭高□□□□□，目断苍梧夕照中。”

后人提到南宋故宫，总喜欢援引《马可·波罗游记》里的话。其实，马可·波罗恐怕未必到过那里。俗语说，“眼见为实”，所以郭畀的日记是值得重视的。

九、王穉登

明代中叶以后，江南才士辈出，前有唐寅脱颖于姑苏，后有徐渭蜚声于越中，其他还有祝枝山、文徵明、王穉登等也都是名噪一时的。王穉登字百穀，别号笑笑生，原籍江苏武进，后来移居苏州，主吴中诗坛近三十年。王穉登著作甚多，除《王百穀集》外，尺牍和游记也都非常有名，《武林掌故丛编》收录他的游记一种，这就是我现在要说的《客越志略》，它详细记载了游览杭州西湖的经过，比张岱的《西湖梦寻》还要早一个世纪，是了解明代杭州的好资料。

王穉登于明嘉靖四十五年（1566）五月从苏州出发，乘船至杭州北新关，翌日坐巾车迤逦进入杭州城。如底下一段就很有意思：

> 从武林门入，风景大略似两都，人家门外，悉是冬青树。忆读《杭州志》云：洪武间，都指挥徐司马所栽，今有如拱者，当犹是其旧植。苍翠鳞鳞，屋瓦尽碧，略如山家青霭，人从树里行，不见赤日。小楼里户，副似短扉，纬萧作垣，加墁其上。门门金像，奉浮屠氏甚崇。每慧灯不戢，即千家为墟。故临安大火，非一燎矣。妇人低鬟，胡粉傅面，都作女郎妆。小儿白雪椎髻，甚多美少年，盖山川淑清，生人韶秀，亦如吴中然也。

描写武林门一带，从街树绿化、市房建筑、男女装饰到习俗风尚，着墨不多，无不楚楚动人。许多人游杭州，多着眼于西湖，说那里的风景如何如何好，却很少有注意到人物风俗的。说杭州人文静白皙的，不止王穉登一个人，但往往笼统一般，今读《志略》，真大有呼之欲出之感。杭州为南宋旧都，可是房屋的建筑却相当马虎，“纬萧作垣，加墁其上”，这样的小楼里户，从南宋一直延续到清末。木结构的房子本来就容易着火，再加上佛灯彻夜不灭，所以防火就成了一大难题。一个初来乍到的人，能够写得如此细致深入，这是非要有敏锐的观察力不可的。

十、袁宏道

袁宏道曾六次来到杭州，名义上是访友，实际上是为了西湖。头一次是在明万历二十五年（1597）丁酉。他说：“从武林门而西，望保俶塔突兀层崖中，则已心飞湖上也。”他对西湖慕名已久，所以一到杭州，就想立即见到这个“梦中情人”。但是西湖实在太美了，乍一相见，就不觉目酣神醉，勉强说了四句话“山色如娥，花光如颊，波纹如绫，温风如酒”，但还是觉得“不相干丝毫”，所以只好自认无能，慨叹“此时欲下一语描写不得，大约如东阿王梦中初遇洛神时也”。

袁宏道不仅跑遍了西湖的山南水北，还处处志之，吟诗作文，为我们留下了不少弥足珍贵的文学作品。他有一首《西湖总评》诗，被收录在《袁宏道集笺校》的“辑逸”中，却没有注明具体的创作日期。大概他在多次游览西湖之后，某日偶一忆及，便欣然命笔，在奔奔竞竞的众多忆念中，也只能拣那荦大的来写，而这些景色也正是西湖的精彩部分。诗云：

龙井饶甘泉，飞来富石骨。
苏桥十里风，胜果一天月。
钱祠无佳处，一片好石碣。
孤山旧亭子，凉阴满林樾。
一年一桃花，一岁一白发。
南高看云生，北高见日没。

楚人无羽毛，能得几游越？

诗写得明白如话，我也不想有所饶舌；只有对桃花的痴迷，袁宏道可以说是情有独钟的，所以还想说上几句。他在《晚游六桥待月记》中说："由断桥至苏堤一带，绿烟红雾，弥漫二十余里。歌吹为风，粉汗为雨，罗纨之盛，多于堤畔之草，艳冶极矣。"桃花适宜远眺，但也不妨近玩，如袁宏道那一次"雨后游六桥"，与几个朋友一起，躺在桃树下饮酒，清风微微，落红片片，以面承花，花多的干杯，花少的罚以唱歌。我以为这与元人杨铁崖"鞋杯"（把酒杯放在女人的绣鞋中）的故事相比，不仅高雅，也有趣得多了。

十一、王季重

明朝人写西湖的书不少，如田汝成的《西湖游览志》、张岱的《西湖梦寻》，都是很有名的。但是有些零篇散札，我觉得也很有意思，譬如王季重的《游杭州诸胜记》，写得就有点特别：它只是分景点叙述，并不考虑到全面性，根据目前所见，意到笔随，记下了自己的心得感想，所以较为亲切。全文共有二十七节，长短不一，所谓有话则长，无话则短，快人快语，仿佛是从肺腑中流出。如第四节是写整个西湖的：

> 西湖之妙，山光水影，明媚相涵，图画天开，镜花自照，四时皆宜也。然涌金门苦于官皂，钱塘门苦僧、苦客，清波门苦鬼。胜在岳坟，最胜在孤山与断桥。吾极不乐豪家徽贾，重楼架舫，优喧粉笑，势利传杯，留门趋入。所喜者野航两棹，坐恰两三，随处夷犹，侣同鸥鹭。或柳堤鱼酒，或僧屋饭蔬，可住可宿，不过一二金而轻移曲探，可尽两湖之致。

王季重是明末名人，有气节有文章，而文章据说以游记为最出名，好处在于“表现的新鲜与设想的奇特”。又如下面第十八节谒岳王坟，写得就有点与众不同：

> 六桥花柳妍媚，忽尔松柏威森，则精忠武穆之庙墓也。山环水潴，醉人狂子，岸帻者整巾，笑喧者刁肃，嗟呼！人心尚有血在。白杨碧槚，鸟亦悲啼。奸桧等铸错接反，头颈俱断，此死铁耳。何不于金牌十二时，效澹庵先生一按哉？予令茂陵，过汤阴，晤其子孙，即茁发者皆凛凛有生气。垂老分节九江，谒其祠已颓废，捐俸葺之。尝读其词吟笺表，雄伟理密，不但武穆，亦文渊也。丰碑大刻，何足揄扬其万一乎！

王季重处于晚明覆灭之际，乱世思英雄，所以对岳飞就特别敬重。不久，明朝灭亡，王季重绝食而死，前后对照，言行合符，虽然只是短短的几节散记，也可以看出他的真实感情。

十二、毛奇龄

明末清初，浙江有三个姓毛的文人，毛先舒、毛奇龄、毛际可，有“浙中三毛，文中三豪”的话。而三毛中又以毛奇龄为最突出。

毛奇龄，字大可，别号西河，萧山人。《中国文学家大辞典》说他“博览载集，著书甚多”，又说“惟喜为辩驳以求胜，凡他人所已言者，必力反其词”。有时不免强词夺理，但大多数是正确的。因为他读的书多，引经据典，教人不得不信。如为西施平反，以古本《越绝书》为依据，证明西施本萧山人；白堤即“白沙堤”之略，以白居易自己的诗为例，证明非白居易所筑。晚年得了痹疾，便由明史馆编修退居到杭州，住在下城盐桥附近，尽管如此还是宾客盈门。除了吟诗作文，还常到西湖边游玩，抚今追昔，写些诗文随笔，对我们今天认识西湖大有裨益。人说“西河小牍随笔皆有意趣”，大概就是指这类小文而言。如下面一篇云：

> 从溜水头迤北，有西马塍在昭庆寺左，与湖墅东马塍相对。相传五代时东西马氏种花之所。旧志谓钱王马垌非也。吴越故城圈东马塍入北关内，焉得有垌。且塍者畦棱之名，第可艺植，牧兽非其事矣。

为了证实自己的说法，他还特地跑到那里去看。“人家屋傍尚有花，第无艺花者”，感慨之余，就做了两首诗：

溜水桥边路，迢迢独自行。
西塍花自好，何必问东塍。
闭门谁家园，不见有花树。
但见卖花翁，收花入篮去。

有一次，毛奇龄随母亲游天竺，宿在西湖边的一个寺庙里，墙壁上写着一阕《和韩蕲王》词，母亲叫他念出来听听。毛奇龄自以为是韩蕲王自己的词，就随口念了一阕。第二天母亲见了壁上的词后大为发怒，说：“本是和蕲王词，何故拿本词来骗我！”原来毛奇龄在四十岁以后，就患有“鸡盲眼”，入夜以后，视力更差，所以墙壁上的那阕词，他是根本看不清的。但他为什么又不敢对母亲说明呢？语云“亲在未敢言老”，子女有病，必然会让父母担忧。所以毛奇龄这一回真可谓是“哑子吃黄连，有苦说不出”了。

十三、沈复

沈三白名复，清乾嘉时苏州人，本来不甚著名，因为写了一本《浮生六记》，才被世人所发觉。俞平伯在《重印浮生六记序》中说：“记叙体的文章在中国旧文苑里，可真不少，然而竟难找一篇完美的自叙传。……所以前人认为不足道的，我们常发见其间有真的文艺潜伏着在，而《浮生六记》便是小小的一例。”

《六记》现存四记，第四记为《浪游记快》，大半写的是西湖，文章清通不必说，对西湖的评论也颇正确。三白“喜独出己见”“存人珍我弃，人弃我取之意”，但绝不是故作新奇，耸人听闻。那些评论应该说是很中肯的。就整体而言，三白喜欢白堤断桥一带，他说：“时值长夏，起极早，出钱塘门，过昭庆寺，上断桥，坐石栏上。旭日将升，朝霞映于柳外，尽态极妍。白莲香里，清风徐来，令人心骨皆清。”

另外，他还从结构、石、水等几方面谈了自己的看法。他说：“结构之妙，予以龙井为最，小有天园次之。”小有天园现在已经不复存在，故址在净慈寺附近，清初建筑，小巧玲珑，以“因地制宜，自出心裁”著称。又说：“石取天竺之飞来峰，城隍山之瑞石古洞。”飞来峰以峰得名，实际上只是一块大石头。张宗子称之为“石丈”，说它“棱层剔透，嵌空玲珑”，是“米颠袖中一块奇石”。至于水，他不取虎跑、龙井，却取玉泉，他说：“水取玉泉，以水清多鱼，有活泼趣也。”在花港公园未扩建之前，“花港观鱼”池小水不活，远不如玉泉有活泼之趣。这在当时是比较一致的看法，如学者刘献廷在其《广阳杂记》中就是这么说的。

最后，他还说：“其余湖心亭、六一泉诸景，各有妙处，不能尽述，然皆不脱脂粉气，反不如小静室之幽僻，雅近天然。”为风景“添妆”是可以的，但是不能过分，否则，过犹不及，涂脂抹粉多了，反而斫伤天然，变得俗气起来。

十四、俞樾

俞樾，号曲园，祖籍浙江德清，清道光间进士，历任编修等官。在河南学政任上，因为规矩太严，为学子所反对，受到“削职”处分，从此流寓苏州、杭州，以讲学为生，并从事著述。最后定居孤山，所住楼房称为“俞楼”，人称“曲园先生”。他是经师，却又是诗人，旁及小说、杂文。所著《春在堂随笔》，清丽洒脱，为一般文人所难以企及。有一次他与夫人一起到灵隐冷泉亭游玩，亭柱上旧有“泉自几时冷起，峰从何处飞来”一联。夫人道：“此联问得有趣，请作答语。”先生应声道：“泉自有时冷起，峰从无处飞来。”夫人道：“不如改作‘泉自冷时冷起，峰从飞处飞来’。”相与大笑。

又如游九溪十八涧，更可以看出先生开朗的性格。他曾听理安寺和尚说那里的风景如何样好，心向往之，却没能实现。时隔几年，到了清同治十二年（1873）癸酉，才和两个朋友一起去玩了一趟：“癸酉暮春……逾杨梅岭而至其地，清流一线……愈转愈深，亦愈幽秀……余足力最弱，城市中虽半里之地，不能舍车而徒，乃此日则亦行三里而遥矣。山水之移情如是。”他还做了一首诗，诗云：

我行十八涧，何其缭以曲！
重重叠叠山，其妙总在复。
山中何所有？松竹杂苍绿。
更喜高下间，衬以红踯躅。
篮舆偶此过，一步一往复。
惜无可坐处，胜景看未足。
安得结一庵，深藏此山腹！

经过这次旅游，曲园先生在认识上有两大收获：一是“西湖之胜，不在湖而在山”“九溪十八涧，乃西湖最胜处”；二是山水能够移情。人本来有不少潜力，常有意无意地被锁闭着，一旦发现，就会有喜出望外之感。所谓移情，就是改变自己的性情，所以就觉得格外开心。

十五、刘半农

1931年4月中旬，刘半农出差到上海，就顺便游览了杭州的西湖。20日早晨，刘半农夫妇在朋友川岛的陪同下，坐轿子从湖滨出发，先到净慈寺、雷峰塔，再到虎跑泉，“南山三洞”，接着又到龙井寺，最后由九溪十八涧返回城中。刘半农以为“南山三洞”最好玩的是烟霞洞，不在洞本身，是旁边的那几幢小楼，登楼一望，全杭湖山城市，均在目中，阴晴变化，可拓人烟霞万古之胸怀。不过，最令刘半农流连忘返的是九溪十八涧。他在给女儿小惠的信中这样说：

> 次到九溪十八涧，地在两山之中，长可六七里，山水降积为溪涧，人在细流碎石中行。山树野花，莫不各怀幽趣，又正值采茶时节，每有小姑老叟，携篮工作，怡然有世外桃源之乐。而杜鹃方盛开，时见绝壁之上，嫣红一簇，于苍古中参以鲜媚，诚绝妙天然图画也。余与川岛均下轿步行，汝母亦欲一试，经轿夫告以石上行走危险而止。余语川岛，游杭州不游此地，是未游杭州也。川岛言，此地幸未蒙张静江、朱骝先两公光顾耳，两公若来，早为建筑柏油洋桥纪念塔，我等尚有今日之乐乎？

末了数语，最符合刘半农的审美观点，或者说是“五四”精神也可以，表现在诗歌创作上就是力求真实，反对虚拟。

十六、叶圣陶

说到叶圣陶，我们不妨用两句话来介绍：西湖的密友，杭州的常客。年轻时他在杭州中学里教书，与他共事的还有朱自清和俞平伯等。在教课之余，他们就到西湖边游览，或漫步苏堤，或探梅灵峰；有一次还雇了小船，到白云庵去瞻仰过月下老人。

后来，他离开了杭州，先到上海再到北京工作。但是只要有机会到杭州来，他是绝不会忘记西湖的。1958年他出版了《小记十篇》，其中有一篇《游了三个湖》，实际上是以西湖为主题，畅谈了自己对西湖的看法。他认为西湖是美的，湖水经过疏浚，树木加以补栽，到处都是清清爽爽的。他感到最舒坦的是苏堤，中间一条坦荡的马路，左右齐栽树木两行，把苏堤筑成一条绿荫掩盖的巷子。外湖和里湖从错落有致的枝叶间望去，似乎时时都在变换着样子。

还有灵隐。他说年轻时头一回到灵隐就觉得那里可爱，以后每到一回杭州总得去灵隐，一直保持着对那里的好感，特别是灵隐寺前面的那条林荫道：

道上多的是大树，又大又高，说“参天”当然嫌夸张，可真做到了“荫天蔽日”。暑天到那里，不用说，顿觉清凉，就是旁的时候去，也会感觉“身在画图中”，自己和周围的环境融和一气，挺心旷神怡的。灵隐的可爱，我以为就在这个地方。道上走走，亭子里坐坐，看看山石，听听泉声，够了，享受了灵隐了。寺里面去不去，那倒无关紧要。

十七、郁达夫

杭州有屏山带水之胜。水，自然是指钱塘江（西湖也在近旁，但它不像一条带子）。山呢，又特别生动，苏东坡拿“龙飞凤舞”来形容它。王稺登的描写也不错：“山色层层，如芙蓉千片，欲插入人鬓。”不过刘大白的设想更时尚，他在《湖滨之夜》末两句云：

夜深长抱西湖卧，不及青山福分多！

但是许多人都把注意力放在西湖周边的山上，却忽略了城里的吴山。它不仅坐落在钱塘江与西湖之间，山又那么曲折幽深。这在中国其他城市是少有的。南京城内有鸡鸣山，也算是个古迹丛生之地，但是说到曲折幽深，就不好与吴山相比。郁达夫不愧为杭州的女婿，对婿乡的景物总是那么有独到的见解。他有一篇《城里的吴山》，就是专替吴山说好话的。他说：“真正在杭州城里的大观，第一要推吴山……”好在哪里呢？底下就是他的说明：

吴山的好处，第一在它的近，第二在它的并不高，元时平章答剌罕脱欢所甃的那数百级的石级，走走并不费力。可是一到顶上，掉头四顾，却可以看得见沧海的日出，钱塘江江上的帆行，西兴的烟树，城里的人家；西湖只像一面圆镜，到城隍山上去俯看下来，却不见得有趣，不见得娇美了。还有一件吴山特有的好处，是这山上的怪石的特多；你若从东面上山，一直的向南向西，沿岭脊走去，在路上有十几处可以看到这些神工鬼斧的奇岩怪石。假山叠不到这样的巧，真山也决没有这样的秀，而襟江带湖、碧天四匝、僧庐道院、画阁雕栏、茂林修竹、尘市炊烟等景物，还是不足道的余事。

郁达夫后来定居杭州，创作之暇，就跑到西湖边去散心，特别喜欢爬山，几乎把杭州的山都爬了个遍！不过顶喜欢的还是吴山。所以我想，如果有一天人们想到了要在杭州为郁达夫立像，那么吴山便是最适当的地方。

十八、再游西溪六首（八庚）

陈谅闻

进周家村

西溪水体绿盈盈，柳竹桑榆一片菁。

布谷声声催撒种，村民未了网鱼情。

穿百家溇

岸柳含烟远柿清[1]，船声欸乃镜中行。

成群游客熙熙过，始识河汀好钓耕。

注：①1997—1998年，作者负责杭州市科委《西溪风景区开发利用研究》课题时，西溪很荒凉，经2003—2005年市政府整治、开发利用，景象大变，今日游客到西溪无不为其美丽的田园风光拍手叫好。

过秋雪庵

一曲溪流一曲烟，诗吟厉鹗句为精[1]。

芦滩雨落知多少？难得庵堂见晚晴。

注：①厉鹗，清康、乾间邑人，著名学者，著有《泛舟河渚过曲水秋雪诸庵》诗两首。其一为："芦锥几顷界为田，一曲溪流一曲烟。记取飞尘难到处，矮梅下系庳篷船。"旧有《西溪百咏》，而人们更喜爱这首诗。清道光间，邑人、进士、翰林供奉戴熙按首句作画《西溪茭芦庵图卷》。

近梅花屋

渚北栖居可听莺[①]，溪西花事更闻名。

来年栽得梅三万，不让孤山独自荣[②]。

注：①莺类为益鸟，又是鸣禽，在西溪常见的有树莺、焦莺、夜莺等。②“西溪探梅”“孤山赏梅”，在明清时期皆为钱塘名胜。前者久废，后者长盛不衰，待西溪景区修复，西溪梅花将与孤山梅花共享荣誉。

看戏台亭

临风的笃扬声调，近水亭台适鼓笙[①]。

越剧源流来嵊县，开场此地唱方卿[②]。

注：①西溪深潭口大樟树下新建亭式戏台，挂匾“越剧流芳”。②越剧起源于嵊县，最初，三五成群组团，称“的笃班”。据考证，“的笃班”正式搭台演出还是在三墩蒋村，开场唱“方卿见姑”等折子戏。

出深潭口

深潭口侧大樟营[①]，胜会龙舟此出征。

劈浪乘风千桨过，乡村保得好年成[②]。

注：①西溪深潭口岸边有一棵大樟树，树龄700年。②在深潭口大樟树下，明清以来，每年端午节要召开“龙舟胜会”，以求保佑当地平安、丰收，“龙舟竞渡”由此开锣。蒋村有浙江“龙舟之乡”之誉。

湖畔诗社诞生记

文·董培伦

1920年8月10日，十八岁的汪静之和曹珮声的丈夫胡冠英结伴而行，告别家乡安徽绩溪，乘船沿着新安江顺流而下，来到杭州。8月11日他们下榻杭州葵巷附近的一个小小的旅馆。来到天堂杭州读书是汪静之多年的心愿，在这儿不仅能看到杭州的美景，更重要的是能够和他青梅竹马一起长大的心上人曹珮声时常见面。同年秋，汪静之以一篇作文考取了浙江第一师范学校（以下简称“浙一师范”）。

叶圣陶、朱自清、刘延陵都是他的老师。开学后，每逢星期天，已在杭州女子师范学校就读的曹珮声，总是带着一位杭州女子师范学校的同学，陪同胡冠英、汪静之一起游览西湖。基本路线都是湖滨上船，经三潭印月、刘庄、中山码头上岸。此事被刘延陵老师发现后，羡慕不已地说：“汪静之真有办法，每星期天，都有一个不同的美人陪同。”其实他并不知道，当时杭州女子师范学校的学生只有一百余人，她们都是资本家的小姐，前来陪同汪静之游船的小姐，都是曹珮声为汪静之找对象，精心安排的第一美人、第二美人……第七美人，直到第二美人符绿漪愿意和汪静之交朋友之后，汪静之才算找到了一位彼此相恋的心上人。

身边美女如云，西湖美景可餐。西子湖本来就是爱的湖、诗的湖，千百年来，文人墨客游览西湖后，无不留下优美的诗篇。从小就受到“四书五经”良好教育的汪静之，刚刚步入人生的青春蓬勃之时，恰好受到“五四”运动“反帝反封建，争取男女平等，提倡婚姻自由”的深刻影响。汪静之的思想也得到极大的解放。爱江山更爱美人的汪静之，此时此刻怎能不诗兴大发？于是一首首歌唱西湖美景、歌唱心中美人的诗篇就诞生了。

从小不愿同别人打交道的汪静之，开学两个多月不同别人交往说话，只顾埋头写自己的新诗。有一天在课堂上，他写了一首小诗，被喜欢写新诗的潘漠华发现。这位来自浙江武义县农村小业主的子弟，又惊又喜：“噢！你也写新诗，我也写新诗！”从此，两人成为志同道合的朋友。

开学不到三个月，知道汪静之喜欢写新诗的同学越来越多，汪静之成为该校的著名诗人。

1921年4月下旬，学校组织春游的学生去东海普陀山游玩。面对蔚蓝的大海长天，躺在细沙如棉的海滩上，汪静之立即构思了一首《海滨》的风景诗，并于4月24日写在日记本上。回校不久，他将这首小诗寄给北大创办的《新潮》杂志。

同年8月31日，他在一师西楼，又写下一首“爱与美”的赞歌《晨光》：

我浸在晨光里，
周围都充满着爱和美。
我吐尽所有的苦恼郁闷，
愉快浸透了骨髓。
我尽量地饮着爱呵！
我尽量地餐着美呵！
我好像已经腾空而飞。

潘漠华看过此诗后印象深刻。

同年9月1日，刚出版的《新潮》杂志刊登了汪静之的风景诗《海滨》。9月中旬，刊物来到浙一师范，三百余人的校园轰动了，连校长、老师都感到高兴。

潘漠华找到汪静之商量说:“我认识很多写诗、写小说的同学，我们是否也组织个文学社团。”汪静之很高兴地表示同意。“但是叫什么名字呢?”潘漠华想了一想说，“你不是写了一首《晨光》的新诗吗？就叫‘晨光文学社’。”二人一拍即合。潘漠华高兴地四处联络，在同学中寻找写诗、写小说的人。由于汪静之在《新潮》上发表了《海滨》这首短诗，在杭州的两所中学各有两名学生写信给汪静之进行联系。汪静之便邀请他们四人连同几位女生一起参加晨光文学社的成立大会。

1921年10月10日下午，在杭州浙一师范的一个教室内，他们举行“晨光文学社”成立大会。到会者三十余人，女生有八人。唯独汪静之的未婚妻——女子师范学校学生符绿漪不愿抛头露面参加会议。她说她是闺中小姐，不随便接近男同学。会上，选举了潘漠华与汪静之两名干事，负责晨光文学社的事务。叶圣陶、朱自清、刘延陵是文学社的顾问。文学社成立后，社员们将自己写出的新诗、白话文小说，纷纷在当时的文学报刊《小说月报》《晨报》《新潮》等刊物上发表。当时在上海某银行管金库的职员、喜欢写新诗的青年诗人应修人，在刊物上读到浙一师范汪静之的新诗后，大有遇到知音一样高兴，便写信同汪静之联系。应修人比汪静之大两岁，见识也比较多。从1922年1月至3月，两人互相通信十多封（可惜应修人的书信，全在汪静之岳父家中，被一次失火全部烧掉了）。在信中，两人互相交流诗艺，由于志同道合，感情逐步加深，会面相谈的愿望更加强烈。3月底，应修人特地请假一周来杭州同汪静之一起游览西湖。3月30日，这天风和日丽，中午应修人乘火车到达杭州，汪静之亲自到火车站迎接。午饭后，汪静之陪同应修人乘坐一只小船在西子湖上荡悠，两人一边欣赏秀丽风光，一边交流诗歌创作。在交流中，汪静之向应修人介绍了晨光文学社的有关事宜。说者无心，听者有意，仿佛是冥冥中的偶然启发，应修人心中突然想到成立诗社的事。他于是向汪静之提出："你能否在晨光文学社中找两位写诗的同学，明天一起游湖。"因游船太小只能坐四个人，汪静之只能再叫两个写诗的人同船交流。

第二天，汪静之将好友潘漠华、冯雪峰带到船上，同应修人见面。就这样，四个写诗的青年人，在西子湖的游船上，游览了四天，边看风景边交流诗作。4月4日这天，他们来到西泠印社内的四照阁茶室。坐在阁内，居高临下，西子湖美景尽收眼底，四位青年诗人边喝茶边开会，探讨成立诗社的事。应修

《汪静之情书漪漪讯》

人经过四五天的琢磨，胸有成竹地说："你们有个'晨光社'，我们现在来个'湖畔社'。"因为三个诗友都比应修人小两三岁，所以都尊重他的提议，同意成立"湖畔诗社"。这四位青年人，当时都很自信，目空一切，觉得自己的诗比一些前辈诗人的诗写得好。在他们眼里只看得起郭沫若、康白情的诗，其他人的诗都没有进入他们的法眼。为了纪念湖畔诗社的成立，修人提议立即将他们四个诗人的作品集在一起，出一本"湖畔"的诗集。汪静之在这一年的2月份，听从老师叶圣陶的建议，将自己写的所有诗篇编成一本诗集《蕙的风》，交给上海亚东图书馆准备出版，因此已没有诗作可以放进《湖畔》合集中。应修人说："那不行，我们四个好朋友，不能在我们合编的诗集里少了一个好朋友。你的诗集尽管要出版了，也要选出几首作为一个象征放进《湖畔》这本合集中来。"于是，汪静之从《蕙的风》中选出6首小诗，放进《湖畔》里，最后定稿时，潘漠华的诗选入16首、冯雪峰的诗选入17首、应修人的诗选入22首，共计61首。

应修人将编辑好的《湖畔》诗集带回上海后，交给亚东图书馆老板，编辑部主任看后，不接受出版。应修人当时在上海银行每月工资80元，他决定由湖畔诗社出版。他拿出200元的积蓄，自费出版两千册，4月份交稿，5月份就印刷完毕。而《蕙的风》直到8月份才出版发行。随后，浙一师范同学魏金枝、谢旦如也成为社员。1923年12月底，应修人、潘漠华、冯雪峰三人以湖畔诗社的名义出版了诗集《春的歌集》。诗社成立后不到三年时间，随着时局的变化，他们各奔前程。诗社虽然停止了活动，但在中国新文学史上，仍占有一席之地。它是中国第一个新诗社，虽然没有固定的组织和章程，只是一种友爱的结合，但其诗歌对后世的影响，极其深远。六位青年的诗作涉及自然、友情、亲情、乡情等诸多方面，但令人瞩目的还是他们的爱情诗，这些诗对当时反对封建礼教，提倡婚姻自由，起到有力的推动作用。诗社中的六位成员，尽管各奔前程，但他们的心始终连在一起，真可谓湖山依旧，友情长存。正如1957年3月，冯雪峰在《应修人潘漠华选集》序中所说："我们之间的友谊是仍然不变的。"又如汪静之在1984年出版的《湖畔》新编第一集序言中所说，“一九二五年起，修人、金枝、漠华、雪峰先后参加了中国共产党，终生干革命事业”“我和旦如在党外，受了在党内的几位社员的熏陶，党内党外六个社员都怀着共产主义的壮丽理想”“共同的理想维系着六个社员的友情，有始有终”。

杭城米业拾零

—文·劳志鹏—

民以食为天。南方人主食大米，《梦粱录》载南宋临安府（杭州）：“每日街市食米，除府第、官舍……外，细民所食，每日城内外不下一二千余石，皆需之铺家。”当时米铺集中在米市巷、米市桥（今斗富二桥）一带。清代，除代客买卖的米行外，以零售为主的米店（铺）相继开设，据统计，清宣统三年（1911）杭城有米行、米店40家，多集中在湖墅一带。后来，随着交通运输的发展，米店逐渐向市区迁移，凡居民集聚的闹市、街路都开有米店，而且竞争相当激烈。民国二十年（1931），杭城在册的米店、米行总数为222家，有从业人员2616人。日军侵占时期，因粮米采运被封锁，大米货源奇缺，米店以经营六谷（玉米）粉等杂粮为主。民国三十五年（1946），杭州在里横河桥粮行业同业公会设粮食交易市场，这是粮行自行采购或代客出售的场所，米店零售的粮食亦多数向市场进货。1949年杭州有粮行53家，粮店374家（以上数据摘自《杭州市志》）。

米行和米店都主营大米，强者称行，多贩卖；弱者称店，主零售。米店的粮食大多是从米行批发而来，而米行的货源大多来自湖州、苏州、无锡，所以米行门面往往有“长途自运南北两路粮食，兼营杂粮豆米加工”等招揽生意的号匾。米行和其他行业一样，老板们做买卖交易时多用行话，局外人是听不懂的。杭州人叫“切头”，切头对上号就表示是同行了，同行三分亲嘛。米行一至十的数字切头是：一子、二力、三削、四类、五香、六竹、七才、八发、九丁、十足。

旧时杭城的米行米店一般是前店后仓的，一进店堂临街，可招徕生意；二进后仓近河，运输方便。运河、上塘河、中河、东河两岸是人口密集的民居点，附近必定有商贸区，当然是米行、米店开设的最佳场所。它们大多为双开间门面，左边四分之一处置一直角曲尺柜台，末端偌大一块青龙招牌直竖到楼板，上书“食民为天”或“七政居先”。柜台外大堂按北斗七星座散放一坨坨大米，盛米的是一个约80厘米高、直径约1米的竹篾编制的圆形器具，米底套着一只大竹匾，容量少说有五六百斤，且米堆成宝塔尖，煞是好看。米上插块约60厘米长、10厘米宽的标牌，上写大米品种、产地、价格。居民食用米一般是籼米、粳米及糯米，其他就是六谷粉、面粉及黄豆、赤豆、绿豆等杂粮。二进是贮粮的仓库或者粮食加工场，中间隔天井，石库门相通，风火墙高且厚。仓内一袋袋米堆放有序，标签醒目明码，场地宽敞通风。

店堂柜台账桌边正襟危坐着一位账房先生，头戴瓜皮小帽，身穿长袍马褂，脚着圆口贡鞋，嘴不离白铜水烟壶吸得“卟卟”响，光边眼镜架在鼻尖上。这类账房先生多是落第秀才或老童生，连个塾馆都没有，只得厕身商贾做高级伙计了。辛亥革命后，革辫换装，账房先生们马褂换成竹布长衫，但瓜皮帽依旧，以示风雅；水烟筒换成了二尺长的旱烟管，但烟杆上会挂个小玉佩，抽的烟丝必是宓大昌出的香元奇，烟香袭人。他们平日里总是一手持烟杆一手打算盘，动不动拿烟筒头敲痰盂罐、骂山门。

米店倌分文尚、武尚。那些负责量米卖米的属文尚，民国初年时，他们一般穿长衫、梳二分头的打扮；那些在后仓加工粮食、干杂活的就属武尚了，他们大多着短靠，单褡系腰。顾客如买得太多拿不动，账房先生就可以派武尚帮忙送过去。武尚师傅背米随行，如果路远体力不支，他可以把米袋在商店柜台上靠一靠，歇一会儿，商店是不能怪罪的：这条不成文的规矩不知源于何时，可见杭州民风淳厚、体恤苦力。要知道这袋150斤重的米如果放下地，那就再也背不起来了。

自古以来，粮食是人类赖以生存的头等物事，米店店堂里都会挂有“公平交易，童叟无欺”的牌子，而贩卖粮食也被认为是有仁者之心的商贾积善修德的行为。北宋大观四年（1110）就有位人称“左善人”的左世裕，在城北湖墅开设诚济米店，平时乐善好施，后来，夫妻俩在荒年里倾家赈灾，直至过度劳累而亡。此事轰动杭城，惊动官府，徽宗敕封左世裕为庇民侯，在清水潭建左八郎祠来祭祀，并把路桥改名为左家桥。到了南宋绍兴年间，有蒋氏三兄弟崇仁（七郎）、崇义（八郎）、崇信（九郎）者，从西溪迁居兴德坊（今祖庙巷），在盐桥附近开设米店，仿效西汉宣帝刘询的做法，日常平仓储粮，翌年青黄不接时允许百姓自带升、斗自量米谷，只付本金，所以人们尊称其为“蒋自量”。宋咸淳六年（1270），度宗准京尹所奏，追封蒋七郎为孚顺侯，蒋八郎为孚惠侯，蒋九郎为孚佑侯，并在盐桥建广福庙以祀，因此盐桥又名广福桥。

当然，唯利是图、囤积粮食、任意抬价的奸商也是有的。在公平交易、童叟无欺的招牌下施展各种盘剥手段，“大斗进小斗出”最常见，不少米行、米店，备有几套不同的升斗，如“九三斗”（一斗米只有九升三合）、“九五斗”、“加一斗”等。卖出用小斗，收购农民的米用大斗；还有双层斗，在斗里加一层底板，买进时抽掉，卖出时放上，一进一出，一石米相差几升；更有甚者，在糙米碾白前着水受潮，提高出米率，或者在糙米碾白时掺石膏粉，增加米的档次；最丧尽天良的是米中掺石砂，一口一硌牙。这种奸商没了心肝，杭州人骂他们是“米蛀虫”。

每到有大批量进出货时，米行就会使用一种叫“斛”的量具。1升相当于1.5市斤，10升为1斗，5斗才为1斛。后来大米进口供市，每100公斤装一个袋子，故叫“包子米”。但无论是散卖还是袋装，长途运来的米，买卖谈成后均要由米行代为量过斤两才能付钱，一船米几十万斤，只能用斛来量。斛是个精制的圆木桶，外包三圈铜箍，桐油光亮，两边中腰对称装有短棍（抓手），两人各抓一根短棍操作。斛米有专业斛帮和（米）行家自斛两种，专业斛帮每斛米一石收取斛工费米一升。表面上看是一种主持公道的服务性行业，其实是地痞流氓把持码头强收强买路钱的一种方法。另一种行家自斛更为可怕。米行老板雇有斛手做手脚，一斛米多个一升或少去一升眼睛都不会眨一眨，你算算，一船米要吃亏多少？所以外地粮贩求爷爷拜奶奶情愿请专业斛帮斛米，但来了强盗去个贼，仍旧不会有好果子吃的。

民国后期杭州市民的文化生活

—文·顾志兴—

那时上层人士的文化生活不清楚。我所居住的小弄堂里略有见闻，周围邻居多为普通市民，如贩夫走卒之辈，穿长衫的亦是普通店员，职业需要算是工作服吧。拼命回忆，想不起谁家有留声机、无线电（收音机）之类的稀罕物，日常娱乐无非是老人走象棋，男人听大书，或者小搞搞、掷骰子、打牌九、搓麻将。女人津津乐道绍兴戏、越剧如何如何，沉浸在私订终身后花园、落难公子中状元等戏文中。

记得越剧名伶筱丹桂被无赖张春帆迫害而服来沙尔自尽，市民一片同情之心形于辞色，也是种正义感的表现。我们小孩则读书之余，热衷于打弹子、拍洋片儿。那时南洋烟草公司的每包烟内必有张人物画像，小孩见大人买了香烟，定等候在旁边索取，十分猴急。

一到晚上，弄堂口传来一阵小锣声音，大家知道卖梨膏的小热昏到了，纷纷走出家门，有的人还随带一条长凳，这是供小热昏踩在凳子上演唱用的，听众一律围圈站着。小热昏先讲些杭州新闻、里弄笑话，然后正式开场，还有印象的是上海富家千金黄慧如爱上家中佣工陆根荣而后双双私奔的故事，这是当时在上海发生的一件真人真事，听众十分踊跃，为他们私奔能否成功而提心吊胆。这件事当时在上海滩几乎家喻户晓，前两年我还见到一本杂志上有文章详述事件经过和最后结局。小热昏说唱到关键处必拿出小箱子里化痰止咳的秘制梨膏糖来卖，故事精彩，买者踊跃，急于听听后面到底怎么了。现在这种里弄的小热昏见不到了，倒是在吴山的一个旅游商店里看到有梨膏糖在卖，它已成了旅游商品。

民国时期杭州大街小巷有很多小人书摊和小说书摊，这也是人们精神生活的重要内容之一。小人书（连环画）人人爱看、老小咸宜，租价便宜，穷人也租得起，那时一家一户租几本小人书很普遍。住的房子都是大杂院，一个墙门里面住上七八户、十来家十分普遍寻常。一到晚上很多人在看小人书，小孩这时就串门串户地交换，结果是一家租一本可以看十本二十本，一个晚上就打发过去了。那时最流行的小人书是《王先生与小陈》，幽默风趣，后来我才知道这本连环画是大画家叶浅予先生画的。

小说书摊比小书摊要少些，根据书的厚薄，租借日期也不同。现在尚能记得起的书摊在清河坊，万隆火腿店朝南的窗户就是一个小说书摊。那窗户朝内凹进，足足可以竖着放不少书，任君选择。再是开元桥河下的理发店门口也有一个，书比较多。再远点吴山路也有一个，是我一个小朋友的母亲摆的，因了这层关系，我免费看了很多书，五百万字的还珠楼主的《蜀山剑侠传》基本上是这几个书摊借看的。这些小说书摊出租的书，大多是武侠、侦探、言情小说，偶有《写信不求人》和医学知识等实用书，读者想看的书，基本上都可以找到。人们说起这些小人书摊、小说书摊是贬得多、褒得少，我有些不同看法，在普及市民文化方面我认为是有功劳的。

看戏、看电影也是市民的文化生活内容之一。洋坝头三元坊里面有家戏馆，专演越剧，我跟姊姊去看过一次，不喜欢，未留下印象。但女人最喜欢看，一本《孟丽君》连台本戏可以连演多天，孟丽君和皇甫少华的故事也是她们所津津乐道的。

看戏最精彩的还数大世界（今东坡剧院是其中一

部分），顾名思义，其经营理念是仿效上海的大世界。一张不贵的门票，进入大世界可以随意走动，喜欢看什么都可以，京戏、杭剧、越剧、杂技、滑稽戏各式皆备。姊夫曾带我去过一次，他喜欢看京戏，那天演的是吕四娘为报父仇，大战雍正皇帝的特务组织血滴子。凡泡茶的戏客，服务员不时要递上毛巾，只见场内一把把的毛巾飞来飞去，这是真功夫，绝不比台上的差。看着没意思，我跑去看杂技。那天演的是一个十七八岁的姑娘躺在桌子上，两个壮汉抬来一块钉板小心放在她的身上，然后用锤子猛击钉板，那位姑娘居然毫发无伤，演毕还朝大家鞠躬致意。我看得惊心动魄，几次闭上眼睛。演毕观众赞叹之余，议论纷纷，有的说是真功夫，有的说是障眼法，莫衷一是。我回去写了一篇周记，记了这件事。

那时我最喜欢看电影。在我的记忆中杭州城里几家有名的电影院似乎都集中在上城区，一家是大华（1949年后更名新华），在离家不远的国货街，设施很好，是靠背软座。抗战胜利后在这里看过一部美国电影，是演美国海军和德国法西斯海军打仗的故事，在电影中一名美国海军游泳登上敌舰和法西斯德国佬殊死搏斗。这是部彩色片，当时极少见。有个镜头是那个海军在游泳过程中，海面上的汽油燃烧了，火焰在海面上燃烧，敌人渐渐追上来了，最后他只能潜泳前进，上面是火焰，他在下面游泳，真为他担心。我还在大华看过一部苏联片，片名是《区委书记》，是讲法西斯占领某乡村时，区委书记带领百姓抗击法西斯，其中有个镜头是区委书记（名字太长记不牢）在牺牲前用重机枪狠狠打击冲过来的德国法西斯。这两部电影都给我留下了深刻印象，有些镜头至今不忘。当时我觉得美国和苏联电影拍得真好看，水平高。

太平洋电影院在中正街（今解放路）上，这里的设施开始没有大华好，座位是长条的靠背木椅，后来改为靠背软座，和大华一样。大华和太平洋电影院是民国时期杭州设备最好的两家电影院，好像上海南京路上的大光明电影院一样，都是很崭的。我去看过电影，什么电影忘记了。

距太平洋电影院不远，青年路南端有家金门电影院，对面就是开元路上的基督教女青年会。这家电影院一是抗战胜利后新开的，规模不如大华、太平洋大，但设施很好；二是这家电影院专放美国电影，而且都是原版片，讲英语，片上有时有字幕也是英文的，这样的电影院别说在杭州，别的城市也少见。我曾多次在金门电影院看美国电影，印象中跳舞的片子很多，只是觉得好看，现在连片名也想不起来。

这家放原版美国片的金门电影院，一直持续到杭州解放初，我所说的情况完全属实，因为我无意中和两位比我大十来岁的先生核对过。一位是陈桥驿先生，著名历史地理学家，浙大终身教授。他英语很好，不仅能看英语原版书，而且口语也很好，能与英语国家的外国教授用英语流利地交流。我问过陈先生，你英语是在大学时学的？他笑着说："不是，我是自学的。抗战胜利后杭州青年路有家金门电影院，专门放美国原版片，每逢有新片，我就去看，有时一部电影连续看几次，主要不是看电影，而是练习口语。书面英语我是读韦氏英汉词典学的。"陈先生的话，和我的回忆完全一致。

另一位先生是我妻子的表姐夫马本初先生，他出身名门，是马寅初先生的次子。抗战期间他随父在重庆，基于爱国热情，在大一时投笔从戎。因为英语好，分配在军委外事局任美军翻译，官拜少校，抗战胜利后他复员回到杭州。前几年我去北京与他闲聊中，他问我："杭州的金门电影院专放美国原版片，我经常去看，这家电影院还在不在？"他的询问又与我的回忆不谋而合。我的印象里这家电影院大约是在朝鲜战争爆发后停放美国片的，那时"美帝"成了我们的头号敌人，怎么可能去放美国电影，批判都来不及。马先生的这段投笔从戎历史后来和他开了个大玩笑，"文革"中被搞得灰头土脸，直到2016年他90岁时，国家发给了他一枚抗战老兵纪念章。幸好他寿长，拿到了证章，感慨万千。

除了太平洋、大华、金门电影院外，上城的后市街还有家电影院，叫什么记不起来了，设施较差，座位是木板靠背的长椅子，一张椅子可坐四五个人。我去看过一次电影，片名是《十三号凶宅》，用现在的话来说，这是部惊悚片、恐怖片，由女影星白光主演。前几年我看过一篇文章，其中提到白光在大陆解放前夕去了台湾，成了歌星。

看了我看电影的回忆，有人会疑惑八九岁、十一二岁的一个小孩，家里怎么给那么多零用钱去看电影，我说出道理你就明白。盖因我有个小朋友，他的姑夫或是姨夫是在东南日报馆搞庶务的，经常可以搞到不花钱的招待票，有多余的总叫我一起去看。后来金门电影院的美国片是讲英语的，看不懂他们不去看，我是“猪八戒吃人参果、山东人吃麦冬”，尽管一懂都不懂，还是有票必看。

新桥纹工师傅

文·吴锦荣

什么是纹工师傅？恐怕今天已经很少有人知道了，因为早在20世纪80年代，这门丝绸行业的传统技术已被先进的电子技术代替了，当然也就没有了纹工师傅。

纹工师傅是干什么的？简单地说，是传统丝织提花织造工艺中的花板轧制师傅；因花板轧制是在踏花机上进行的，故又称踏花师傅。我的父亲吴明波（又名静波），就是20世纪五六十年代的纹工师傅，因在杭州下城新桥开设纹工社，技术好，待客又真诚，在当时下城丝绸行业小有名气，被称为“新桥纹工师傅”。

杭城的老底子丝绸业多集中在城东，至1949年前，下城东街上一带，仍有着不少机坊或绸厂。那时我家住在东河新桥横街，在这条南起堂安弄接岳家湾，北接青龙街，短短三百来米的街巷里，前有珠混堂巷的章家、赵家机坊，左有堂安弄的永成源绸厂、广安弄的罗家门缫丝工场，右有青龙街和新桥脚边夏侯巷的王家、史家机坊；如果加上邻近的岳家湾、张御史巷、窑瓶巷、小庙巷、助圣庙巷等处，至少有

纹工师傅

二十几家机坊或绸厂。晚上我们睡在床上，可清晰地听到隔壁永成源织绸机的隆隆声，可谓“机杼之声，比户相闻，漏夜不绝”。

新桥横街一带，吃丝绸饭的也比比皆是，我家隔壁是王阿荣车铣（木）店，专门车制纡管、宝塔管等纺织车木配件；对面鲁双虎铁工厂和新桥直街的陶永兴铁工厂，专事制造和修理织机；新桥直街的箍桶店除制作日用水桶、脚盆外，大宗生意还是丝绸厂家用的木作器。在机坊或绸厂做工的就更多了，珠混堂巷口的王连生，他自己是机修工，老婆是络经的，女儿“小摩登”和隔壁木匠阿传的女儿都是纺织工。车铣店的大女儿巧云，嫁入夏侯巷史家，后来成了机坊老板娘。街头巷尾人家中，随处可见摇篗（yuè）儿络经的大嫂、阿婆，借此挣些小菜钱。以上种种，可以说新桥横街是当时杭州城东丝绸之乡的一个缩影。

我父亲原籍绍兴汤浦（今属绍兴市上虞区），早年到杭州东街骆驼桥海天纹工厂学生意（当学徒），满师后又在厂里做了几年。抗日战争时期兵荒马乱，杭城丝绸业生意萧条，纹工厂也大多歇业，父亲改行先后做过杂货摊、饭摊等小生意。1949年后，丝绸业逐渐复苏，大街小巷又闻织机之声。新桥横街11号的钟张安，也是绍兴人，办有学新纹工社，生意日见起色，他建议我父亲做老本行，说纹工这碗技术饭吃吃还是可以的。于是父亲在1953年的三四月间重操旧业，在新桥横街18号开办了静波纹工社。

说是纹工社，其实也就是家庭工厂，只有三件必备的设备，一台踏花机、一把裁硬纸板的铡刀、一个编串花板的长木架。那时我十三四岁，在王马巷小学读书，放学回来就帮着做些力所能及的事情。花板轧制的第一道工序就是铡纸板，将大幅整张纸板铡切成长41厘米、宽7厘米的长条形；纸板坚实，表面涂有柿漆防潮层，以防伸缩变形。父亲掌铡刀，我当下手递纸板，每铡一张就将纸板推进，靠在挡板上，难闻的柿漆味常熏得睁不开眼；最后，父亲将铡好的纸板按顺序编上号，避免轧孔过程中次序搞错。

所谓踏花，就是根据厂家提供的花样意匠图纸上的针数，在踏花机上将纸板上有花之处均成穿孔，以作织机上的样型。踏花机主要由升降机构、轧孔针箱、花板移动机构以及意匠图架四部分组成。父亲在踏花时，坐在踏花机前一张高高的长方凳上，先将纸板插入针箱，眼睛看着图架上的意匠图，边读图边用双手按针箱捺针，根据意匠图的图示，按住不同的捺针，压住轧针上端，脚踏升降机构，使针箱下降，锐利的圆形轧针在纸板上轧出一排疏密不等的孔眼。每踏一脚轧一排孔，要脑、眼、手、脚协调并用，一张花板通常有孔眼七十多行（排），也就是说要踏七十多脚才完成，其技术难度和劳动强度可想而知，偶有不小心踏错花，轻者粘补，重者则整张报废重踏。

杭州丝绸品种多样，花色丰富，当时常见的有花软缎、织锦缎、古香缎、线绨被面、织锦被面等等。因花样组织之不同，花板张数亦有多少，多至上千张，少至几百张。花色不同，花板轧孔的工艺和要求也不同，例如花软缎是双色图案，织锦缎是三色图案，花板的轧孔就要复杂得多了。各绸厂或机坊都力求产品花色新颖，以便打开销路，先根据市场需要设计纹样（称打样），然后请意匠师绘成意匠图纸。纹工师傅据意匠图纸轧制花板，所以每次踏花的品种很少有相同的。岳家湾王家河头有个叶姓意匠师，我每次从王马巷小学放学回家，都要经过他家门口，有次父亲要我顺路去他这里取某个花本的意匠图纸，只见他年纪约五十多岁，圆脸上架着一副金丝边眼镜，颇有派头。

花板轧孔完毕后，要一张张按照编好的号码顺序，用专用的辫带线编串成花本。辫带线由多股细棉线编织而成，呈扁平状，串在花本上不易移位。三角荡文星巷有个辫带线厂，我去买过多次，每次都是只买几绞，现买现用。我在家还经常帮着串花本，先将花板依编号顺序排在串花木架上，每张之间略有间隙，一次约可排四十张。然后，取辫带线穿入专用扁铜针，手拿铜针在花板的编线孔和间隙间，一上一下地交替逐张穿好，辫带线不能绞转，要始终呈扁平状；穿完一行把线拉紧，系于木架尾端的钉上，再串第二根线，与第一根线相错交，如是串有四行共八根辫带线，使花板不会左右窜动，花本挂上织机后，能在龙头上运转。有时候张安师傅的花本也拿过来编串，一次他的儿子从绍兴乡下来杭州，与我一起穿花板，各在一边穿二行，两人年龄相仿，你追我赶比谁快，毕竟他是生手，忙中出错，有好几处将辫带线串到了隔壁的纹孔，幸亏及时发现拆了重穿，不然花本上机后就会出现“错花”，被他父亲一顿骂，还吃了一颗“笃栗子”。

花本在上机使用过程中，不断受到织机的磨损，有的花板会破损，要重配或修复。一次，一个东街石板巷的机坊老板急匆匆地来找我父亲，说他的一个织锦缎花本破损了，跑了几家纹工厂，都嫌修配花本麻烦不愿接活，为此已停工两天了，老板急得团团转。父亲二话没说，放下其他活，对花本中有破裂但仍能修复之处，均匀涂上胶水黏合，用小平木槌反复敲击，恢复平整；破损严重者，就按意匠图纸，重新轧配新花板，再将花本重编串好，足足忙了大半天。机坊老板高兴得再三道谢，后来逢人就说吴师傅技术好，为人诚恳热情，不但成了我家的老客户，而且还带来好几个机坊老板，新桥纹工师傅的名声在下城丝绸业界传开了。

1955年在合作化运动中，杭城的几十家个体纹工厂，组织成立了纹工生产合作社（纹工业联合生产工厂），工厂地址在下城广兴巷。1958年9月，又并入东街莫衙营羊千弄的杭州胜利丝织厂（后更名为杭州丝织试样厂），父亲在该厂做纹工直到1969年退休。“文化大革命”结束后，随着政策的不断放开，逐渐出现了乡镇社办的丝织厂，纹工师傅又重新吃香。父亲先是应聘去崇贤某厂，后来东街回龙庙前办了家个体“潮鸣丝织试样厂”，父亲就舍远就近在该厂做纹工技术指导，发挥自己的一技之长，一直到1980年第二次退休。

20世纪80年代初，杭州丝织业从国外引进了先进的全自动织造机和电脑花板自动轧孔机，以自动化代替了手工花板轧孔，纹工师傅也逐渐退出了历史的舞台。

在拱宸桥大运河畔的杭州工艺美术博物馆，陈列有一台踏花机，意匠图架上是一幅徐悲鸿的奔马图，中间的针箱插着一张纸板，机旁是一本已编串完成的花本，向人们展示传统丝织纹工技艺。每次我去博物馆参观，站在这踏花机前，似乎又看到了父亲坐在高高的长方凳上，正在“吭察、吭察”地轧制花板……

从“非遗”视角看杭州小热昏

文·沈志荣

2003年10月《保护非物质文化遗产公约》在联合国教科文组织第32届大会上通过，旨在保护以传统、口头表述、节庆礼仪、手工技能、音乐、舞蹈等为代表的非物质文化遗产。中国于2004年8月加入该公约。

从此，中国非物质文化遗产（以下简称“非遗”）的传承与保护运动自上而下、逐级铺开，取得了令世界瞩目的成就。

2006年杭州小热昏被成功列入第一批国家级非物质文化遗产名录。2008年著名小热昏艺人安忠文（已故）、周志华入选第二批国家级非物质文化遗产代表性传承人。

百年风雨路

作为民间说唱艺术的小热昏，源自城乡、扎根民间。

小热昏始于清光绪六年（1880）左右，源于杭州街头的“说朝报”（新闻报纸），即卖报人一面敲小锣，一面吟唱报上登载的主要内容，后演变为卖梨膏

梨膏糖

糖。第一代艺人为赵阿福（艺名"天官赐"），其徒陈长生（艺名"小得利"）在苏州卖梨膏糖时，收杭州人杜宝林（1890—1930）为徒。杜宝林回到杭州，以"小热昏"为艺名，在杭州街头卖梨膏糖并作演唱，深受欢迎，民众称其为"小热昏卖梨膏糖"。后学艺、从艺者众，小热昏即成为曲种的名称。

为何称之为小热昏呢？此名称起得大有深意：杜宝林利用演艺技巧，讽喻时弊、抨击黑暗，为避免官府追究，特取名为小热昏。因"热昏"一词为吴地方言，意即指一个人发高烧热昏了头，以至昏说乱话三千、满嘴荒唐言，充其量仅是"小热昏"而已。杜先生借此小人物、小角色来进行自我保护。

活跃在民国时期的小热昏艺人，以街头巷尾宽阔之地撂地说唱，以所卖的梨膏糖作为生活来源。民国初至抗日战争前，小热昏获得较大的发展。一是杜宝林将古老的杭州隔壁戏节目移植为小热昏，丰富了小热昏曲目；二是有众多人向杜宝林拜师学艺，至抗战前夕，小热昏艺人已达二三十人。

抗日战争胜利后，小热昏艺人遍及杭州、周边地区及金华、嘉兴等地。当时的小热昏曲目十分丰富，有根据新闻故事改编的长篇小热昏；根据戏曲移植改编的长篇小热昏；滑稽戏曲类的小热昏；说笑话类曲目的小热昏；也有结合当时形势现编现唱的曲目。除少数小热昏艺人到上海租界的游艺场演出外，大多去杭、嘉、湖地区城镇及金华的兰溪、衢州等地演出，有的在当地收徒传艺。

中华人民共和国成立后，杭州小热昏艺人俞笑飞于1950年发起成立以小热昏、杂技、绍剧清唱班等艺人组成的杭州杂艺改进社，其中有小热昏艺人16人。在金华、兰溪、义乌等地的小热昏艺人有近20

人。1958年杭州市曲艺工作者协会和杭州曲艺团相继成立，小热昏艺人安忠文、罗笑峰等加入协会和演出团，以演唱短篇曲目为主。同年，由俞笑飞、安忠文、罗笑峰创作，安忠文演出的反映现实生活题材的短篇曲目《歌唱孙才尧》，赴北京参加首届全国曲艺会演。此后，艺人们深入海岛渔村、工厂农村体验生活，创作和演出现代题材的小热昏短篇曲目，极为活跃，成果颇丰。其中《斩缆记》由东海文艺出版社出版发行。

此外，仍有一部分艺人继续以传统的表演方式活跃于杭州和金华、兰溪、义乌等各地的城镇、乡村，直至20世纪60年代中后期消失。

至此，小热昏的长篇曲目已无人演唱。

小热昏曲种特色

中国传统社会是以自给自足的自然经济为基础的小农社会，人们的生产与生活基本在家庭、家族的狭小圈子中完成，因此“一人、一锣、一只木箱、一条长凳”的小热昏游走城乡的大街小巷，如鱼得水，游刃有余，成为传统小农经济孕育出来的一朵艺术奇葩。

小热昏的“魂”是语言的艺术，具有叙述与抒情相结合、叙事与代言相结合、音乐与语言相结合的三大特点。小热昏的“根”扎在民间说唱艺术之中，经过长期演进和变革，具有较强的地域性特色（方言）。无论未来具体形式如何调整，小热昏的两大特色永远都不能丢。

街头表演的“小热昏”

俗话说"外行看热闹，内行看门道"，杭州小热昏，也叫"小锣书"，是一种敲着小铜锣说唱的街头曲艺形式。传统演唱形式以击小锣伴奏唱短篇故事、说笑话、唱滑稽戏曲和以击三巧板说唱长篇故事等组成。当下，以击小锣演唱短篇曲目为主要形式，属浙江省叙唱类锣鼓书曲种之一，用吴语系的杭州话说唱（流传至金华等地的则用当地方言）。它曾主要流传于浙江省的杭州、嘉兴、湖州及金华、宁波等地。

小热昏曲目多以一人自击小锣伴唱短篇曲目为主，也有二人合作唱短篇曲目的，另一人以双手击打三巧板，击节演唱。曲目多以参与众艺性的舞台演出为主，偶有增加民乐伴奏的。

小热昏擅长说时事新闻、唱滑稽戏曲、讲笑话、说唱长篇故事，形式灵活，可视演唱现场随机应变。小热昏艺人通常在街头宽阔处摆放一二条长凳，凳旁支一可拆卸的架子（行话称"桥梁"），上放一只卖梨膏糖的箱子（行话称"卖包"）。小热昏艺人是以说唱表演招揽听众或路人，然后以售卖梨膏糖作为演出收入，箱子上放小铜锣、三巧板、莲花板、小木鱼等打击乐器以及折扇、手帕等道具。艺人站在长凳上说唱，每场演唱分四个程序进行，时间为二至三小时。

先是敲小锣唱【锣先锋】开场。艺人踏上条凳即敲击小锣，招揽观众，即兴编唱几句笑话后，转入以小锣伴奏唱短篇曲目，用【锣先锋】曲调演唱（小热昏曲调，意以小锣作先导）。有一人独唱，也有二人合作演唱的。此形式为“定场”，行话称“吊棚”（意为吸引观众）。

接着是说笑话，行话称“卖口”，一人表演称“单卖口”，二人合作表演称“双卖口”。内容有夸张地讲新闻，说引人发笑的故事，或用三巧板伴奏的【三巧赋】曲调演唱《水果招亲》《蔬菜打仗》等滑稽故事。

第三节是演员发挥各自擅长，学唱当时盛行的各类戏曲唱段，以唱为主，间以说表，也模拟戏曲中人物动作表情。如唱京剧《空城计》，演员先自拉京胡唱一段字正腔圆的唱段，接着分别以宁波话、绍兴话等方言演唱，唱得诸葛亮成为宁波人，司马懿变成了绍兴人。此段落以学唱为逗笑技巧来吸引观众。

最后，演员以【三巧赋】、【东乡调】以及民间小调、戏曲曲调唱说长篇曲目，以唱为主，间有说白、表白，也作模拟性人物表演，动作性不大。他们唱到故事情节高潮时，即开始卖梨膏糖，称为“卖关子”。卖糖后，继续演唱，最后唱到故事情节更高潮时，以“关子”（故事发展悬念处）结束，以吸引听众次日再听。

小热昏的曲调是以当地的民歌小调、俗曲为基础发展而成的。唱词全用口语、俚语，通俗风趣。唱词的基本句式为七言句，但不严格，常有“加冠”“夹衬”等衬字、衬句，甚至一句唱词多达十数字。也有四字、五字、六字句的。唱词基本结构为上下句式，但也常出现一上两下和两上一下的情况，上句可以不入韵，也可入韵。基本曲调有【锣先锋】、【三巧赋】、【东乡调】。辅助曲调可随时引用各种流行俗曲和戏曲唱腔。小热昏除上述基本调外，还采用民间小调，戏曲唱腔作辅助唱调，常用的有【醒世曲】、【夜夜游】、【手扶栏杆】、【金陵塔】等。戏曲唱腔多取于京剧、越剧、绍剧等。

小热昏要在商品经济大市场中保持生存活力，就需具有与时俱进的特点。

“小热昏”迎来了“非遗”新时代

作为“申遗”主力军的杭州滑稽艺术剧院是由原杭州滑稽剧团和杭州曲艺团重组成立的。“杭滑”现已是拥有小热昏、杭州评词、杭州摊簧、武林调等6个国家级非遗和2个省级非遗的责任保护单位。

我们以“杭滑”的国家级非物质文化遗产杭州小热昏代表性传承人周志华为例，来看看杭州小热昏在“非遗”新时代的华丽转身。

周志华从小爱好曲艺，16岁就读杭州师范大学，但他却毅然决然地放弃了做老师，在还没有毕业时，就选择了曲艺道路。用他自己的话来说：“本人学历不足，智商不高，毅力不强，恒心不够，脸皮不厚……所以做不了老板，当不了官，聚不了钱财，发不了财。从小只喜欢能够开开心心跑码头，嘻嘻哈哈过一生。因此，弃学从艺，想不到成了终身职业。”

他曾师从陈锦林（艺名“笑红森”）演唱杭州小热昏，后拜杭州评话名家陈俊芳为师，学习杭州评话。1961年正式进入杭州曲艺团从事曲艺艺术。1965年曾身背“卖包”（装梨膏糖的箱子），手拎“桥梁”（摆道具的台子）、“散光”（照明用的汽油灯），带着“小锣”和“三巧板”（演唱道具），穿梭于杭州的大街小巷，“撂地”演唱小热昏。他不无感慨地说：“这是我人生中最宝贵的一段财富。”

在“非遗”新时代，周志华紧紧抓住三个关键词：

第一个关键词：传承。

“非遗”是什么？即指各种以非物质形态存在的、与群众生活密切相关、世代相承的传统文化表现形式，杭州小热昏就是典型的一种。

周志华收集整理各类小热昏的资料，对群众喜闻乐见的传统曲目进行深入挖掘、整理，并引入时尚元素，经过时间的打磨，使传统曲目《小菜打仗》《水果招亲》等更加脍炙人口，小热昏的强劲复苏也迈开了新的步伐。

周志华加盟杭州电视台西湖明珠频道，借助电视媒体力量，传承了小热昏“说朝报、唱新闻”的精髓，推出了《阿六头说新闻》栏目，每晚用杭州方言播报热点新闻，视角独特，贴近百姓，深受观众的欢迎。

不久后更趁热打铁，他又推出了王牌收视综艺栏目——《开心茶馆》。栏目通过一些寻常小事，反映出当今社会的种种现象，其中有歌颂，也有讽刺，让观众在忙碌了一天后，开开心心地放放松，从笑声中得到启迪，既有艺术性、娱乐性，又不乏知识性。

2008年2月22日，杭州红星剧院“一对活宝——周志华、徐筱安曲艺专场”，座无虚席，一票难求。他俩的合作，真是珠联璧合，强强联手。周志华舞台经验丰富、沉着老练、条理清晰，徐筱安思维敏捷、机智幽默、节奏感强。他俩的表演，尤其是杭州小热昏，逗得观众哈哈大笑。

2012年4月8日，《开心不开心——周志华从艺50周年曲艺专场》在杭州剧院举行，为观众献上了一台完美有趣、高潮迭起的艺术大餐。整场演出采用杭州小热昏的表演形式，《老板众生相》《敬老敬孝歌》《光辉历程九十华诞》等曲目，或谈道德，或谈幸福，或谈人生，凭借地道的杭州腔、贴近生活的故事以及充满幽默的台词和表演，让现场不断响起笑声和掌声。他用幽默智慧的语言，娓娓动听的小热昏，笑侃人生哲学，诠释幸福之道。正如姜昆贺词中所说：“周老师是南方曲艺的代表性人物，德艺双馨的老艺术家。两次荣获曲艺牡丹奖，看他的节目我们经常能感悟到他用自己春风化雨、点滴入心的语言，沁透着每一位观众的心。”

有位观众说：“老杭州就是喜欢听周志华的小热昏。他比郭德纲的相声更有味道，比周立波的海派清口还有情味。”专场还吸引了80、90后的年轻粉丝，他们在网络微博上纷纷转发演出信息，支持周志华。随着人气飙升，各种演出活动、影视拍摄、演讲邀请应接不暇，周志华乐呵呵地说：“忙并快乐着。”

第二个关键词：创新。

非物质文化遗产是以人为本的活态文化遗产，它强调的是以人为核心的技艺、经验、精神，其特点是活态流变。

若要让小热昏得到动态保护和传承，推陈出新，关键是要有新的作品。周志华凭借深厚的底蕴、渊博的学识以及清新儒雅、风趣幽默等独特的人文气质和人格魅力，不断地给观众制造惊喜。

周志华从未停止过创新的脚步，他的表演诙谐幽默、自然洒脱，富有亲和力，塑造各类人物有血有肉，入木三分，形成了别具一格的舞台风格。杭州小热昏《便宜货》《毛病在哪里》等精心之作，在给观众带来欢乐的同时，也得到了专家的认可。如《婚礼变奏曲》获1999年浙江省曲艺征文一等奖，浙江省曲艺新作展演优秀创作奖、优秀表演奖，杭州市九九年度创作成果奖，中国人口文化奖；《没有拆迁的拆迁户》，在第四届中国曲艺牡丹奖评选中，一举摘得当今中国曲艺界的最高奖项“牡丹奖”表演奖；如一曲《阿六头之歌》“阿六头杭州生来杭州长，天生脾气像爹娘，姆妈的名字叫西湖，相貌生得真漂亮，爸爸脾气蛮直爽，咣啷咣啷大家叫他钱塘江……”生活气息浓郁，语言滑稽突梯，俗中见雅，充满了时代感。

第三个关键词：拓展。

在非物质文化遗产的实际工作中，认定的非遗的标准是由父子（家庭）或师徒或学堂等形式传承三代以上，传承时间超过100年，且要求谱系清楚、明确。

“非遗”很重要的一项任务就是传承谱系的确认。因此，专门制订小热昏艺术人才长期和近期的培养、使用规划，有计划、有目标、有重点地通过培训和演出实践提高现有演员的专业水平，以适应和跟上时代的步伐，满足新世纪人们对小热昏的审美需求。

2010年起，周志华开办“国家非物质文化遗传暨杭州小热昏培训班”，向社会公开招生，为曲艺爱好者免费培训。在他的艺术指导下，培训班的学员创作表演的杭州小热昏《卖鱼桥传说》在2011年浙江省第六届曲艺展演中，荣获创作一等奖、表演一等奖。《敬老敬孝》荣获创作二等奖、表演三等奖。《光辉历程》《孩儿巷的传说》等优秀新曲目批量式涌现。在培训班结业演出中，出现了杜敬文、郦阿四、俞康发、汤李航、楼重卫等新人。

周志华先后成立了个人曲艺工作室和艺术团，为学员搭建艺术实践平台，带领学员下基层进行巡演活动。他定期举行“小热昏进校园”“小热昏进社区”活动，用爱心筑就公益，用慈善感恩社会，为传承发展杭州小热昏不懈努力。

2011年11月1日，以传承和复兴杭州曲艺类非物质文化遗产为历史使命的“老开心茶馆”开张，走出非物质文化遗产和茶文化相结合的路子，打响了独一无二的特色旅游文化品牌。

2014年12月2日，“一鞠躬，感谢老师辛勤栽培；二鞠躬，认真传承非遗艺术；三鞠躬，发奋努力早出成果”，入席、献花、呈拜师帖、叩首、合影……杭州滑稽艺术剧院举行了一场非同一般的收徒仪式。按照传统的拜师仪式，周志华等收纳一张“拜师帖”——徒弟拜师呈上的一份“契约”，内容通常是自己为什么要拜在师傅门下，以及自己学习的决心等。徒弟代表宣读《拜师帖》：“我们一定会全身心投入学习，刻苦钻研，把这些民族文化瑰宝，一代一代传承下去。”老师回仪：“我们一定会知无不言、言无不尽，毫无保留地交给学生、徒弟。”

我们欣喜地看到小热昏青年演员中的新艺术人才，其中金一戈作为新生代已经取得了不错的成绩，多次参加全国曲艺会演，2014年获得第八届中国曲艺“牡丹奖”新人提名奖，并在北京民族文化宫表演小热昏。我们更看到“小阿六头”翁屹涛作为新苗子，形成了小热昏传承的多级梯队，相信进入“非遗”的小热昏前景将是无限美好的。

杭州话中的「毛」与「木佬佬」

文·曹晓波

杭州话中的“毛”是什么意思?《康熙字典》是这么说的:“谓无曰毛。”按白话说,“毛”就是“没有”,引申说,也就是“没有可比”的。所以,杭州话的“毛”,应该是一个比较级的词,而且是比较中的“大哥大”。

这么一个有根基的词,一旦归入了方言,就不被多数人理解了。有一个段子说一位新杭州人到菜市场去买鸡,行贩说:鸡毛好嘞。新杭州人说:鸡毛好和买鸡吃有什么关系?行贩解释说“毛好”就是“木佬佬好”,就是“很好”!

那么,“木佬佬”这一句典型的杭州话又怎么解?

这就要先说说“毛”了。《康熙字典》中“毛”的读音标注是“莫袍切”,怎么读?其实,你只要将“毛”字作一缓读,读音放慢,就会读出一个声母和一个韵母来。“毛”,声母是m;韵母是ao。也就是说,凡是m(莫)为声母的字和ao(袍)为韵母的字,都可以成为“毛”字的注音。这就是古人对汉字的标音方法,叫作“反切”。在韵书上“反切”也可以称作“反”，也可以称作“切”。

可见，采用反切法来标注“毛”的读音，不仅仅只有“莫袍切”。与“毛”同声母的字有许多，如木、磨、母、马……与“毛”同韵母的字也有许多，如佬、刀、交、好、包、考……这样的反切，读音都一样，标注的字就不一样了。所以，“毛”也可以标注为“木佬切”，这就是杭州人说“木佬佬”的由来。毛多，木佬佬多，就是很多；毛好，木佬佬好，就是很好。

“反切”这么一个标注读音的方法，后来被用到某些范围内，成了一种不让外人知道谈话内容的手段，也叫“切口”。

“切口”这种说法在杭州也是早就有的。譬如，明朝的《西湖游览志余》卷二十五《委巷丛谈》中引用了两本书，一本《耕读录》，一本《白獭髓》，就说到了切口。为此，田汝成还着重举例说明“杭州人好为隐语，以欺负外人”。大概在南宋初期，杭州人对自己的方言不被北来的语言所主导，还是做过一番努力的。

《委巷丛谈》说到杭州人从“一”到“十”的切口：“一为忆多娇，二为耳边风，三为散秋香，四为思乡马，五为误佳期，六为柳摇金，七为砌花台，八为霸陵桥，九为救情郎，十为舍利子。”按这么一个反切的读法，从“一”到“十”的读音与现在有所不同，这也是中古汉语与现代汉语在读音上的差别。这一差别，在杭州话中，还是有一定的痕迹。譬如，“一为忆多娇”，“一”的读音应该是“要”，现在的杭州话也读这个音。

“毛”在《康熙字典》上还有一个标音，这就是《后汉书·冯衍传》中太子贤的注：“今俗语犹然者，岂古语亦通乎？当读如模。”这就是将上古的读音拿来作比较了，如果按这“模”的读音，“毛”的反切是“木咯”。不过，在某些老杭州人的嘴上，也有这一个“木咯咯”的用法。

“切口”后来也一度成为黑语，但“切口”与“黑语”是两个不同的概念。譬如威虎山上土匪的“天皇盖地虎，宝塔镇河妖”；譬如上海滩的帮会将老妇叫做“老蟹”。确切地说，这只是一种隐语，不是真正的“切口”，现在的网络语言也存在这种现象。

我曾在网上就“切口”这一口语形式和当年杭州的支边知青有过讨论，有人提到那时候和外地知青在一起生活，因为彼此熟悉了对方的语言，他们曾将杭州话的每个字缓读成两个读音，以至要紧关头，让哈尔滨知青都摸不着头脑。这就是一种古老的切口，无师自通地在现实中的运用。

《辞源》中对“切口”的解释，有一例子很有意思：“吴语把‘一’说成‘郁结’、‘二’说成‘虐基’。”有心的读者不妨对照一下日文中数字的读音，“一”与“二”，是不是也这么一个读法？也许，早年的日本人在借用汉字时，最初是在吴越地区，汉人在他们的面前也曾对自己的语言作过保护。日本人最初得到的，或许只是一种“反切”读音。

当然，这只是一种猜想。

杭州话中除了缓读的现象外，还有一种急读，也促成了几个杭州话特有的字。如“不要”读成“标”；“只要”读成“交”；“只好”读成“照”。这一个杭州话的特点，留待以后再说。

西湖博物馆复馆纪念砖

——文·林乾良——

浙江博物馆的前身是西湖博物馆。民国时期，西湖博物馆与西湖博览会一样，都是驰誉世界的、能代表杭州璀璨文化的金名片，至今犹然。

杭州是中国的印学名城。清朝的“西泠八家”开创了雄浑苍茫的浙江篆刻艺术，素有“执印坛之牛耳者三百年之久”的称誉。这也是至今犹然。“西泠八家”的鼻祖是乾隆时的丁敬，继之者为蒋仁、黄易、奚冈、陈曼生、陈秋堂、赵次闲和钱叔盖。印灯传焰，至今仍不失辉煌景象。到了20世纪初，西泠印社横空出世于清光绪三十年（1904），标志着篆刻已从生活提升为艺术，并且是一个摆脱了对书画的依傍而独立存在的艺术门类。所以，除了西湖博物馆与西湖博览会外，“西泠八家”与西泠印社也同样是杭城的瑰宝。

西湖博物馆与印学相交叉过程中，有个了不起的人物，他就是抗战时期的西湖博物馆馆长金维坚。他是我国第一代的植物学家与集邮家，又是资深的书法家与篆刻家。抗战时，西湖博物馆为保护珍贵文物而内迁浙南山区龙泉。金维坚的周围聚集着许多书画篆刻家，并成立了龙渊印社（龙渊为龙泉的古名，有说是因避唐太祖李渊之讳而改，存疑）。金维坚众望所归，被推选为社长（当时称理事长）。该社无副社长，只有理事与监事，如余任天、韩登安、毕茂霖、王世安、朱麟、金石寿、许绍仪、田加荣、徐克芳、钟公佩、潘臣青等。当时，社员们刻制了许多抗战印章，而所钤出的片片印花，如“还我河山”“胜利第一”“禹的重光”“卿云复旦”“永奠世界和平”等，实际上是一条条宣扬抗战、鼓舞民心的标语。因此，龙渊印社对抗战是功不可没的。

抗战胜利了，西湖博物馆当然要迁回杭州。离开龙泉前，印社曾刻砖范，精制“西湖博物馆复馆纪念砖”数枚。寒斋有幸得藏其一。1980年，我曾精拓其四面铭文，并求金教授（从山东农学院退休）长题。而今金氏墓更宿草，摩挲其手泽，回忆多年交好，不仅泪盈于睫。

先将金维坚所题录于下：

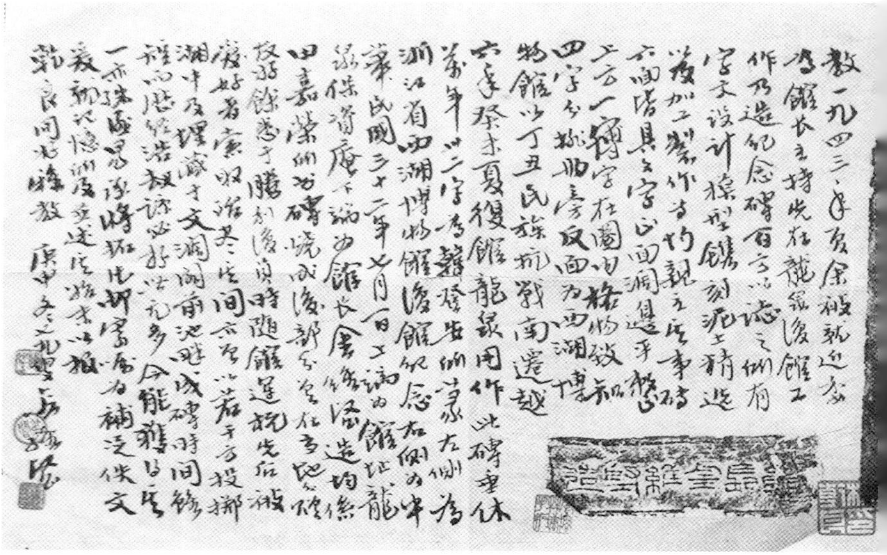

西博砖拓片

西湖博物馆纪念砖残拓

一九三七年抗战军兴，日寇猖狂进逼杭州，西湖博物馆曾将部分文物疏散浙南龙泉。是时，余在浙江大学龙泉分校任教。一九四三年夏，余被就近委为馆长，主持先在龙泉复馆工作，乃造纪念砖百方以志之。所有字文设计、模型镌刻、泥土精选以及加工制

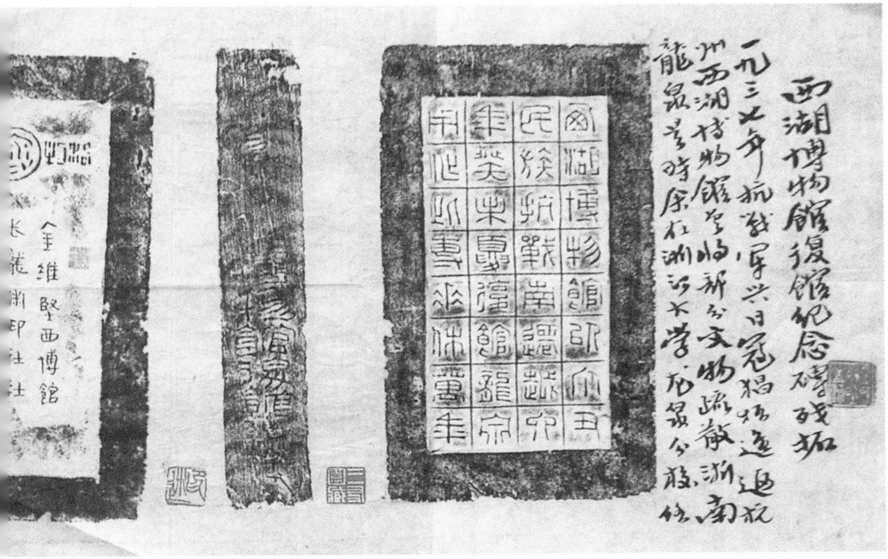

作均亲主其事。砖六面皆具文字。正面阔边平整，上方一“傅”字在圈内，“格物致知”四字分排两旁。反面为“西湖博物馆以丁丑民族抗战南迁。越六年癸未夏，复馆龙泉。用作此砖，垂休万年”卅二字，为韩登安所篆。左侧为“浙江省西湖博物馆复馆纪念”；右侧为“中华民国三十二年七月一日”；上端为“馆址龙泉保资庵”；下端为“馆长金维坚造”；均系田嘉荣

所书。砖烧成后，部分曾在当地分赠友好。余悉于胜利复员时随馆运杭，先后被爱好者索取殆尽。其间，亦曾以若干方投掷湖中及埋藏于文澜阁前池畔。成砖时间虽短而历经浩劫，谅必存世无多，今能获得其一，亦殊匪易。承将拓片邮寄，嘱为补足佚文。爰就记忆所及，并述其始末，以报乾良同志雅教。庚申冬七九叟金维坚。

今录此文，余亦七八矣，而且目糊、手战、腰楚，遂数度辍笔卧休，思之怆然。

余之所藏，乃潘天寿旧物。西湖博物馆于抗战胜利后迁回杭州原址，龙渊印社亦随之迁杭而大为发展，如江苏之罗赤子、沙曼翁、王能父及福建之马海髯等名流亦远道来投，可知影响不小。潘天寿与金维坚、余任天都是交好，《龙渊印社月刊》即由潘氏题写，所以他得有一砖。潘氏从遂安路搬到美院旁后，所居系由美院附中校长夏子颐迁入。潘府家人不知此砖之可贵，遗于花坛之旁。夏氏自然识货，珍藏于柜上。余见而奇之，以为近代砖无出其右者，遂以重值交换而归。在拓此纸后，不慎于盒中漏跌而中断，懊恼者久。卅年来，曾托人在杭州、龙泉搜罗，欲再得其一。至今无获，当已不再存矣。金维坚过世多年，此题亦不可再得，人世之文物其可贵即在于此。

寻找芷青

—文·迦叶—

数年前，一位老先生送我一方旧印，落款是芷青。他只告诉我，作者是韩登安先生同一辈的人，其他情况就不记得了。从印面和边款看应该是个高手，可一般的工具书都查不到此人，我也就收起来放在一边了。

不久，我见到一方同样落款的章，这就又引起我的兴趣，于是，就去询问林师乾良。他告诉我，是有这么个人，好像是姓徐，《西泠印社志稿》中有题名。我放下电话赶紧翻书，果然，在《西泠印社志稿》卷六《丁亥题名》中有："徐克芳，芷青，云归草堂，四二，（丙午），湖州德清。"

原来，这两方印的作者就是这位徐先生。丙午，是1906年，比韩登安先生小一岁，确是同时代人，但再多的资料就没有了。于是，我又搁在一边了。

一日，整理旧书，偶然在1992年的《书法研究》中，发现陈金彪《龙渊印社的盛衰及其意义》一文。浏览之中突然跳出"徐克芳"三字，太棒了，又是一条线索，原来徐先生还是龙渊印社的理事。我知道，有关龙渊印社的资料林老师那里最多。在《龙渊印社月刊》中《龙渊印社社友录》载有：徐克芳，字莳青，年四十一岁，德清人，民国三十五年（1946）二月入社，并担任理事。

龙渊印社是抗战时期成立，由当时西湖博物馆馆长兼浙江大学龙泉分校副教授金维坚首先建议成立，拥有余任天、韩登安、叶一苇、毕茂霖、沙曼翁、周律之、周节之等等众多艺术大家，他们对印坛的影响至今不衰。印社还出版了中国最早的篆刻期刊——《龙渊印社月刊》，并且创作出一大批精湛的艺术作品，为宣传抗战必胜、鼓舞士气尽到了艺术家们最大的努力。虽然由于种种原因，老的龙渊印社在1948年被解散了，但经过大家努力，新的龙渊印社前些年又成立了。

在老的龙渊印社社员中，我认识叶一苇先生和胡汀先生，如今他们都是八九十岁的高龄了，依然精神矍铄。我在与他们的交往中受益匪浅。在过世的社员中，我已拥有余任天、韩登安两位大师的印作，如今又添一位，真是开心。

去年，旅居海上的章国霖先生回杭小住。章老亦是年过八旬，鹤发童颜，睿智渊博，蒙不弃引为忘年交。枉过小坐，见案上一旧印，问是谁刻，答芷青。章老眼睛一亮：“徐芷青，我认识的。”他还娓娓地讲了一段他们之间的交往，回沪没几天又接连来了两封信，不敢掠美，照抄如下：

一

我与徐先生相识于1947年，当时他从抗战后方来杭，住在长生路近浣纱路处（板门北向，内有小院），后迁居学士路思鑫坊。徐先生为人谦抑儒雅，擅金石篆刻，收藏精博。曾有常用“松皮端”佳砚一方失而复得，因起斋名“云归草堂”。据说他原任国民党军法官，卸任后闲居在杭，解放后不知是否因此未参加工作。我当时住孝女路，故得就近常往聆教，惟尽及艺术，不谈过去也。我1953年迁沪，遂少接触机会，他约于五十年代中期去世，我一次自上海来杭方得知。他去世后藏品据闻由甘肃博物馆购去。所余书籍流散于杭州旧书店。

徐先生给我刻过三方印，二石质，一牙质，石质者皆有款，牙质者可能刻款费力未刻，我亦未敢启齿奢求了。

二

徐先生平日说话是德清口音，家惟与夫人共同生活，未见有其他家属。室内陈设多文房笔砚（包括失而复得的“松皮端”），手头日用紫砂茶壶一把，常置于一毡垫上，防其磕碰也。谅系名家佳作，我未敢把玩也。壁上悬日本军刀一把，云系抗战中所得战利品。1950年代初期，经济情况谅不甚好，曾从事为印刷厂画片着色，大约略补生活费用。其后我离杭居沪，境况不明。所忆如此而已。

关于徐先生的斋名，初次见到有些莫名其妙，经章老这么一说，恍然大悟。古人常说：“石为云根。”云归就是砚石归来。后来，章老还特地从上海带来那三方印，让我钤拓，老先生之热情，着实令我感激得无以言表。

本来，寻找徐先生的事也就到这里了。前日翻书，在韩登安先生的印谱中见一方“德清徐克芳藏乡先贤遗泽印”。更巧的是，又在别人那里见到一件紫檀墨床，阮性山画梅花，韩登安刻赠徐芷青，极精彩。可见，他们的关系非同一般。阮、韩都是西泠印社巨擘。

在徐芷青先生的交游中还有一位大名鼎鼎的人物——黄宾虹。1949年，黄宾虹还特意为徐先生作了一幅《云归草堂图》，款曰“茝（chǎi）青先生得黄莘田所藏砚，以云归草堂名其斋。写此即希粲正。己丑宾虹年八十又六”。呵呵，难怪芷青先生如此宝爱这方砚台，原来竟是黄莘田的旧藏。莘田为黄任（1683—1768）之号，福建永福人。清康熙举人，有砚癖，大藏砚家，室名“十砚轩”。不知徐先生的这方松皮砚是不是“十砚”之一。

下面就介绍一下我所见到的徐先生的印章作品。

不读则鬻，毋果蠹腹：铁线细朱文，楷书款，曰：不读则鬻，毋果蠹腹。辛巳（1941）七月十九日，芷青刻于柯城。普通青田青白章。同样内容王福庵也刻过一方。二印相较，王印茂密，徐印疏朗，一时瑜亮，难分伯仲。

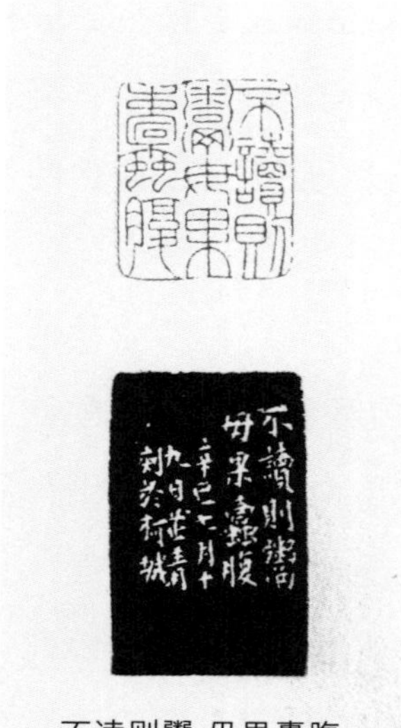
不读则鬻 毋果蠹腹

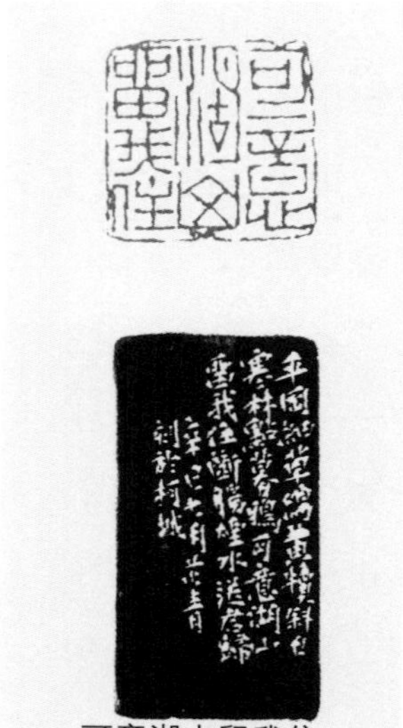
可意湖山留我住

可意湖山留我住：浙派朱文，楷书款，曰：平岗细草鸣黄犊，斜日寒林点暮鸦。可意湖山留我住，断肠烟水送君归。辛巳（1941）七月芷青刻于柯城。赭色普通青田石。

章国霖：阔边细朱文，楷书款，曰：癸巳（1953）芷青。寿山荔枝冻，葡萄钮。

章国霖收藏印：粗白文，楷书款，曰：国霖道兄属，芷青。寿山荔枝冻，螭龙钮。向人一面有隶书

“尚”字，下似原有“均”字，若然，则应系清康熙年间著名雕钮艺人周彬（字尚均）刻钮。

章国霖印：阔边细朱文，原无款，后由沈继良以微雕补款。牙质古兽钮，雕刻精微大气，应是明代旧物。

当日章老把三方印拿给我看的时候，我曾感叹印材之精美。章老说：“这都是当时买的旧料，请老先生刻印，材料自然要好一点。那时东西也便宜。”我心说：“那也得识货呀！”

虽经浩劫，徐先生的作品，我想留存世间的一定不止这些，但愿日后有缘，再能拜读。

余任天先生的一方印章

文·周素子

在我的少年时期，即20世纪50年代初，我就认识了余任天先生。那时他在平海街路边有一个工棚，名为“金石书画工作室”，为人治印，承接字画业务，生活是清贫的。

我那时在杭州师范读书，一年级的学生，寒暑假常住金石学家陈伯衡老先生家，周末常随老先生上街，到吴山路和中山路等旧书店淘买碑帖。伯衡先生在文管会工作，撰写《两浙碑碣志》《金石述闻》《历代篆书石刻目录》《石墨楼金石见闻录》等书。我们上街、归家，途经平海街，都要在余先生的工作室小坐休憩、闲谈，他俩还共同观赏购得的碑帖。

伯衡先生住国货街10号，即石墨楼旧址，有墙界石立在大门左侧，直书“石墨楼界”，但那时的石墨楼已经名存实亡。石墨楼原为多进宅院，此时仅存后进三间平房，前大部分已为某服装厂所占，旁留一条小弄直达后院。三间平房前有小天井，天井右侧有老玉兰一树，枝叶丰茂。开花时节，玉兰花大如金盆，显示房主人的渊源匪浅。

伯衡先生的子女家眷都居住上海，在古老的杭州石墨楼旧居只剩下老迈的女佣高妈，还有老先生丰富的藏书、藏品。

余任天先生永远穿一件褪色蓝制服，戴一顶蓝布帽。他面容憔悴，身体瘦弱，态度温和，是个谦谦君子。记得1953年冬天，我的生日，伯衡先生送我两件礼物。一是折扇一把，乌竹骨洒金扇面，一面为阮性山画梅；一面为老先生自书小楷，什么内容忘记了，可能书录孙过庭《书谱》。另一件礼物即请余任天先生为我镌刻一枚印章：高档青田石、精致红木印章盒(盒内分两格，小格放印泥，大格置印石)。有趣的是，这小格印泥至今六十年了，还能使用。

印文为铁线篆，三字朱文“周素子”。刻印与后来余先生宗汉的风格各异，但这是他四十多岁青壮年时期的作品，已不多见，非常珍贵。更神奇的是，这个小小的印盒伴随我半个世纪以上，它竟还存在！别的宝物早已经丢失，包括那把乌骨扇。这枚印章现漂洋过海随我来到了毛利之乡——新西兰，放置在南半球的书桌上。能保存数十年的文房宝贝，对于那些祖辈安居一地、住在百年老屋中的人们来说，并不稀

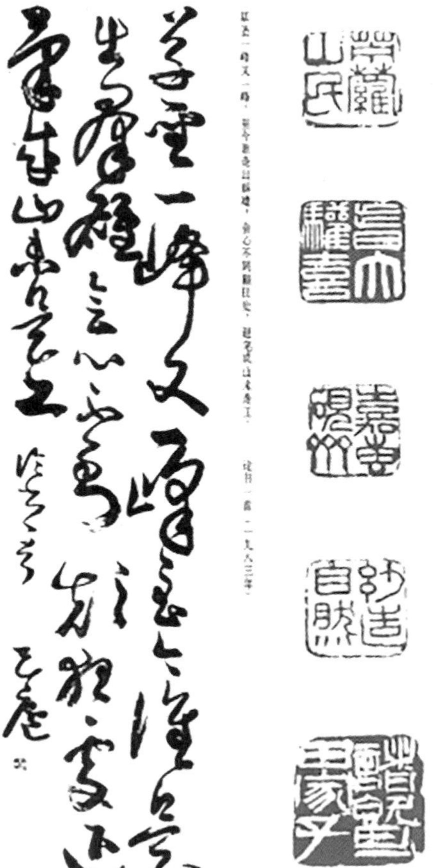

余任天作品

奇，但对我这个几乎终生处于颠沛流离，奔驰于塞北江南，在“文革”中历遭抄家的人来说真是太离奇了。早在20世纪50年代末，我即遭“上山下乡”，政治的风暴驱赶我到东南林场、西北荒原，我又从甘肃兰州行走在秦川八百里的风烟落照中。在“文革”中，抄家频仍，掘地三尺，居无定所，乞讨无门。身外之物几乎不存，但这一枚小小的印章却存在，像是我身上的一个零件！

20世纪六七十年代，伯衡先生早已作古，余任天先生一家迁住吴山脚下陋巷中。听我哥昌谷说，先生子女多，生活困顿，常将他收藏的碑帖忍痛卖与人，贴补家用。

我哥为先生计，常带外地的友朋到先生家购碑帖，我曾随往数次。一次，陈朗的弟弟从新疆石河子返浙，途经杭州，我哥带他到余先生家购碑帖。先生住处，房屋陈旧破败，光线黯淡。多年不见，先生老多了，此类里巷民房是典型的杭州市民向房管所租住者，狭隘拥挤，先生在楼上的书房也简朴无比。那日诒弟向先生购得《石门铭》《石门颂》《高贞碑》等，均为较早期所拓者，很珍贵的，现在此批碑帖均被妥善保存。

又记得1975年我哥浙美同学吴进自福州来，我哥亦带我同往拜谒余先生。吴进大难不死，反右后，被关押15年才放还，回福建美协原单位。此次来杭会老同学，又想重购图书充实自己。那日与余先生相见情景，虽时隔三十余年仍历历在目。先生让至楼上书房。甫一坐定，吴进即取出多方寿山石，置于先生面前之书桌上，作为见面礼。不料先生立即起立，不及细看石头，急切地连声说："不敢当，不敢当！"

吴进又对先生表达了崇敬之意，先生固执地说："不敢当，我一定要回赠字画，要什么你尽管说。"先生态度坚决，吴进只得要了一张山水。先生当即题了上款，接着才再谈购买碑帖事宜。先生为人谦抑诚恳，对后进尤其爱护。

余先生身边的余师母，我们接触虽不多，但她的安贫乐道、谦逊简淡，令人印象深刻。她知书达理，善良端庄，言谈举止自然从容，她是我所认识书画家夫人中，最为优秀者。她与先生患难数十年，从未见忧郁之气形之于色，她与先生是知音。有次我去她家，师母正在后门口劈柴生火，一会先生召唤她查找《辞源》，她放下柴刀，立即捧书。先生晚年目力不济，查找辞书资料等事均由她完成。她在生活上照看先生，同时又是他的学问探讨者，难得。

余任天先生的年龄，比之黄宾虹、王福庵、陈伯衡等都年轻了若干岁，他赶不上他们的年代，不是一代人；又不如潘天寿、潘韵、吴茀之等身为学院教授，没有那么优裕的条件。他是一介平民，只于平海街摆卖字摊。平海街即南宋临安癸辛街，周密曾居此撰写《癸辛杂识》，这一条街似专为落魄文人而存在。但是余先生的艺术造诣直追潘天寿而远胜其他学院教授，他的金石之学与篆刻造诣也为潘天寿先生所最推许。

余任天生于1908年，卒于1984年，字天庐，浙江诸暨人。他出身平民阶层，父亲善画艺，从小跟父亲学画，1924年至杭州就读浙江美术专门学校和浙江艺术专门学校，因家贫辍学，在杭州只读了两年半书，后在诸暨老家的中、小学校任教师。至1945年，三十多岁时，他才决定移居杭州，曾任职于西湖博物馆和杭州民众教育馆。50年代起，失业后在平海街设摊谋生，然也潜心于书画了。

先生学书自颜平原入手，中年后爱好陈老莲，并专攻草书。印则专攻汉印。曾拜邓散木为师。著作有《天庐画谈》《历代书画家补遗》《陈老莲年谱》等。

余任天先生命运坎坷，一生都处于困苦中，但他对艺术的追求，始终坚持，从不懈怠。经过六十年的磨砺，终成大业。他于画、书、篆、刻，甚至诗文，都造诣颇深。但他生前不甚为人所知，死后却为广大艺术爱好者所敬仰，又是一个死后的方干。他的印艺，他自称“于金石书法皆以汉为归”，自署书室为“归汉室”，自号“归汉室主”，以回归汉、古典为最高境界。他主张“化粗野为朴厚”，他的字画达到了“火气尽敛，真气内充”。这些品性得自他的师承、交游、学识，我还认为得益于他的出生地——诸暨这方水土。

先生前半生生活在故里，人的性格形成主要在其前半生。诸暨山水地理文化深厚，境内有会稽山，大禹理水晚年在此会诸侯，计功而崩，葬此，即禹陵所在。春秋时越王勾践被夫差所败，以甲盾五千退守于会稽山，卧薪尝胆。秦始皇东巡渡江上会稽山，祭大禹，刻石颂秦德。太史公浮沅湘，北涉汶泗，西至巴蜀南邛、笮、昆明。南游江淮，上会稽山亲临禹穴。

诸暨文化深厚，是古封国、古郡，群山中有多座商、周、六朝古墓。而苎罗村又是美人西施故里，今尚存西施山遗址。英雄美人，剑气箫声，滋润着这方水土，土壤中流淌着文明的源泉。

诸暨民风淳朴中寓有强悍，孕育出同样的生命，流着孤傲、执着、耿直、朴素的血液。先生有一首自况诗，写道："一艺功成岂偶然，人工天分两相连。还须滋养源头水，寂寞楼居四十年。"只有不断滋养，源头水才不枯竭。他的艺术有顽强的生命力、丰厚的底蕴，源于故土，永远生机勃发。

绿痕庐吟稿

三首·外一篇

—文·王翼奇—

杭州马坡巷谒龚自珍故居

来从箫剑想英仪，太息当年国士悲。
六合残梅喑病马，一缄红泪湿青词。
秋风淮浦南归日，夜雪黄河北上时。
我亦飘萍文字海，四厢花影欲催诗。

东坡生日行苏堤有作

花间辟词境，诗赋独清雄。
一夕青天月，千年赤壁风。
湖山留指爪，晴雨妙形容。
芳草长堤上，黄金合铸公。

沙孟海先生接见金膺显等韩国书家于望湖宾馆忝陪末座赋呈一律

先生国之瑞，大笔独淋漓。
印学西泠长，书名此斗垂。
坐风欣此日，立雪怅何时。
唯向龙游路，心香爇一枝。

西湖秋赋

清哉秋之为气也，水天一碧兮表里俱澄。方黄英之灿灿兮，正白露之泠泠。宝石有流霞之誉兮，金沙多泻玉之声。曲院风徐兮神怡心旷，里湖波静兮躁释矜平。簪菊风高兮孟嘉帽落，吟枫日晚兮杜牧车停。于是携六桥之骚客兮，集孤屿之西陵。渝虎泉龙井之茗兮，调桂花莲粉之羹。或寻韩将军骑驴之径，或登林处士放鹤之亭。送美人兮南浦，邀佳客兮东瀛。染翰则人书俱老，泼墨荷桂齐馨。倚俞楼兮括苍人共，望阮墩兮环碧舟横。古人不可见兮，我辈若为情。其必曰苏和仲之水石俱出、范希文之宠辱不惊者乎！

为「军岷艺术展」序

—文·朱炳仁—

我儿军岷做展，求起名，借“恰同学少年”名句，改之曰“铜年学少”，做其展名。

“铜年”，人生百载难逾，铜寿千年何止。中华文化以铜为重器，仅故宫、国博所藏，学问之浩瀚，犹日月星辰，百年勤学难及皮毛乎？

“学少”，你我两代以少学为憾，美术学府是梦中奢望。好在祖上有德，传书习艺，尚以立世。早年视鋻金凿铜为饭碗，学少也可温饱，而今志在远方。欲渡黄河冰塞川，将登太行雪满天。欲说还休，却道天凉好个秋。这李白所语，岷啊，博观而约取，厚积而薄发，学少何以达远方！

古人云：读书如竹外溪流，洒然而往；咏诗如蘋末风起，勃焉而扬。读书习诗，补学少之阙；精铸勤锻，得铜年之福。

首展在即，军岷以百余作品，妙造自然，由工到艺、从器到道。既有用之实，又着艺之魂。

具象抽象，展大象之形。五道铜道，求大道之真。常得于精，更关乎心。畅其襟怀，求同好以批评，实为匠人之大德。

朱炳仁与朱军岷切磋铜雕技艺

恰同学少年，弹指已远，欣逢军岷春秋五十，当知天命。虽展陈作品琳琅满场，气象卓异，然尚不可忘却，你仍乃铜男铜女之童子也。

西湖文化随笔二题

文·项冰如

九溪野趣

杭州人喜欢九溪，是喜欢它的野趣。俞曲园在《游九溪十八涧》一文中写道：“西湖之胜，不在湖，而在山。白乐天谓冷泉一亭‘最余杭而甲灵隐’……四山环抱，苍翠万状，愈转愈深，亦愈幽秀。余诗所谓‘重重叠叠山，曲曲环环路，丁丁东东泉，高高下下树’，数语尽之矣。”大家都说好，也正是写出了它的野趣。

青的山，碧的水，齐整的茶园，黑瓦粉墙的农家；听一二声鸡鸣狗吠，见炊烟冉冉升起，看小鱼儿轻灵游动；可以随意地走，随意地玩，随意地戏水，随意地聊天，随意地背几首古诗。诸如“春山缥缈白云低，万壑争流下九溪。拟溯落花寻曲径，桃源无路草萋萋”（元·张昱），“两山悬似削，相让一溪流。白石几回度，青山到处留。雷声隐空谷，云气接灵湫。归路同樵牧，炊烟湿未收”（清·叶大纬）。

人仿佛回到无忧无虑的童年，忘却生活的艰辛和人世的烦恼，还有什么比这更让人留恋的呢。这时候，那些九溪是指哪九条溪呀，十八涧又是哪些溪水呀，“溪中溪”是什么意思呀等等的问题，都会感到是多余的。溪水就是溪水，蜿蜒在你的脚下，亲吻着你的双脚；重重的青山，如故友相知；淙淙的水声，如歌如诉，像亲人在和你低声细语，倾诉着别后的一切。古人说“鸢飞戾天者，望峰息心；经纶世务者，窥谷忘反”（吴均《与宋元思书》），真是一点也不错的。

春游九溪，山花烂漫，固然有生命的热烈；秋游九溪，落叶萧萧，也另有一种风情。那年秋天，我在屏风山参加一个会议。清晨，天飘着细雨，满地的落叶，我和一位朋友带着伞，往溪的上游走。雨夹着枯叶落到我们伞上，脚踩在地面的落叶上，头顶和脚下都是一片沙沙的声响，那味道也特别的好。

小住为佳，且吃了赵州茶去；
曰归可缓，试同歌陌上花来。

赵州茶、陌上花是两个典故，可好就好在不知典故的人一样能理解其中之意。且第二句特别的好，苏东坡有《陌上花》三首，用的是一则吴越国的传闻，据说吴越王妃每年春必回临安乡里，久而未归，钱王去信道：陌上花开，可缓缓归矣。这里借用一个“缓”字，写出了九溪独有的韵味。

九溪当然也还有别的记忆。三年困难时期，学校就曾组织我们到九溪采集野生植物，名为“小秋收”，目的为支援灾区。我们带了个红薯徒步出发了。捣鼓了一天，喝了一肚子九溪水，背了满满一袋回校，后来也不知是否送到灾民手上。记得那天的九溪仿佛在哭。

商品化的社会里商品意识也在向九溪的山谷渗透。我真担心，那些现代化的建筑，会一点点毁坏九溪原有美景，留给我们一些人造的“野趣”，那真是大煞风景了。

九里云松

岁寒三友之一的松树，向来得到我国古代文人的喜爱。“独立亭亭耐岁寒”（宋·李师中），“高标不畏雪霜侵”（宋·郑獬），“有时雷雨惊天地，疑是苍龙独奋身”（宋·谢子才），几乎在每一个诗人的集子中，都可以找到松树的身影。泰山松、黄山松，至今仍为人所称道。松树已经成为一种人格的代表。陶铸的一篇《松树的风格》，就曾给我们这一代人的性格形成打上过深深的烙印。

杭州西湖边的群山自然也长满了江南特有的松树，白居易就写过“山排松面千重翠，月点波心一颗珠”，以松树为景点的也不少。其中我特别喜欢的要数九里云松了。这景点在洪春桥进灵隐寺的道旁。古代西湖的水面高，面积也大，船可以直达灵隐寺山门外，洪春桥就在离湖不远处。上了岸，一路松风，直到灵隐、天竺，“乔松万树总良材，九里松云一径开。雨气直从天竺去，涛声长傍海门来”。其景其情，就是不亲临其境，想想也够让人神往的了。九里云松其实并不到九里，“九”是十位数的最高数，这个九字有很长的意思。

九里云松成景始于唐代，唐玄宗开元十三年（725）袁仁敬任杭州刺史，政务之暇，爱去灵隐天竺一带游览，于是命人在灵隐两旁植上松树。久而久之，松霭连云，成为西湖群山中的独特景观，被称为九里松。元时列入“钱塘十景”之一，名“九里云松”。

宋人郭祥正写道：“沿湖九里松，行客忆袁公。不识炎天热，门深太古风。”数百年之后，人们还在怀念这位栽树的“袁公”。俗话说“前人栽树，后人乘凉”，但后人不会忘记栽树的前人。“刺史袁公有古风”（明·王瀛），后来的诗人从未忘记过这位栽树人。郭诗中的“门”是指进入九里松的大门，袁仁敬在松树栽完之后，又在洪春桥畔造了一座九里松亭，并跨路建门，名为“一字门”。

据说北宋王安石的外孙吴说曾写过“九里松”三字挂在门上。宋高宗赵构路过见到了，手发痒，很想重新写一块。回去以后，一连写了数十次，结果还是感觉不如吴说写得好，只得命人用黄金填书吴说的旧字，仍然悬挂在一字门上。“九里闲云万树松，经行记得旧时踪。黄金曾饰宋儒字，苍狗岂知秦代封。”明代凌云翰的这首诗就写得此事。

“惯于岩畔谙风雨，可与人间作栋梁。”松树既能观赏，但也是建筑用材。因此一到乱时，就往往不能保全。九里松不管是多么美妙的景观，还是不断被人所盗伐。明末的散文家张京元在他的短文《九里松》中曾这样描写："九里松者，仅见一株两株，如飞龙劈空，雄古奇伟。想当年万绿参天，松风声壮于钱塘潮，今已化为乌有……"心情是何等的沉痛。

不过有人砍也必然有人栽，20世纪50年代末，我们就曾参加过九里松的栽树行列，而今又已亭亭如盖矣。不过现在的九里云松不如过去那么知名，这原因主要是由于人们去灵隐寺已不再走路，汽车如飞，哪里还领略到"湿凝云气山山雨，晴卷涛声树树风"的风姿。这又使我记起杨万里的一首游西湖诗："肩舆岂不稳，万象非我有。呼僮换马来，湖山落我手。"骑马就已有这种感受，如果是步行，我想滋味或许会更好。

初进杭城「卖书兵」

—文·徐成功—

我是山东人，本色不改，至今还是一口浓重的山东话。路人一听口音，就认定我是外地人。其实，我也是个“老杭州”。我在杭州这个福地已经居住了六十年，由二十岁的小伙子变成八十岁的老头子。就居住时间和岁数而言，我都可以说是真正的“老杭州”了。

老年人喜欢回忆往昔旧事。在欢庆杭州解放60周年的时候，我自然也想起初进杭城的情景，依然历历鲜活在目。

到杭州去！

我接到进军杭州的命令，是1949年4月24日。那时，我们是华东新华书店的南下干部，番号是中国人民解放军青州纵队直属一中队，驻在江苏宝应县城里。4月中旬我们就到了宝应，等待打过长江去的命令。4月21日，渡江战役打响，胜利消息频传，我们欢呼跳跃，更急着要任务。24日，终于接到了命令：组成浙江小分队，到杭州去。

杭州是个什么样子，我们这些山东小青年都没到过，但“上有天堂，下有苏杭”的赞语都早已知道。好地方、好风光，谁都喜欢，人人向往。第二天，我们新建的小分队就赶到界首，编入浙江干部总队直属大队新闻出版中队。27日，七兵团政委谭启龙给已集中的浙江干部作报告，在讲前方战况时说，至25日，我百万雄师已渡过长江，占领了南京、镇江、无锡等地。先头部队已接近上海、杭州。他要求我们三天内到达镇江。我们中队如期渡江，到了草长莺飞的南方。在镇江过了一夜，5月1日就驻到丹阳乡下待命。昨在江北，今住江南，不由地吟咏起王安石的诗句：京口瓜洲一水间，钟山只隔数重山……

5月3日晚上，我们正准备睡觉，突然被叫去开紧急会议。领导传达了大家时刻盼望的消息：杭州已于当天下午解放！上级命令我们立即出发，两天赶到杭州。大家听了欣喜若狂，跑回住处打背包、理铺草、扫庭院。半小时后，告别了房东，整装集合，列队出发。那天是农历四月初六，又是阴天，既没月光，又无星光，为了安全，不显目标，不准打开手电。摸黑在田间小路上行军，谁也不敢违令说话，更不会东张西望，只盯着前面人的背包和步伐向前跨。闷声走路本是累人的，但大家只想着早点到杭州，心里“唱”着矫健、雄壮的《中国人民解放军进行曲》：“向前！向前！向前！我们的队伍向太阳，脚踏着祖国的大地，背负着人民的希望……”在胜利的喜悦中，不觉间就已走出20多里。到了公路上，一辆辆大卡车早已等候在那里，我们乘上了大汽车，说说笑笑，开心极了。

从地图上看，丹阳到京（宁）杭公路上的宜兴并不远。但那时有些地段没有公路，有些地段还有流窜的反动武装活动，不能安全通过，只好绕道走较安静的大公路。路况极差，卡车摇摇晃晃，车上的人东倒西歪，睡着了也会被摇晃醒。有些水道上的桥梁被毁，只搭着便桥。为了安全，我们只好下车步行一段，这样空车过桥，上车下车，走走停停，弯来转去，走丹阳、经武进（常州），又去金坛、天王寺，再折回东南方向，到宜兴已是5日清晨。天下着大雨，卡车又没雨篷，车上的人都成了“落汤鸡”。为了赶路，在山花烂漫的途中没有停留，到浙江长兴时雨止了，下车吃饭后继续赶路。我们的大卡车超越了炮兵部队的炮车长龙，加速行驶。雨后入目的是浙江大地的青山碧水，万物明媚，生机勃勃。我们于5日晚上11点到达了向往已久的杭州。卡车停在西大街（武林路）和湖滨路连接处的陆军监狱（现望湖宾馆旧址）大门口。

当夜，队伍按单位分散住宿。新华书店有20多人，就近入住现省群众艺术馆附近的居民院中，睡在走廊下和楼道上。房东姓王，非常热情，一再要让房间给我们住，我们也一再谢绝，可以看出：军民鱼水情，解放军受欢迎。这是我第一次接触杭州居民群众，我们带来了光明，他们给我们爱护、温暖，永远值得纪念。

我们在王家住了两天，又奉命集中到梅花碑旧省政府，住进省府大操场上的库房里。那时上海尚未解放，敌机还常飞到杭州寻找目标轰炸或低空扫射。火车站是敌机扰乱的重点，我们的住处靠近城站，又都是穿解放军服装的人，随时都会遭到空袭。第二天，大家正分组蹲在操场上吃早饭，突遭敌机扫射，离我不远的一位同志中弹牺牲。

新华书店的第一个门市部

杭州市军事管制委员会于5月7日成立后，在这重大的历史时刻，新华书店奉命接管了正中书局和民报、大同报、东南文化公司等官僚办的印刷厂，同时用主要力量做建店工作。经过大家日夜奋战，5月16日，浙江新华书店在湖滨86号成立。第一个门市部也于同日在马路对面的六公园开业。

六公园是杭州当时最大最美的公园，位于西湖和城市接壤地，桃李缤纷，不但可以一览三面云山一面城，更是可以鉴赏阴晴雨雾、眺望宝石山上的城标——保俶塔的好地方。公园西北角临湖处有几间关着的空平房（现茶室旧址），新华书店门市部在这里开张。消息一传开，各界人士纷至沓来，求知若渴的青年人、文质彬彬的老先生、寻求答案的“逃难者”都赶来抢购图书；生意人则是“聆聆行情”想来看看共产党是怎样开店的；也有不少人是来凑热闹、看新奇的。一百多平方米的店面挤不下一拥而入的人群。许多人只好在店外引颈等候。有的人看到熟人买到几本书从店里走出，就跑上去强要一本，先睹之快；有的人只买到一本书，也被熟人拉到湖边坐下共读。公园里到处是边看书边散步的人。读者爱书求知的热情，令我们这些“卖书兵”更加感觉到书店向经历过

老版旧书

苦难的人们传播马列主义、占领思想文化阵地的责任重大。

买书的人越来越多，书架却要空了。我们进杭州时只带来60麻袋书，有些书第一天就供不应求，解决书源成了最急迫的事。当时上海还没解放，没法依靠；向山东总店求援，也是远水解不了近渴，只有抓紧在当地翻印出版。新华书店那时还是出版、印刷、发行三位一体的，浙江新华书店也有出版权，出版科和印刷厂的同志在接管了几家印刷厂后，5月中旬就开始出版翻印带来的样书，如：《中国革命与中国共产党》《新民主主义论》《论联合政府》《论共产党员的修养》《毛泽东思想与作风》《大众哲学》《李家庄的变迁》等。书籍品种虽少，但印量不小，能让门市部天天有书卖。上海于5月27日解放后，各种图书源源运来，门市部供应的品种多起来，到六公园买书的人更是有增无减。

人们常见的市场现象是小贩随着人群转，六公园因开设书店引来了购书的人群，卖杂货的小贩也随后跟来。从湖滨路六公园大门口到新华书店门市部，路两旁摆满了小摊，吃的、穿的、用的、玩的、看的样样都有。这真是应了“一家兴带百家旺”的行话，六公园成了杭州的一个闹猛的市场。这样，我们在春暖花开的日子里，背湖面城，快乐地忙碌了半年多后，新华书店门市部搬到了庆春街，六公园又恢复了清静。

挡不住西湖的“诱惑”

六公园新华书店门市部有一间临湖的办公室，我们日夜面对着西湖，窗下就是西湖水，时间一长，很难挡住西湖的“诱惑”。有位同志一时兴起，拿了根细竹竿，一头吊上线、拴上用别针做成的鱼钩，穿过窗子放进湖里，另一头就插在紧靠窗的办公桌旁。本想鱼儿咬住钩就逃不了啦，谁到办公室都可拉起鱼钩取“渔翁之利”。可惜的是钓鱼竿插了许多天，趣味相投的，包括我在内多次拉起鱼钩，却没有一次能钓上鱼来。

门市部还有一条小船，平时就停在店前下湖的石阶旁，每到吃饭的时候它就载我们到北面湖边机关大食堂去打饭菜。那时没有夜市，晚饭前门市就打烊，夏季来临，天黑得迟，大家吃过晚饭就在湖边赏景聊天。朝气蓬勃的我们，有时就偷闲划着这条小船到湖中尽享欢乐好动的青春年华。山东来的同志也跟着学划船，有的同志悟性好，不久就学会划桨了。

有一天，我的一个同乡自以为学会划船了，就一个人划着小船在湖上显本领，哪知他只会往前划，不能让船转弯、调头。当他划出30多米想调头回岸时，船就在湖中打转转。他控制不了，船翻了。我知道他和我一样会狗刨式游泳，没有生命危险，只是船弄不回来。我们于是又叫来一位会划船的同志一起下湖游到翻船处，三人合力把船翻过来。我本想立在水底用力托，哪知道脚一触底就往淤泥里陷，吓得我赶紧浮上来。等我们把小船推回岸边后，我用竹竿探湖底深浅，才知道西湖水下淤泥太厚，因此湖水不深。后来，西湖清淤，湖底的淤泥堆出了柳浪闻莺大公园和西山（花港）公园。估计被我踩到过的淤泥应该就在这两个公园的某一处吧。

六十年前的“七重天”

初到杭州时，沿街建筑并没有吸引我。进城嘛，总想看看高楼大厦，杭州刚解放时却没有。那时，杭州街面上最高的楼叫“七重天”，就是现在解放路和浣纱路交叉口东北角上的那座7层旧楼。用“天”来夸张地表现的高楼却只有7层，其他建筑的高度也就可想而知了。到70年代，有位外国元首访问杭州时还感慨地说“美丽的西湖，破烂的城市”。

我很幸运，在桃红柳绿的5月初到杭州就落脚于西湖边。虽说是“风景这边独好”，但当时在空中时有敌机轰炸、扫射，地上、湖中（尤其是夜间）常有残匪、潜特鸣枪骚扰、破坏，我们置身于明处的文化兵，随时也有牺牲的可能。因此，进入杭州的最初那段时间里，我们并没有多少闲情欣赏湖光山色。

只是没想到的是，在接下去的六十年间，我工作的单位和住宅，都离“七重天”不远，总是在西湖旁边转悠。市区旧貌换新颜，尤其是改革开放三十年间，一幢幢高楼矗立，“七重天”连小高层也算不上了。因为住得离西湖近，常常是一抬腿就到西湖边。白天看的是“松排山面千重翠”，夜晚见的是“月点波心一颗珠”，远眺的是“黑云翻墨未遮山”，登高的又是“望湖楼下水如天”，真乃是“未能抛得杭州去，一半勾留是此湖”啊！

苏东坡赞美西湖：“欲把西湖比西子，淡妆浓抹总相宜。”我现在却想，西施年轻时美，如果她也度过60个春秋，无论怎样“妆”和“抹”，也不能唤回她的青春美了。西湖就不一样了，我看着她度过了60个春秋，也看着她不停地梳妆打扮，她是越增年岁越显青春，时隔甲子，格外妩媚。

人，如果也能像西湖一样，越活越年轻，该多好啊！

那山，那水，那茶园

——忆故人三章

文·吴芸

富阳山上的映山红

爷爷的名字与若隐若现的往事，总在每年清明上坟时被提起。

儿时，我与寄宿在奶奶家的堂姐妹们一起搭乘亲友的小车前往富阳新桥那片山上，怀着春游般雀跃的心情给爷爷扫墓。那是一座靠近杭富公路边的山，松树成林，满山皆是盛开的杜鹃花。

印象最深的是，我们下山后在富阳亲戚的家中轮流做客。大人热闹聊天，小孩则在堂前屋后追逐嬉戏，惹得鸡鸭猫狗四窜。我们在亲戚家里疯够了，每人手上拿着从爷爷墓地山头采摘的或怒放或含苞的映山红，欢天喜地地回家了。

很长一段日子里，我们津津有味地品尝亲戚用艾叶水和糯米粉做的香喷喷的清明团子，那时我仿佛咀嚼了整片山林，一颗心在乡村的角角落落里飞翔。艾叶肥厚的叶片上，附着丝绸般光滑的绒毛，令我顿生柔软与温暖之感。

比起我们郊游式的扫墓，1969年开始，父亲坚持十余年骑着永久牌自行车扫墓的经历更是刻骨铭心。父亲自豪地回忆，他那时因有练武基础，从城站骑到富阳新桥，来回近一百多里的路，只需一小时。以前的杭城只有解放街是唯一的大马路，从城站火车站直通西湖边，其余基本是小巷小路。他从城站出发到西湖边一公园，然后沿南山路和虎跑路骑。骑过九溪之后，就算出城了。接着他面对的几乎全是农村泥泞的黄泥路。最难的路段是他要骑过两座未开通的山头。其中称为斩九龙头的山坡尤为险峻，上下坡度最大处足有四十五度以上，高低起伏沿山脉约有二里之遥。上坡时，他卯足了劲。下坡时，他犹如坐过山车。当他迎着耳边的阵阵春风飞驶在山坡时，惬意感油然而生。

80年代改革开放后，随着公路建设的深入，父亲不用再穿村爬坡了，他潇洒地骑行在从九溪到富阳的120国道上。渐渐地，他发现原来路边大片大片金灿灿的油菜花稀少了，零星低矮的瓦房及草屋也没了踪迹，取而代之的是如雨后春笋般林立的高楼大厦。2008年，爷爷的坟迁来杭城与奶奶合葬后，我们就很少去富阳亲戚家串门。后来，他们在平房的地基上分别建造了豪华别墅，日子过得红红火火。

又是一个映山红漫山遍野的季节，我不仅想起了童年上坟时把花插在爷爷坟前的场景，脑海里还一遍遍闪现父亲骑着单车在土路、在国道上飞驰的画面。那扬起尘土的车轮里，是不是不经意间带走了父亲在爷爷坟前许下三十年风雨无阻上坟的誓言和沿途村庄悄悄蜕变的光阴？不知今昔山上艳丽绽放的映山红可还记得昔日乡村的容颜，还有那一群像小麻雀般叽叽喳喳的女孩们的欢乐童年？

西溪河畔的往事

20世纪60年代初，母亲十一二岁，每年要去西溪周家村的亲戚家小住几月。那时她从葵巷坐一小时的汽车，然后从古荡步行大约四十多分钟的村路，最后在南湖头摆渡到达目的地。

亲戚是姓姚的一户人家。在亲戚简易的瓦房里，是两张木板床和一张桌子。吃饭的地方是茅草房。厕屎屙尿，都在浇粪的桶里。摆在桌上的绿色蔬菜，都是人粪浇灌长大，吃起来有一股特别清香的味道。

那时，家家出门都需划船。母亲说，河水相当清澈，小鱼、小虾清晰可见。各种不知名的鸟儿在树上愉快地歌唱，声音甚是悦耳。她印象最深的是，河塘里和树上都有好吃的。桑树长得不高，果实可以采来吃。黑色的桑葚果，吃在嘴里酸酸甜甜。她与小伙伴一路玩，一路采，别提多开心。到了春天，她还与亲戚一起坐在大木盆里去河里采菱角。只见一大片绿油油的叶片下，长了嫩嫩的、甜甜的青菱。到了秋天，火柿挂满枝头时，母亲便拿了一根前端绑了网罩的长竹竿叉柿子。

在西溪童年的玩伴中，母亲与文娟最要好。她们时常在地里刨土豆，抑或充满期盼地站在树下一起采火柿。一晃十年过去，母亲嫁人了。文鹃也出落成美少女，鹅蛋脸上，扑闪着乌溜溜的大眼睛，粗壮的麻花辫在腰间有节奏地晃悠。她知道我父母爱吃火柿，每年用窄窄的扁担挑着两篮柿子，风尘仆仆地送给他们品尝。

70年代初的深秋，柿子落市了，文鹃第一次没来送柿子。我父母抑制不住对她的牵挂，赶往了周家村。文鹃的家在河的尽头。门前的晒谷场，一位老太太正翻晒谷子。她是文鹃唯一的亲人。母亲从老人口中得知，文娟竟然得了败血症！原来，文娟赤脚干农活时，被铁锈钉扎破了脚。当时，她只用布条草草包扎了伤口，若无其事继续干活。两天后，她就莫名其妙地发高烧……

母亲记得，文鹃那时静静地躺在白色的病床上，挂着点滴，说话费力。父母把积蓄了一个月的工资塞给老人，期盼好友早日康复。但治疗进入关键期后，医院缺药。在一个初冬的清晨，一位如花少女不幸凋零。不久，周家村的河边多了一座孤零零的坟包。

如今每次我去西溪无论是看百花怒放的美景，还是欣赏芦苇荡随风起舞的画面，仿佛都在西溪河畔望见了文娟在天堂的纯真笑容。

杨家牌楼的茶园深处

每年清明，母亲与舅舅都提前一周给外公外婆上坟，所以我几乎没有机会同往。今年，虑及六七十岁的母亲和舅舅再挤公交太累，于是我先生在清明当日驱车带我们去杨家牌楼祭祖。

通往墓地的小径旁，有一座新修的寺庙，如今有些规模了。穿过茶园旁的密林，我终于与修缮一新的祖坟相遇。遥想当年，外公出生于书香人家，私塾十二年，是杭城的金算盘（珠算比赛状元），外婆也是贤惠能干之人。据说，外公酒量了得，为人性情温和，不仅做账无须看算盘，且能同时与人交谈。他是十几家商铺酒店的总会计师，每日让十岁的阿舅拎着整整齐齐的一大捆现金步行去那家有大钟标志的银行存款，无须担心路上被抢被偷的风险。平日里，街坊邻居见了外公非常尊重，外公外婆对人也礼貌和气。奈何，他们皆因癌症英年早逝。90年代初，因外婆土葬之地将被规划成如今的西溪湿地公园，父亲仔仔细细从棺木里把外婆的遗骸一块块全部捡齐，后运至外公墓地合葬。

光阴如梭，墓地附近的茶园采摘了一茬又一茬，一条不知疲倦的小溪唱着叮咚曲流向远方。我俯瞰茶山，心旷神怡中略有惆怅。倘若外公外婆活至今日，是不是可以与人们分享杭城商业变迁的往事？寺庙里传来悠悠钟声，我的困惑不知可否被身在天堂的外公外婆听见呢？

这世界，为啥要有图书馆

—文·吴一舟—

作为一个读书人，自然是从来都关注图书的，可回过头去仔细想想，好像活了那么多年，似乎从来没有关注过图书馆，其存在与否并没有影响我读书的胃口。

是嘛，我小时候好像还没有启蒙教育这一说，没怎么读过那种花花绿绿、充满奇幻的儿童读物，更没有把书当玩具、随便撕着玩的经历。我的读书经历是从上学以后阅读课本开始的，所以，小时候最兴奋、最幸福的一天就是新学期开学第一天发新课本的时候。那个时刻，感觉自己是世上最富有的人，尽管那时候的课本还是黑白的，而且按现在的眼光来看，那印刷质量简直粗陋不堪。回到家中，一边用牛皮纸小心翼翼地给新课本包书皮，一边忍不住要时不时地翻翻那些未来一学期将会学到的东西，感觉那里面充满了神奇的谜底，心里痒痒地总想早点揭开。那一刻，我还不知道图书馆是个啥玩意，但已经足够幸福了。

后来，识的字越来越多，也知道这世界除了课本还有别的书，而且有些书似乎比课本更有意思，于是就有了读杂书的渴望，但那时候家里除了《毛主席语录》之类的，不记得还有什么杂书，但到同学家串门的时候，偶尔也能看到少量的杂书。在我记忆中，让我最渴望，跟同学抢着、拼着看的杂书自然是关于革命英雄的小人书，现在知道那书的学名叫连环画，比如黄继光胸膛堵枪眼、董存瑞舍身炸碉堡、雷锋做好事不留名，最初都是从小人书上知道的。当然最让我终生难忘的是，有一次我得个什么奖，学校里除了发一张奖状外，还每人发一本小人书，书名叫《伟大的革命家、思想家、文学家——鲁迅》。我当时就想，校长真是太伟大了。从此，我就认识了鲁迅。那时候，我也不知道还有一个可以借书的地方叫图书馆。

再后来，想看的书越来越多了，能看的书也越来越多了，可以去淘书的地方也越来越多了，其中有一个地方就叫图书馆，这就是我对图书馆的最初认识。遗憾的是，多年以来，也不知是我对图书馆的认识没有提高，还是图书馆没有提高，反正，我很难得去那个地方。为什么呢？因为到那里要有很复杂的手续去办证，还要押金，进某些阅览室还要有特殊的资格，想借某些书只能查查卡片，让人感觉壁垒森严，高深莫测。剩下一些可以让你自由取阅的书，一定是破旧不堪的，或者是老掉牙的。最后，啥书也没淘到，只能让那张费了九牛二虎之力才办成的借书证睡大觉了。

图书馆阅览桌

所以，当我想要淘书的时候，首先想到的是两个地方，一个是大型书店，另一个是旧书摊，在这两个地方，我能各得其所。大型书店里总有我想不到的、看不完的各类新书，特别是当书店改变经营方式，像超市那样全开架式卖书后，那真叫爽啊！稍稍有点遗憾的是，这种爽的感觉只能局限于书店之内，当我走出书店还想把某一本钟爱的书占为己有，那对不起，我只能打开荷包，而这又是一件挺让我心疼的事。因此，多半情况下，我是带着爽并心疼着的感觉离开大型书店的。在旧书摊往往难以找到大型书店里的那种爽的感觉，当然也不会有那种打开荷包时的心疼，多半时候是平心静气的，有时候反而会萌生期待后的失望之情。不过，在旧书摊偶尔会有欣喜若狂，像找到失散多年的初恋情人似的那种让我心要蹦出喉咙口的感觉。这种感觉不常遇到，但因为遇到过，所以始终对旧书摊难以忘怀，总是期待着哪一天再来一次。

不管怎么说，这都没有图书馆啥事，这个世界，有没有图书馆实在是无所谓的。不过，这种想法在最近几年有所改变。

早几年，曾深入体验了加拿大温哥华的图书馆服务，它让我对图书馆有了不一样的认识。在那儿，办证、借书、阅览没有任何门槛，也不需要一分钱，借书数量没限制，全市几十个社区图书分馆可以通借通还、免费上网、免费参加活动。免费接受培训、免费提供就业信息等。更重要的是，我能在那儿找到在大型书店里的那种爽，却没有心疼的感觉，偶尔还能碰上在旧书摊才有的欣喜若狂。

哦，原来，图书馆是可以这样子的，可是，那是人家的图书馆，我的家门口没有，我心里这样想。

现在我明白，我这样想是有道理的。因为我们中国一直有一种藏书楼文化，就是崇尚建一座很有文化的房子，把书藏得好好的，那不是给当下的人读的，而是作为历史文化财富留给子孙后代的。这种文化很好，它使我们中华文明的足迹能够不间断地记录并保留下来，让我们能够很清晰地了解祖宗们都干了些什么，怎么干的，啥时候干的。可对当下的人就不好意思了，没有一点背景的人，那是不可以随便走进藏书楼的。难怪我心目中的图书馆一直有一种高深莫测的感觉。

我们终究还是幸运的一代，经济的发展让我们的公共文化设施日渐增多，风气的开放让我们的藏书楼文化与西式的图书馆服务理念融合，使我有机会在家门口的图书馆也找到了人家图书馆里的感觉，这就是杭州图书馆。

好像还不止这些。如今的杭州图书馆，它已经不是简单地借还图书和阅览的地方，它更是一个能让你享受到惬意生活的处所。不信，你抛弃所有的牵挂和被牵挂，让自己“私奔”一下午，随便找一本你读得下去的书，坐到古朴的阅览桌前有一搭没一搭地闲

杭州图书馆外观夜景

读。你会发现，似乎有一种气场，让你感觉在那儿读书与在别的任何地方都不一样。你会变得很安详、很豁达，变得可以很轻松地看透这个世界，然后，全身有一种难以言传的通透感。

看来，这世界还是有图书馆更好，特别是像杭州图书馆这样的。理由很简单，它能给你舒爽而不心疼的感觉，偶遇初恋情人似的心跳的感觉，还有，做一个通透的超人的感觉。